Cree su tienda online

Una guía completa: desde el análisis de mercado hasta la fidelización de clientes

Emilie Hemmer

ISBN: 978-2-409-05094-7
Edición original: 978-2-409-04753-4

Ediciones ENI

P° Ferrocarriles Catalanes, 97-117, 2a pl. of. 18
08940 - Cornellà de Llobregat (Barcelona)

Tel: 934 246 401
Fax: 934 231 576

e-mail: info@ediciones-eni.com
http://www.ediciones-eni.com

Autor: Emilie HEMMER
Edición española: Mª Victoria MARTÍNEZ MARTÍNEZ
Colección **Objetivo: Web** dirigida por Corinne HERVO

Para poder acceder durante un año
a la versión online de este libro,
envíenos su justificante de compra a

librodigital@ediciones-eni.com

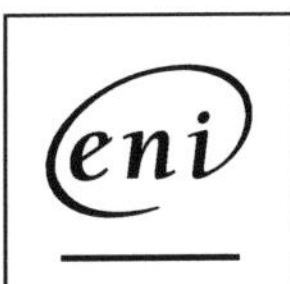

Preámbulo

Capítulo 1
Preparar su proyecto de tienda online

Capítulo 2
Crear su tienda online

Capítulo 3
Dar a conocer su tienda online

Capítulo 4
Gestionar y desarrollador su tienda online

A. De la importancia de una tienda online

Según la CNMC, en 2023, el e-commerce de España alcanzó un volumen de negocios de 84 000 millones de euros. Con respecto al año anterior, esta cifra experimentó un crecimiento del 16,3 %. Los sectores de actividad con mayores ingresos fueron las agencias de viajes y operadores turísticos, con el 8,5 % de la facturación total; las prendas de vestir, con el 7,3 %, y el transporte aéreo, en tercer lugar, con el 5,5 %.

B. ¿A quién va dirigido este libro?

Ya sea usted un comerciante tradicional que quiere desarrollar nuevas fuentes de ingresos, una marca emergente dispuesta a conquistar su segmento de mercado o una empresa de servicios que quiere subirse a la ola del e-commerce para la venta de servicios B2C o B2B, crear o rediseñar su tienda es una cuestión estratégica. Para triunfar, es importante comprender las opciones tecnológicas de las que dispone, así como las implicaciones en términos de organización del trabajo en su empresa y la previsión de un plan de comunicación a la altura.

Esto es lo que me propongo hacer con este libro: guiarle en todas las etapas necesarias para la creación de su tienda online, desde la definición de sus objetivos y los diferentes elementos que debe preparar antes de desarrollar el sitio, hasta ayudarle en la elección de una solución adecuada para su creación, pasando por la anticipación de las acciones de marketing digital que debe implementar cuando lance su tienda online para garantizar su éxito en su nicho de mercado.

C. Estudiaremos tres casos prácticos a lo largo del libro

Emprendamos juntos esta aventura en línea paso a paso. Para ilustrar las distintas facetas del lanzamiento de una tienda online y concretar el proceso al máximo, le invito a seguir tres casos prácticos ficticios a lo largo de este libro:

- Un comerciante tradicional que tiene una tienda de decoración desde hace 10 años en una pequeña ciudad de 25 000 habitantes, que quiere dar el salto al comercio electrónico para explorar nuevos horizontes y captar nuevos clientes.
- Una diseñadora de una marca de bolsos, apasionada de sus productos y deseosa de compartir su historia con el mundo, que quiere crear una tienda online que refleje su identidad única y su preocupación por preservar el planeta. Le gusta buscar inspiración en Instagram y dar consejos de moda a sus amigas.
- Un emprendedor que descubre una oportunidad en el segmento del bricolaje de fin de semana y que quiere lanzar un sitio web de distribución de herramientas de bricolaje directamente a este público. Ya ha emprendido otros negocios en el pasado y tiene experiencia como director administrativo financiero.

¿Está listo para empezar? Coja un bolígrafo y anote en estas páginas todo lo que quiera...

Capítulo 1

Preparar su proyecto de tienda online

A. Definir el contexto de su proyecto

1. Identificar los objetivos de la tienda online

Antes de lanzarse de cabeza a la creación de su tienda online, es importante que prepare su objetivo de la forma más exhaustiva posible. Así podrá tomar las decisiones con más criterio y evitará ciertas elecciones del tipo «ensayo y error».

Aun cuando su objetivo final sea desarrollar una fuente de ingresos con su sitio de venta online, debe empezar por precisar su objetivo. ¿Tiene ya un negocio que funciona, pero cuyos canales de venta tradicionales empiezan a perder impulso? ¿Está en el proceso de conquistar un nuevo segmento de mercado? ¿Ya ha identificado un nuevo segmento de mercado muy específico al que es muy difícil dirigirse localmente? ¿Le gustaría lanzar un nuevo producto o una nueva empresa de forma relativamente económica, prescindiendo de locales de venta? Etc.

En función de su situación, el objetivo de su tienda online será diferente. Estos son algunos de los objetivos más corrientes a la hora de lanzar una tienda online:

- ampliación de canales de venta para un negocio ya existente;
- lanzamiento de un nuevo producto o de una nueva línea de productos;
- captación de un nicho de mercado específico y disperso por todo el territorio;
- creación de una tienda online para completar un negocio físico ya existente;
- acceso a nuevos segmentos de mercado geográficamente alejados;
- diversificación de fuentes de ingresos de una empresa;
- reducción de los costes evitando la necesidad de alquilar locales físicos;
- aprovechamiento de las oportunidades de venta online en un sector en crecimiento;
- impulso de la visibilidad y el reconocimiento de la marca en Internet;
- favorecimiento de la expansión internacional gracias a una presencia en línea.

Le aconsejo que abra un nuevo documento de Word o Excel y escriba su objetivo preciso. También puede funcionar muy bien un cuaderno para su proyecto de e-commerce... Así podrá ir ampliándolo sobre la marcha.

2. Identificar el tipo de productos que va a vender

Ahora que ya tiene su objetivo general sobre el papel, puede desarrollar su plan estratégico indicando información adicional. Aunque algunas etapas le parezcan evidentes, es importante que las anote y las agrupe bajo su objetivo general para enriquecer la visión global de su proyecto. Esto le permitirá afinarlo y le ayudará a tomar mejores decisiones a medida que avance.

A continuación, encontrará una lista lo más completa posible de las diferentes categorías de productos que pueden venderse en línea:

- objetos físicos de pequeñas dimensiones, fáciles de transportar;
- objetos físicos voluminosos o complicados de transportar;
- objetos físicos imposibles de transportar;
- productos digitales;
- servicios B2C;
- servicios B2B;
- billetes y tíquets;
- productos perecederos a corto plazo;
- productos perecederos a medio plazo;
- productos personalizados.

Anote la categoría de productos que tiene previsto vender en su web. A continuación, puede calificar el tipo de producto con mayor precisión usando la lista siguiente:

- productos nuevos o de ocasión;
- productos industriales o artesanales;
- productos locales o no locales;
- productos raros o difíciles de encontrar en los canales de distribución tradicionales;
- productos naturales o ecológicos.

3. Identificar las competencias disponibles

Para llevar a buen puerto su proyecto de tienda online, deberá recurrir a un amplio abanico de competencias.

Hacer un inventario tanto de las competencias de las que puede disponer fácilmente como de las que le faltan le ayudará a preparar mejor su proyecto.

Puede ayudarse con esta lista:

- competencias en desarrollo web;
- competencias en diseño;
- competencias en redacción;
- competencias en marketing digital y redes sociales para promocionar la tienda;
- competencias en gestión de proyecto para coordinar sus diferentes etapas;
- competencias en la relación con el cliente para garantizar un servicio de calidad;
- competencias en logística y gestión de existencias;
- competencias en gestión financiera y administrativa;
- competencias jurídicas.

Empiece por identificar sus competencias personales, ya sean técnicas, comerciales o de gestión. Quizá tenga conocimientos en desarrollo web, en marketing digital o en gestión de proyectos. Identifique también sus puntos fuertes en las relaciones con los clientes, la negociación o la gestión financiera.

A continuación, evalúe las competencias disponibles en su red de contactos profesional o personal. Quizás pueda contar con amigos o familiares que tengan competencias complementarias a las suyas. Piense en pedirles ayuda, aunque sea puntualmente, o consejos en los ámbitos en los que necesite apoyo.

Si en su entorno faltan ciertas competencias básicas, debe destacarlas en su lista.

4. Identificar los recursos: financieros, humanos (equipo, relaciones, etc.)

Una vez que haya hecho balance de las competencias que tiene a su alcance (las suyas), las competencias puntuales (de sus colaboradores cercanos) y las que le faltan, es importante identificar los medios necesarios para llevar su proyecto a buen puerto.

Esto implica evaluar tanto los recursos financieros disponibles como los recursos humanos que necesitará.

En cuanto a los recursos financieros, identifique las fuentes de financiación disponibles, ya sean fondos propios, préstamos bancarios a los que pueda optar, inversores o subvenciones públicas.

Por lo que respecta a los medios humanos, si ha identificado las competencias que le faltan, considere la posibilidad de contratar personal cualificado o recurrir a proveedores externos para suplir estas carencias.

Identifique los perfiles necesarios, como desarrolladores web, diseñadores gráficos, especialistas en marketing digital, gestores de proyecto, etc. Determine el tamaño y la estructura de su equipo en función de la envergadura de su proyecto, de sus objetivos y de sus recursos disponibles.

5. Preguntas que debe hacerse antes de lanzar su proyecto

Finalmente, antes de volcarse en cuerpo y alma en su proyecto de tienda online, debe plantearse algunas preguntas básicas:

¿Cuál es su motivación más profunda?

En 2017, Simon Sinek publicó un libro titulado *Find your Why?*, traducido al español con el título *Encuentra tu porqué*.

Este libro se ha convertido rápidamente en una referencia en el ecosistema de los emprendedores del ámbito digital, ya que plantea una cuestión simple, pero determinante, en el éxito de su negocio: ¿cuál es su motivación más profunda? El «porqué» no tiene nada que ver con el dinero o los beneficios... El «porqué» es la razón que nos inspira a nosotros y a las personas que nos rodean. El «porqué», en el caso de su proyecto e-commerce, es lo que hará que se levante todas las mañanas con la misma determinación, sean cuales sean los obstáculos y contratiempos que surjan en su camino. ¡Tenga claro su «porqué» y podrá mover montañas!

¿Hay demanda de sus productos?

Si ha descubierto un pequeño productor de galletas con pimienta, puede que ese producto sea de una calidad excelente y que usted mismo sea un consumidor incondicional, pero ¿cree que es un producto que encontrará su mercado? Es más difícil vender un producto que los consumidores no conocen que un producto que ya tiene demanda y aprobación.

¿Cuál es su propuesta de valor única? ¿Cómo se diferenciará su tienda online de la competencia y aportará valor real a los clientes?

El factor diferenciador de su tienda podría ser la calidad del servicio de atención al cliente, la calidad superior del producto, la calidad de la selección de sus productos, su compromiso con la sostenibilidad y la ética, etc.

Por ejemplo, Tony Hsieh desarrolló Zappos, uno de los líderes históricos del comercio en línea en Estados Unidos al crear un servicio de atención al cliente excepcional.

Puede inspirarse en otros líderes del comercio online y en sus elecciones únicas:

- La marca de gafas online Warby Parker revolucionó la industria de la óptica al ofrecer monturas de moda a precios asequibles, con un servicio de prueba a domicilio y una política de devoluciones simplificada.
- La empresa online de afeitado Dollar Shave Club ganó popularidad gracias a su modelo de suscripción mensual, que ofrece cuchillas de afeitar de calidad a un precio competitivo, con una entrega directa en la casa de los clientes.
- La marca de cosméticos online Glossier se ha diferenciado por su estética minimalista, productos de calidad y una fuerte presencia en las redes sociales, creando una comunidad comprometida de amantes de la belleza.

Pero su factor diferenciador también puede ser su compromiso con la sostenibilidad y la ética en todos los aspectos de su actividad, desde la elección de sus proveedores y colaboradores hasta el esfuerzo por minimizar su huella ecológica en cada etapa.

6. Fichas recapitulativas de cada caso práctico

Volvamos a los tres emprendedores que presentamos en el preámbulo. Así es cómo quedarían sus listas de control iniciales:

Un comerciante tradicional del sector de la decoración

Objetivos de su tienda online:

- Ampliar los canales de venta para un negocio ya existente.
- Crear una tienda online para completar un negocio físico ya existente.
- Aprovechar las oportunidades de venta online en un sector en crecimiento.

Categorías de productos:

- Objetos físicos de pequeñas dimensiones, fáciles de transportar.
- Objetos físicos voluminosos o complicados de transportar.
- Objetos físicos imposibles de transportar.
- Productos perecederos a medio plazo.

Precisión sobre los tipos de producto:

- Solo productos nuevos e industriales.

Competencias disponibles:

- Competencias en relación con el cliente, en logística y en gestión de existencias, en gestión financiera y administrativa.

Competencias que le faltan:

- Competencias en desarrollo web, en diseño y en redacción, en marketing digital y redes sociales, en gestión de proyectos y jurídica.

Recursos financieros:

Dispone de unos 5000 euros de presupuesto que puede movilizar en este proyecto, pero contempla solicitar un préstamo de 20 000 euros a su banco.

Recursos humanos:

Tiene previsto recurrir a un proveedor de servicios externo para los aspectos técnicos y de marketing. Y contratar a un estudiante en prácticas para que le ayude en la gestión de stocks, en los envíos, etc., en cuanto aumente el volumen de ventas online.

La diseñadora de una marca de bolsos

Objetivos de su tienda online:

- Lanzar un nuevo producto o una nueva línea de productos.
- Reducir los costes evitando la necesidad de alquilar locales físicos.

Categorías de productos:

- Objetos físicos de pequeñas dimensiones, fáciles de transportar.
- Objetos físicos voluminosos o complicados de transportar.
- Objetos físicos imposibles de transportar.
- Productos digitales.
- Servicios B2C.

Precisión sobre los tipos de producto:

- Productos nuevos y artesanales.
- Productos naturales o ecológicos.

Competencias disponibles:

- Competencias en diseño, en marketing digital y redes sociales, en relación con el cliente.

Competencias que le faltan:

- Competencias en desarrollo web, en redacción, en gestión de proyectos, en logística, en gestión financiera, administrativa y jurídica.

Recursos financieros:

Tiene algunos ahorros que quiere invertir en su proyecto de negocio, unos 3000 euros.

Recursos humanos:

Quiere formarse en herramientas digitales y encontrar a un colaborador autónomo o un proveedor de servicios que le ayude solo con algunos ajustes básicos de su tienda y recurrir al potencial de su comunidad de Instagram para vender sin invertir en marketing ni publicidad.

El emprendedor en el sector del bricolaje

Objetivos de su tienda online:

- Aprovechar las oportunidades de venta online en un sector en crecimiento.

Categorías de productos:

- Objetos físicos de pequeñas dimensiones, fáciles de transportar.
- Objetos físicos voluminosos o complicados de transportar.
- Servicios B2C.
- Servicios B2B.

Precisión sobre los tipos de producto:

- Productos nuevos o de ocasión.
- Productos industriales.

Competencias disponibles:

- Competencias en redacción, en gestión de proyectos, en logística y en gestión de existencias, en gestión financiera, administrativa y jurídica.

Competencias que le faltan:

- Competencias en desarrollo web, en diseño, en marketing digital y redes sociales, en relación con el cliente.

Recursos financieros:

Dispone de un capital de 100 000 euros, que prevé triplicar a través de diferentes sistemas de financiación empresarial, en particular con su banco y el ICO (Instituto de Crédito Oficial). Planea recurrir a *business angels* (inversores privados) que conoce para aumentar el capital inicial a 300 000 euros.

B. Analizar y planificar el proyecto

1. Identificar su nicho de mercado y su público objetivo

Un **nicho de mercado** es un segmento específico de un mercado global que se caracteriza por unas necesidades, deseos o preferencias específicas. Se trata de un segmento de consumidores reducido, pero muy específico, que permite a una empresa centrarse en satisfacer las necesidades concretas de esta población de forma eficaz y rentable.

Un nicho de mercado suele definirse en función de las características demográficas, los intereses, los comportamientos de compra o los problemas concretos a los que se enfrentan los consumidores.

Identificar su nicho de mercado implica, por tanto, comprender en profundidad las necesidades y las motivaciones de sus clientes potenciales y ofrecerles productos o servicios que satisfagan de forma exclusiva sus exigencias.

Así, el decorador no dirá simplemente que se dirige «a todos los consumidores que tengan una casa», sino que deberá concretar su nicho de mercado, por ejemplo, de este modo: «Vendo objetos de decoración a madres de familia que quieren objetos de moda a precios asequibles.»

Por otro lado, la diseñadora de bolsos identificará su nicho de mercado como «mujeres jóvenes de 20 a 35 años que quieren destacar con un look original a la vez que cuidan el planeta y confían en artesanos locales».

Por último, el emprendedor del sector del bricolaje podría indicar que su nicho de mercado se define como «artesanos profesionales que necesitan encontrar fácil y rápidamente herramientas de buena calidad a precios ajustados, con un servicio posventa eficaz y asistencia en caso de problemas».

Para definir su público objetivo, analice con atención los datos demográficos y psicográficos de sus clientes potenciales: edad, sexo, lugar de residencia, nivel de estudios, ingresos, así como valores, intereses y comportamientos de compra. Comprender estas características le facilitará definir su nicho de mercado y adaptar sus estrategias de marketing en consecuencia.

2. Determinar su estrategia de entrega

La **estrategia de entrega** influirá directamente en la experiencia del cliente y en la rentabilidad global de su proyecto. Es un punto que a menudo se ignora o se resuelve con demasiada rapidez, a pesar de ser crucial.

Debe encontrar el justo equilibrio entre las preocupaciones de los clientes, que quieren plazos de entrega muy rápidos y costes muy bajos (incluso gratuitos) y sus propios intereses, que pasan tanto por el control de los gastos de envío como por el tiempo que dedica a gestionar los envíos. Porque, aunque piense que solo va a vender unos cuantos productos artesanales al día, el tiempo que va a dedicar a empaquetar los productos y preparar las etiquetas de envío puede convertirse en algo muy tedioso.

Para hacerse una idea de lo que le costará el envío de sus productos, debe tener en cuenta los principales criterios que utilizan las empresas de transporte a la hora de fijar los gastos de envío:

- El tamaño del paquete.
- El peso del paquete.
- El país de envío.
- El país de destino.
- Cualquier opción de envío adicional, como los seguimientos y los seguros.

Entre las opciones de reparto, encontramos el D2C (*Direct-to-Consumer*), el dropshipping, el wholesale y el white label, entre otras.

Tiene varias opciones a su disposición. Si conoce las ventajas e inconvenientes de cada una, podrá tomar la mejor decisión.

a. D2C, dropshipping, wholesale, white label, etc.

D2C (*Direct-to-Consumer*, en español: venta directa al consumidor)

El D2C es un modelo de distribución mediante el cual una empresa vende sus productos directamente al consumidor. La empresa gestiona todas las etapas, desde el suministro hasta el envío, pasando por la fabricación.

El wholesale o «venta al por mayor»

La empresa se abastece de los fabricantes y compra grandes cantidades de productos para revenderlos en su sitio web a sus clientes finales. La empresa almacena y envía desde su propio almacén. Este enfoque ofrece un control total sobre la calidad y los plazos de entrega, pero requiere una inversión inicial importante y una gestión del inventario más compleja.

Dispone de dos opciones de *wholesale*:

O bien invierte en un almacén, su gestión y una cadena logística para gestionar el embalaje y los envíos; por lo tanto, deberá trabajar con uno o varios transportistas, que recogerán todos los días los paquetes para enviarlos.

O bien delega la gestión de sus existencias en un almacén de gestión y de ejecución de pedidos. A esto se le llama *fulfillment*.

Un almacén de gestión y de ejecución de pedidos es un centro logístico donde se almacenan, procesan y envían los productos de los clientes. Gracias a procesos optimizados y a tecnologías punta, estos almacenes contribuyen a reducir los plazos de entrega y a mejorar la satisfacción de los clientes, a la vez que liberan al vendedor de las exigencias asociadas a la logística de expedición.

Dropshipping o «venta directa»

El dropshipping consiste en que una empresa de e-commerce se ponga de acuerdo con los fabricantes, quienes gestionan el almacenamiento, el embalaje y el envío de los productos directamente a los clientes finales del sitio web en nombre del minorista. Es un sistema de venta por Internet en el que el vendedor solo se encarga de la comercialización y de la venta del producto. El resto lo gestiona directamente el fabricante. Esto reduce los costes y el esfuerzo logístico para el minorista electrónico, pero este pierde el control de la calidad y los plazos de entrega.

White label o «marca blanca»

Se trata de un sistema de venta similar al dropshipping; el vendedor solo es responsable de la comercialización y de la venta de los productos en su sitio de comercio electrónico, pero con la diferencia de que el fabricante personaliza los productos enviados añadiéndoles la marca de la tienda online. Esto permite al minorista electrónico desarrollar su propia marca sin preocuparse de comprar existencias por adelantado ni de gestionar el stock y los envíos. Puede ser muy ventajoso para crear una identidad de marca fuerte, pero requiere una estrecha coordinación con el proveedor para mantener la calidad y la coherencia de la marca.

Click and collect o recogida en tienda

El click and collect, también conocido como «recogida en tienda», permite a los clientes pedir productos online y recogerlos en persona en una tienda física. Este método ofrece a los consumidores la comodidad de comprar en línea evitando los gastos de envío, mientras que los comerciantes pueden aumentar el tráfico en las tiendas y ofrecer una mejor experiencia al cliente.

b. Análisis específico de cada caso práctico

El decorador ya tiene un stock de productos en sus instalaciones. Ofrecerá el envío directo (D2C) y el click and collect. Contempla también que algunos de sus proveedores puedan trabajar en dropshipping. Esto le permitiría ofrecer productos complementarios en su sitio web, sin necesidad de presupuesto para financiarlo por adelantado y sin ocupar espacio en su almacén.

La diseñadora de bolsos se plantea el D2C. Al principio, ella misma hará los envíos. Tiene previsto añadir algunos productos complementarios a sus bolsos de marca blanca.

El emprendedor del bricolaje está considerando el modelo fulfillment para comprar al por mayor y liberarse de las exigencias relativas a la gestión de stocks y de la entrega de un almacén de gestión de stocks y de pedidos.

3. Estudiar la competencia

A fin de prepararse bien para el mercado y aumentar sus oportunidades de éxito, es una buena idea que estudie la competencia de cerca.

Estos son los cincos puntos más importantes que debe tener en cuenta para hacer este estudio de forma eficaz:

Identificar a sus competidores

Determine entre 3 y 10 de sus principales competidores en el mercado y analice sus estrategias de marketing. ¿A qué mercado objetivo se dirigen? ¿Qué argumentos comerciales destacan? ¿Cómo han estructurado su catálogo de productos? ¿Cuáles son sus gastos de envío? ¿Qué precios aplican? ¿Qué canales de comunicación emplean? ¿Google, redes sociales, publicidad?

Comparar su proyecto con respecto a la competencia

Reúna todos los elementos que ha preparado hasta aquí (recursos humanos y financieros, tipos de productos, elección del método de envío, factores diferenciadores, etc.). A continuación, cree una tabla, por ejemplo, en Excel, y coloque a la izquierda la lista con estos elementos y a la derecha tantas columnas como competidores haya analizado. Para cada uno de ellos, anote su forma de proceder o las diferencias con respecto a lo que usted ha previsto para su propia tienda.

Evaluar los puntos fuertes y débiles de su proyecto con respecto a la competencia

Analizando los datos de la tabla, elabore un análisis DAFO de su proyecto.

Un análisis DAFO es una técnica de planificación estratégica utilizada para evaluar las debilidades, amenazas, fortalezas y oportunidades de una empresa o de un proyecto. Este análisis pretende identificar los factores internos y externos que pueden influir en el éxito de un objetivo específico. Los puntos fuertes y débiles son factores internos, mientras que las oportunidades y las amenazas son factores externos.

Para llevar a cabo la primera parte de este análisis DAFO, identifique sus puntos fuertes en relación con sus competidores, así como cualquier punto débil. Quizás el 80 % de sus competidores ofrezcan gastos de envío gratuitos, algo que usted no puede asumir en este momento, o puede que dispongan de un número de referencias de productos mucho mayor.

A continuación, analice las diferentes oportunidades o amenazas de su proyecto. Por ejemplo, podría ser una amenaza un actor internacional que quiere entrar en su nicho de mercado, con recursos colosales, o la oportunidad que ofrece un cambio legislativo o de ayudas locales para su sector de actividad, etc.

4. Elegir su modelo de negocio

a. Los diferentes modelos de negocio

En función de su proyecto, el modelo de negocio puede resultar obvio. Pero, aun así, sigue siendo importante que comprenda los distintos modelos que existen y las particularidades del modelo de negocio que elija. El modelo de negocio influirá particularmente en la forma en que su negocio interactúa con sus clientes y genera ingresos.

Los principales modelos de comercio electrónico disponibles son:

Business-to-Consumer (B2C)

El modelo B2C, es decir, de la empresa al cliente particular, consiste en la venta de productos o servicios directamente a los consumidores finales. Las empresas B2C pueden vender sus propios productos (D2C) o productos de otras marcas. Algunos ejemplos son gigantes como Amazon y Alibaba, así como marcas de moda como H&M y Adidas.

Business-to-Business (B2B)

El modelo B2B consiste en la venta de productos o servicios a otras empresas. Puede ser directamente a usuarios finales o a revendedores. Empresas como Semrush y la plataforma de mercado especializado Faire.com utilizan este modelo para ofrecer soluciones de software y productos al por mayor a otras empresas y profesionales.

Consumer-to-Consumer (C2C)

El modelo C2C consiste en transacciones entre consumidores individuales. Plataformas como eBay, Wallapop y Vinted permiten a los usuarios vender bienes y servicios directamente a otros consumidores. Estas plataformas ofrecen servicios de anuncios de productos, pago y resolución de disputas para facilitar las transacciones.

Consumer-to-Business (C2B)

En el modelo C2B, los consumidores venden bienes o servicios a empresas. Esto puede adoptar la forma de ventas directas a la empresa o de suministro de contenido o de servicios para un uso comercial, como en el caso de los colaboradores de Shutterstock, que proporcionan imágenes para publicaciones.

La mayoría de los sitios de venta online se basan en uno de estos cuatro modelos de negocio. Puede resultar interesante añadir otros dos modelos de negocio más específicos:

Business-to-Government (B2G)

El modelo B2G consiste en la venta de productos o servicios a organizaciones gubernamentales o a administraciones públicas. Como ejemplo, tenemos proveedores de software, como OpenGov, que venden soluciones a entidades gubernamentales locales.

Consumer-to-Government (C2G)

El modelo C2G describe las transacciones entre consumidores y organismos gubernamentales. Empresas como Dominion Energy prestan servicios directos a los consumidores para gestionar sus necesidades energéticas y acceder a servicios gubernamentales.

b. Análisis específico de cada caso práctico

Retomemos los tres casos prácticos.

El decorador tiene un modelo de tipo B2C: vende directamente a particulares. La diseñadora de bolsos también.

En contraposición, el emprendedor del bricolaje se orienta hacia un modelo tipo B2B, ya que tiene previsto vender a artesanos profesionales. Para la web de su tienda, esto podría implicar una serie de características específicas. Por ejemplo, la necesidad de crear una cuenta de cliente profesional, introducir un número de CIF y esperar la validación para poder hacer pedidos en línea. Del mismo modo, se podrían mostrar los precios en la web sin IVA.

C. Preparar el proyecto

1. Definir una estrategia de marca (branding)

La identidad y la **estrategia de branding** de su marca de e-commerce constituyen un aspecto esencial de su proyecto, ya que ayudan a forjar una marca coherente y a crear una conexión significativa con los clientes.

Una estrategia de branding abarca todos los aspectos visuales, auditivos y emocionales de su marca, incluidos el logotipo, los colores, las tipografías, los mensajes, los valores y las experiencias de usuario asociadas.

El objetivo global del branding es diferenciar su marca de la competencia. Esto abarca varios objetivos específicos:

La diferenciación

El branding permite destacar entre la competencia creando una identidad visual y una personalidad únicas. Al final, esto ayudará a sus clientes a reconocer su tienda entre las otras del mercado.

La creación de un vínculo de confianza

Una identidad de marca sólida y coherente refuerza la confianza de los clientes. Al ofrecer una experiencia visual y emocional coherente, el branding transmite a los clientes la fiabilidad y la calidad de su tienda.

La fidelización de los clientes

Como consecuencia directa del punto anterior, al crear un vínculo emocional con los clientes, el branding favorece la fidelidad a la marca. Es más probable que los clientes vuelvan a una marca con la que han desarrollado una conexión emocional.

La credibilidad y el profesionalismo

Un branding bien ejecutado da a su tienda online una apariencia profesional y creíble. Demuestra que se toma su negocio en serio y que se compromete a ofrecer una experiencia de cliente de calidad.

La memorabilidad

Por último, un buen branding hace que su tienda online resulte fácil de recordar. Los clientes recuerdan mejor una marca que tiene una identidad visual distinta y unos valores claros.

Pero ¿cómo definir su estrategia de branding?

Para empezar, hay que distinguir tres términos estrechamente relacionados. En primer lugar, está la marca propiamente dicha (*brand* en inglés), que es la identificación distintiva de un producto o de una empresa en el mercado. Luego está la identidad de marca, que reúne el conjunto de elementos visuales y verbales que encarnan la marca (logo, colores, tipografía, eslogan, etc.). Por último, está el branding, que hace referencia al proceso estratégico de creación, desarrollo y gestión de la marca. Abarca todas las acciones y decisiones tomadas para dar forma a la imagen de la marca, crear una conexión emocional con los clientes y posicionar la marca de forma distintiva en el mercado. El branding implica la definición de los valores de la marca, los mensajes clave, la identidad visual, las experiencias de los clientes, etc.

Definir su branding es, ante todo, un acto de marketing, que consiste en estudiar el conjunto de puntos preparatorios mencionados anteriormente: desde la elección de su nicho de mercado hasta su modelo de negocio, todos estos elementos contribuirán a dar forma a su branding. Para finalizar este trabajo de branding, ahora va a asociar elementos que plasmarán sus elecciones estratégicas: la elección de los colores, el estilo gráfico de su marca, la elección de las palabras y los argumentos que empleará, etc. Dicho de otro modo, va a crear un universo al que reaccionará su público objetivo, un universo del que querrá formar parte.

Como se habrá dado cuenta, los elementos que expresan su identidad de marca no deben basarse en sus gustos personales, sino en un estudio del mercado en el que desea posicionarse como referente. Si, por ejemplo, se dirige a mujeres jóvenes adultas fans de K-Pop, no escogerá los mismos colores, códigos gráficos o palabras claves para hablarles que si se dirige a padres de familia que están haciendo reformas en casa. Y esto se aplicaría aunque les vendiera exactamente el mismo producto estándar, como un zumo de fruta.

Imagine los problemas cotidianos de sus clientes potenciales, sus miedos, sus deseos... Partiendo de ellos, podrá construir su marca con eficacia.

Por último, su branding también influirá en la estrategia de comunicación. Retomando el ejemplo anterior, probablemente tendrá más posibilidades de hacerse visible ante las fans femeninas del K-Pop en redes sociales como Instragram o TikTok, mientras que los padres de familia aficionados al bricolaje puede que estén más interesados en tutoriales de YouTube.

2. Estudiar los aspectos legales y reglamentarios

A la hora de crear una tienda online en España hay que tener en cuenta una serie de aspectos legales y reglamentarios.

El comercio online en España engloba una gran variedad de actividades, desde la venta de productos hasta la de servicios, pero algunas ventas están reguladas. Por ejemplo, la venta de alcohol requiere una licencia y medidas específicas para la venta a menores. Del mismo modo, la venta de medicamentos con receta está sujeta a normas estrictas, mientras que la venta de tabaco online está prohibida.

Avisos legales obligatorios en el sitio web

Las páginas web deben mostrar avisos legales que contienen cierta información, como la identidad de la empresa, el CIF, los datos de contacto y algunos más. El incumplimiento de esta obligación se sanciona severamente.

Términos y condiciones de venta

Los términos y condiciones de venta son necesarios para informar a los clientes de sus derechos y obligaciones al comprar productos o servicios en su tienda online, conforme a la Ley General para la Defensa de los Consumidores y Usuarios. Estos deber ser claros y accesibles en el sitio web; su incumplimiento puede conllevar sanciones.

Política de privacidad y cumplimiento del RGPD

El tratamiento de los datos de carácter personal de los usuarios también está sujeto a normas estrictas, especialmente en materia de transparencia en la recopilación, uso, tratamiento y conservación de dichos datos. Las empresas deben informar a los usuarios y obtener su consentimiento antes de recopilar y utilizar sus datos.

Avisos legales sobre el uso de cookies

Los sitios de comercio electrónico deben mostrar una ventana de notificación para el uso de cookies, que permita a los visitantes gestionar sus preferencias. Por lo general, esta notificación redirige a los visitantes a una página específica en la que se detallan los tipos de cookies y cómo gestionarlas.

Contrato de venta - Plazos de entrega, medios de pago, derecho de desistimiento del cliente

Los contratos de venta online deben respetar unas normas específicas, en particular en lo relativo a los datos facilitados durante el pedido, los plazos de entrega, los medios de pago y el derecho de desistimiento del cliente. El incumplimiento de estas normas puede acarrear importantes multas para las empresas.

Ventas reguladas

Además, la venta de ciertos productos está regulada. Es el caso de la venta de alcohol, que requiere una licencia y medidas específicas para la venta a menores. Del mismo modo, la venta de medicamentos con receta está sujeta a normas estrictas, mientras que la venta de tabaco online está directamente prohibida.

Otras reglamentaciones

Otros aspectos específicos de su proyecto pueden requerir que tenga en cuenta normativas particulares. En España, el consumidor puede desistir en el plazo de 14 días naturales desde la celebración del contrato de prestación de servicios, o desde la recepción de los bienes, sin justificación ni penalización alguna. El incumplimiento de esta obligación puede acarrear multas significativas.

Para garantizar que su proyecto cumpla los requisitos legales, no dude en consultar con un asesor legal especializado.

También puede encontrar información detallada en los sitios web oficiales, como:

- https://www.aepd.es/politica-de-privacidad-y-aviso-legal
- https://www.aepd.es/prensa-y-comunicacion/notas-de-prensa/aepd-actualiza-guia-cookies-para-adaptarla-a-nuevas-directrices-cepd

3. Evaluar las diferentes soluciones de creación de la tienda online

a. Las soluciones: un freelance, una agencia, RR. HH. internos, contratación de un estudiante en prácticas, el emprendedor

Tiene varias opciones a su disposición para desarrollar su tienda online.

Puede optar por una agencia digital que cree el sitio por usted, de principio a fin, y se lo entregue listo para usar, a menudo con un contrato de mantenimiento anual para garantizarle una respuesta en caso de problemas.

Se trata de una solución totalmente externalizada y, a veces, bastante cara, pero que le libera completamente de las preocupaciones y el tiempo inherentes a este tipo de proyectos. En la mayoría de los casos, la agencia también actuará como asesor para ayudarle a decidir entre varias opciones estratégicas (diseño, redacción, etc.).

Si no dispone de esas competencias en su empresa o no quiere dedicarles tiempo, puede optar por un freelance. Se trata también de una solución totalmente externalizada, que le ofrece una solución «llave en mano» a un precio a menudo un poco más asequible que una agencia.

Pero también existen varias opciones internas.

Si dispone de recursos expertos en desarrollo web –por ejemplo, si cuenta con un informático que también sabe programar webs–, puede planificar con él el tiempo que tardaría en desarrollar su tienda y decidir si es la solución adecuada en función de sus otras responsabilidades.

También puede mejorar los conocimientos de una persona interna que quiera hacerse cargo de la web o que en el futuro sea responsable de gestionarla. Lo ideal es que se trate de una persona con ganas y que se sienta cómoda con las soluciones digitales. Puede ser usted mismo o bien un colaborador de su equipo. El objetivo no es convertirse en desarrollador, sino utilizar las soluciones llave en mano de creación de sitios web: plataformas de creación de sitios sin código, como Wix o Squarespace.

En este caso, puede decidir que la persona que se ocupe de desarrollar la web en una de estas plataformas reciba una formación previa. Así se asegurará de contar con un recurso interno no solo para tener autonomía en la creación de su tienda online, sino también para su mantenimiento, gestión, etc.

Y, por supuesto, si no quiere subcontratar, también tiene la opción de recurrir a un desarrollador web en prácticas que perfeccionará sus conocimientos teóricos mientras monta su tienda online. Sin embargo, para que esto funcione, es importante que entienda bien las competencias que se le exigen al becario y, para ello, que usted defina previamente su proyecto (lo que estamos haciendo en este primer capítulo) y la plataforma e-commerce más idónea (que veremos en las siguientes páginas). Si no, corre el riesgo de acabar con un becario que imponga alguna elección técnica en función de sus conocimientos y que eso no se corresponda con sus necesidades.

b. Los criterios de evaluación

En el momento de elegir la solución adecuada para su proyecto, debe tener en cuenta una serie de criterios:

El coste

Cada una de estas opciones genera costes diferentes. Evalúe los costes brutos a corto plazo (presupuesto de las agencias, coste diario y tiempo de trabajo previsto de los autónomos, alquiler del alojamiento de la web, etc.), pero también los costes inducidos (gastos de personal en salarios si los colaboradores de la empresa se encargan del desarrollo, posibles costes de formación, etc.).

La autonomía

¿Dependerá de un recurso externo si tiene algún problema o cuando simplemente quiera hacer mejoras? ¿Se formará al menos a nivel mínimo en el uso de la tienda para poder gestionarla con eficacia (actualizar contenidos, gestionar los pedidos, asegurar el buen funcionamiento, etc.)? Si opta por el desarrollo interno, ¿cómo puede garantizar que la empresa no dependerá del colaborador que inició el proyecto? Los empleados pueden dejar la empresa o estar de baja el día en que su tienda online tenga un problema, el becario puede acabar sus prácticas sin dejarle documentación para el futuro y olvidarse de darle todas las claves de acceso, etc. Debe tener previstos todos estos aspectos para evitar situaciones catastróficas.

La experiencia técnica

En función de la complejidad de su tienda online y de la elección de la plataforma técnica, es importante que se asegure de que la persona responsable del desarrollo tenga las competencias necesarias. La ventaja de una agencia es que, por lo general, tiene numerosas competencias internas para responder a todo tipo de cuestiones técnicas, incluida una solución completamente a su medida. En cambio, un autónomo, su desarrollador interno o su becario solo podrán llevar a cabo su proyecto con las competencias con las que cuenta. Si no saben programar en la plataforma que ha escogido, harán un trabajo muy limitado que no le satisfará. Por último, si opta por crear su tienda online en una plataforma sin código, asegúrese de que la plataforma será suficiente para cubrir las funcionalidades que necesita en su tienda online.

Plazo

Estudie los plazos de entrega estimados para cada opción a fin de asegurarse de que el plazo propuesto corresponde con sus expectativas y con posibles restricciones de tiempo.

Calidad del trabajo

Evalúe la calidad del trabajo realizado por cada colaborador potencial examinando los portfolios, obteniendo referencias y navegando por algunas de las tiendas online que haya creado recientemente. Esto es fundamental para garantizar una experiencia de usuario óptima en su web y la satisfacción de sus clientes.

Soporte y mantenimiento

Por último, es importante tener en cuenta la disponibilidad de soporte y mantenimiento tras el lanzamiento de la tienda online, sobre todo en caso de problemas técnicos o actualizaciones necesarias. Las agencias suelen prestar este tipo de servicios; los autónomos, mucho menos, y por supuesto, sus empleados internos solo podrán ser fiables y receptivos mientras estén dentro de la empresa. Pero es importante garantizar el buen funcionamiento continuo de su página con una asistencia fiable y capaz de resolver cualquier problema técnico con rapidez y eficacia.

4. Evaluar los gastos de la tienda online

Nombre del dominio

El nombre del dominio es la dirección web única de su página; por ejemplo, www.sutienda.com. La compra del nombre del dominio conlleva un coste anual que hay que renovar de un año para otro. Para asegurarse de conservar el nombre del dominio de forma permanente, puede pagar varios años por adelantado.

La cuota anual de un nombre de dominio .com ronda los 15 euros.

Alojamiento anual de la página

El alojamiento web es necesario para almacenar los archivos de su sitio y hacerlo accesible en línea. Los costes de alojamiento varían en función del tamaño de su web, del tráfico previsto y de las funcionalidades requeridas. A veces están incluidos en la tarifa de la licencia de su plataforma de desarrollo de la web (es el caso de Shopify o Wix, por ejemplo).

Por lo general, los gastos anuales de alojamiento oscilan entre los 100 y los 500 euros.

Licencia de la solución técnica escogida

Si utiliza una plataforma de comercio electrónico lista para usar, quizás tenga que adquirir una licencia para ese software. Algunas plataformas ofrecen suscripciones mensuales que incluyen la licencia.

Al crear una tienda, estas tarifas suelen oscilar entre los 10 y los 99 euros mensuales.

Algunas de estas plataformas ofrecen versiones gratuitas, como WordPress o Wix. En ese caso, el alojamiento no le costará nada. Al principio, esto le permitirá preparar su sitio y probarlo sin pagar nada. Por supuesto, estas versiones gratuitas no permiten el acceso a todas las funcionalidades ni a un nombre de dominio personalizado. Pero sigue siendo una buena manera de empezar.

Coste o licencia de «plug-ins» complementarios

Es posible que necesite funciones adicionales para su web, como módulos de pago, herramientas de marketing o extensiones de gestión de existencias. Algunos son gratuitos, pero otros pueden requerir la compra de una licencia o una cuota de suscripción.

Prestación de desarrollo del sitio

Si recurre a una solución externa, ya sea un freelance o un proveedor de servicios, deberá tener en cuenta los honorarios por el desarrollo de la web. El coste dependerá del tamaño y de la complejidad de su tienda online, así como de las competencias y la experiencia del proveedor escogido. Estos gastos suelen ascender a unos cuantos miles de euros.

Fotografía inicial e imágenes de productos

Las imágenes de alta calidad son esenciales para presentar sus productos de forma atractiva. Contratar a un fotógrafo profesional o comprar fotografías de stock puede ser necesario para obtener imágenes de calidad. El coste de una sesión de fotografía profesional dependerá de la experiencia del fotógrafo, pero, por lo general, cuente con pagar entre 300 y 1000 euros. Evidentemente, el número de productos que necesite fotografiar también es un criterio importante en el coste final de esta partida.

Y, por supuesto, siempre puede recurrir a la inteligencia artificial para optimizar sus propias fotos (eliminar y reemplazar un fondo, suprimir un detalle, enderezar una foto torcida, etc.) y para crear escenas contextualizadas de sus productos sin necesidad de largas y costosas sesiones fotográficas. Volveremos a estas diferentes soluciones en el capítulo Crear su tienda online, en la sección Preparar el contenido.

Redacción de textos

El contenido textual de su web, incluidas las descripciones de productos, las páginas de inicio o de información, requiere una redacción de calidad para atraer visitantes y que se conviertan en clientes. Puede que necesite delegar esta tarea. Las tarifas varían mucho según el número de textos que haya que redactar, su complejidad y la experiencia del redactor.

Existen plataformas especializadas en proporcionar redactores web de forma puntual, especialistas en la redacción adaptada para páginas web. También puede recurrir a www.textbroker.es/ o incluso a www.publisuites.com

Embalaje y envío

Si vende productos físicos y opta por el envío directo a los clientes, necesitará materiales de embalaje, como cajas, sobres y relleno de protección. Los costes pueden variar en función del tamaño y del peso de sus productos. Prevea una inversión inicial de unas decenas a unos cientos de euros. Si opta por externalizar los embalajes y los envíos, es posible que tenga que destinar un coste inicial para su socio externo. Luego están los costes variables de cada envío, que deberá tener en cuenta en el cálculo de su margen.

5. Elaborar un plan de negocio

Llegados a este punto, ya debería haber definido con bastante precisión el proyecto de su tienda online. Teniendo en cuenta las distintas opciones estratégicas que ha elegido, ya puede elaborar un plan de negocio de su tienda online.

Elabore este plan de negocio, sea cual sea su objetivo: es un documento que le servirá de hoja de ruta.

Si está empezando, le ayudará a definir objetivos claros y a elaborar un plan de acción para alcanzarlos. También le servirá para afinar sus cálculos de los costes y de sus potenciales ingresos.

Si busca financiación externa para su tienda online, el plan de negocio es, sin duda alguna, una herramienta indispensable para explicar su proyecto a los posibles inversores y convencerles de que lo financien.

Estos son los elementos principales que debe incluir en su plan de negocio.

Un resumen ejecutivo

Se trata de una visión general de su proyecto en la que se describe el concepto, el mercado objetivo y los objetivos clave.

Un análisis de mercado

Presente su mercado objetivo, identifique a su competencia y analice las tendencias del sector para destacar las oportunidades y los desafíos.

Su estrategia de producto

Describa detalladamente los productos o servicios que piensa ofrecer, su valor añadido y cómo pretende posicionarlos en el mercado.

Su estrategia de marketing

Explique el plan de comunicación y marketing que desea poner en marcha para atraer y fidelizar clientes, incluyendo tácticas como la publicidad online, las redes sociales y el marketing de influencers. Puede apoyarse en la sección dedicada a este tema en el capítulo Dar a conocer su tienda online.

Su organización

Explique la estructura de su equipo, así como los procesos de gestión y de toma de decisiones.

Un análisis financiero

Evidentemente, se trata de una parte esencial en la que debe explicar y calcular los costes iniciales, elaborar proyecciones financieras a corto y largo plazo, incluyendo previsiones de ingresos, gastos y rentabilidad.

D. Escenario tipo para cada caso práctico

1. Un comerciante tradicional que quiere dar el salto al e-commerce

Contexto del proyecto

La empresa ya lleva varios años en el mercado y dispone de liquidez, proveedores y stock de productos. Quiere desarrollar otros canales de venta.

Nicho de mercado

El comerciante ha decidido dirigirse a madres de familia que desean objetos pequeños de decoración a precios reducidos.

Estrategia de entrega

Ofrecerá el envío directo (D2C) y click and collect. Contempla también que algunos de sus proveedores puedan trabajar en dropshipping.

Plan de negocio

El comerciante destacará el hecho de que su empresa ya existe y se autofinancia desde hace varios años, así como su buen conocimiento de su mercado objetivo, los productos y las tendencias que funcionan bien.

En cuanto a los costes iniciales para este proyecto de tienda online, solo deberá asumir los asociados al e-commerce, puesto que ya dispone de los productos y del lugar de almacenaje. Ha presupuestado la creación y el mantenimiento del sitio, que encargará a un autónomo (unos 2000 euros), y para la comunicación ha presupuestado 10 000 euros para el primer año.

2. Una marca en proceso de creación que quiere lanzar su tienda online

Contexto del proyecto

La empresa aún no existe. No tiene financiación, ni stock, ni proveedores de materia prima. Todo está por crear.

Nicho de mercado

La diseñadora ha decidido centrarse en mujeres jóvenes de 20 a 35 años que quieren dest car por un look original a la vez que cuidan el planeta y confían en artesanos locales.

Estrategia de entrega

La diseñadora planea hacer ella misma los envíos iniciales, con el modelo D2D.

Plan de negocio

En su modelo de negocio, destacará la experiencia en ventas que adquirió en trabajos anteriores, su pasión por la moda y la costura desde que era adolescente y sus conocimientos en redes sociales.

En cuanto a los costes iniciales, incluyen principalmente la compra de telas y accesorios para la elaboración de sus bolsos, así como el coste del desarrollo y alojamiento de la tienda online, que hará ella misma en la medida de lo posible.

3. Un emprendedor que quiere lanzar su actividad en línea

Contexto del proyecto

La empresa está en proceso de creación por parte de un emprendedor experimentado que cuenta con respaldo financiero y socios. Tiene previsto invertir para crear un stock y formar un equipo desde el principio.

Nicho de mercado

El emprendedor ha identificado un nicho de mercado con mucho potencial en el ámbito de las herramientas de bricolaje: artesanos profesionales que necesitan encontrar fácil y rápidamente herramientas de buena calidad a precios ajustados, con un servicio posventa eficaz y asistencia en caso de problemas.

Estrategia de entrega

El emprendedor contempla el modelo fulfillment para comprar al por mayor y liberarse de las exigencias relativas a la gestión de stocks delegándolas a un almacén de gestión de stocks y de pedidos.

Plan de negocio

En su plan de negocio, el emprendedor destacará la solidez de su experiencia y de sus activos. También ofrecerá un análisis en profundidad del mercado, que le ha permitido identificar un nicho de mercado con gran potencial.

Los costes iniciales serán bastante significativos, ya que tiene previsto contar con una oficina y un equipo de tres personas para empezar; también invertirá hasta 35 000 euros en la página web y en las comunicaciones del primer año. Sus previsiones de ingresos son proporcionales a estas inversiones y espera contar con varios miles de clientes desde el primer año.

Capítulo 2
Crear su tienda online

A. Preparar la creación de la tienda

1. Definir la identidad visual

Su identidad visual será la carta de presentación de su tienda online. Esto hará que sus clientes le reconozcan y recuerden.

a. ¿Su marca tiene identidad visual?

Si ya tiene una empresa, probablemente ya habrá definido su identidad visual o, al menos, probablemente ya tenga los elementos básicos de una identidad visual; en concreto, el logo.

El manual de identidad visual es un documento de referencia que define todas las reglas y normas visuales que conforman la identidad gráfica de una marca o una empresa. Se compone de los elementos siguientes:

- El logo y sus adaptaciones (tamaños mínimos, espaciado, variantes del color, blanco y negro, etc.).
- La paleta de colores (códigos de color, tonalidades permitidas, combinaciones desaconsejadas, etc.).
- Las tipografías (tipos de letra para el logo, los títulos, el cuerpo del texto, etc.).
- Los elementos gráficos (pictogramas, motivos, ilustraciones, etc.).
- Las disposiciones y composiciones tipo de las páginas (cuadrículas, márgenes, jerarquía visual, etc.).
- Los soportes y sus características específicas (web, impresión, señalización, etc.).

El objetivo principal de una identidad visual es garantizar la coherencia y la unidad visual en todos los soportes de comunicación, independientemente de quién intervenga (diseñadores gráficos, diseñadores web, etc.). De esta forma, se refuerza el reconocimiento y la memorabilidad de la marca entre sus distintos públicos.

Una identidad visual bien diseñada debe estar lo suficientemente detallada para evitar interpretaciones, permitiendo al mismo tiempo cierta flexibilidad para adaptarse a los diferentes contextos de comunicación.

Si ya dispone de esta identidad visual completa, bastará con que siga sus indicaciones en cuanto a colores, tipografía, etc., para adaptar su identidad gráfica actual en su tienda online y mantener una coherencia de marca frente a sus clientes.

Si tiene una empresa, pero nunca ha hecho este trabajo de redacción de un manual de identidad visual completo, empiece por enumerar los elementos que permitan definir, al menos parcialmente, su identidad gráfica: ¿tiene logo? ¿Sabe cuál es el tipo de letra de su logotipo? ¿Conoce los códigos de color de referencia? Aunque decida no hacer un trabajo exhaustivo de identidad visual, enumerar estos elementos y precisar al menos algunos puntos clave será importante para su tienda online.

Por supuesto, si su tienda online es una nueva empresa, todavía no dispondrá de identidad visual. Más adelante, veremos cómo crearla.

b. Adaptar una identidad visual existente

Para adaptar su identidad visual a una tienda online, primero debe plantearse algunas preguntas a fin de evitar resultados decepcionantes.

En primer lugar, ¿es necesario replantear los colores y los tipos de letra de su identidad visual para una mejor legibilidad en línea? Algunas fuentes pueden ser elegantes en soporte papel, pero poco adecuadas para su lectura en un smartphone, por ejemplo, o incluso totalmente incompatibles con la web.

En efecto, los navegadores no integran todas las fuentes por defecto. Si ha elegido un tipo de letra específica, es importante que compruebe que los distintos navegadores la interpretan correctamente. En caso contrario, tendrá que integrarla a través de archivos alojados en el sitio (por ejemplo, con un servicio como Google Fonts). Sin embargo, esto puede acarrear algunos problemas, como un tiempo de carga más largo o una visualización ligeramente diferente y, a veces, no optimizada según el dispositivo o el tamaño de la pantalla, lo que puede afectar a la experiencia del usuario.

Además, por lo general, tendrá que crear una o diversas variantes del logo para la web. El formato y el tamaño de los archivos deberá pedírselos al webmaster, o bien identificarlos en la plataforma de creación de tiendas que elija.

Por último, si usted o su webmaster utilizan una plataforma de creación de tiendas online existente, tendrá que escoger entre una serie de diseños preestablecidos y personalizables (plantillas o temas gráficos). Escoja la plantilla más parecida a su identidad visual existente; será más rápido y menos costoso.

c. Piense en la responsividad de su identidad visual

A diferencia de los soportes físicos, en los entornos digitales el aspecto de su sitio depende del dispositivo con el que se acceda: smartphone, tableta, ordenador de sobremesa... Cada tipo de pantalla impone limitaciones técnicas y visuales distintas. Y dentro de un mismo dispositivo, también influye el navegador o la resolución de pantalla utilizada.

Por eso es esencial pensar en lo que llamamos «experiencia de usuario», es decir, anticipar cómo navegarán sus futuros clientes por su sitio web. La vista debe estar optimizada para garantizar la mejor experiencia de navegación posible, sean cuales sean las condiciones de navegación de los visitantes de la página. Hablamos de «responsividad» de una web para referirnos a la necesidad de adaptación a los diferentes tipos de pantalla. En concreto, esto quiere decir que su tienda online se desarrollará de forma que la visualización en un smartphone no sea la misma que en un ordenador de sobremesa, pero en pequeño. Un ejemplo sencillo: el listado de sus productos puede presentarse en tres columnas en la versión para los ordenadores de sobremesa, mientras que en la versión de un smartphone cada producto se presentará uno debajo de otro. A la hora de elegir los gráficos para su tienda online, es importante tener esto en cuenta.

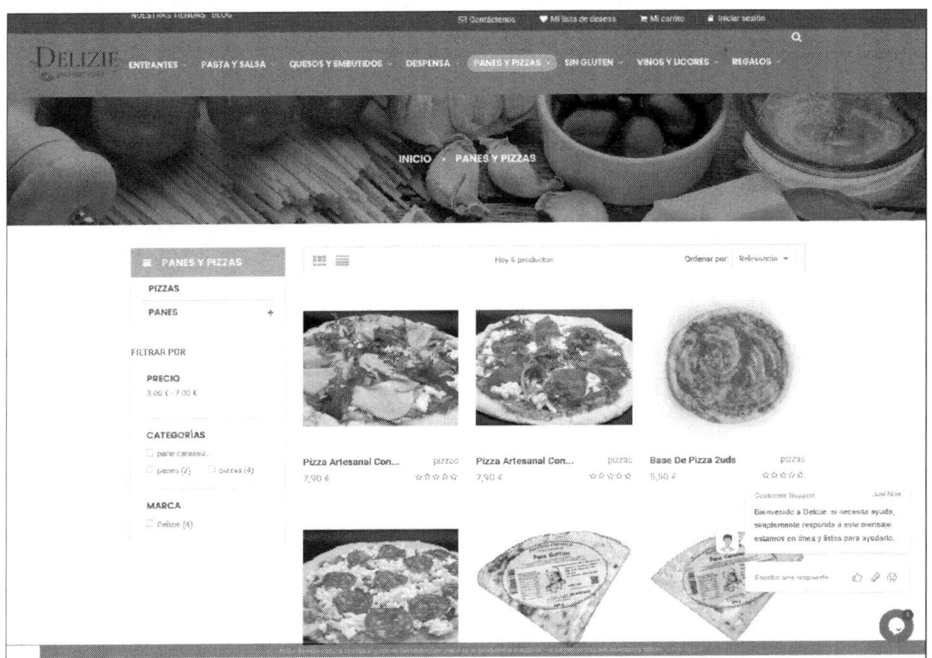

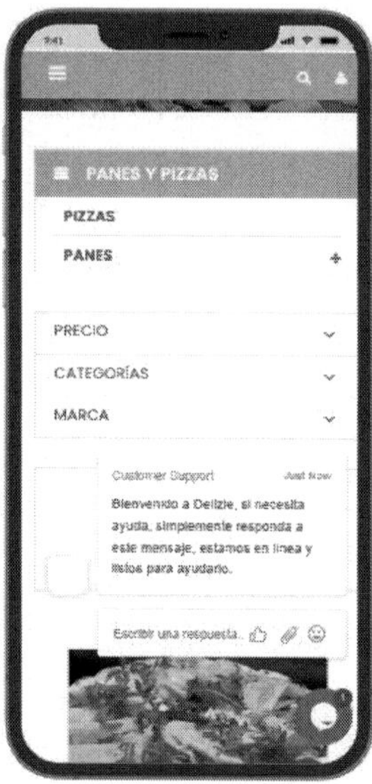

Para comprobar cómo se verá una página en una amplia gama de configuraciones posibles, no es necesario comprar todas las últimas versiones de smartphones y ordenadores. Puede hacer «simulacros» en herramientas específicas, muchas de las cuales han integrado los principales smartphones, tabletas y ordenadores actuales. Estas son mis recomendaciones:

- LT Browser: https://www.lambdatest.com/lt-browser
- Browser Stack: https://www.browserstack.com
- AppSimulator: http://www.appsimulator.net
- MobileTest: https://mobiletest.me/

d. Encontrar inspiración

Si todavía no tiene definida su identidad visual, inspírese en las tendencias actuales, en sus competidores y en sus gustos personales. Cree *moodboards* para visualizar lo que le gusta. Un «moodboard» es una herramienta visual que permite plasmar en una gran hoja de papel o en la pared los diversos elementos gráficos que le inspiran. También se conoce como panel de ilustraciones o tablero de inspiración. Hay dos modos de hacerlo:

- Consulte otras tiendas online, ya sean de competidores posicionados en el mismo nicho de mercado o, por el contrario, de otros ámbitos para encontrar inspiraciones que le diferencien de sus competidores. Anote las URL de las páginas, haga capturas de pantalla de las páginas que le gustan y agrúpelas en una carpeta para poder sumergirse en este banco de inspiración personal en cualquier momento; si fuera necesario, compártala con su webmaster.

- Navegue por Pinterest y guarde en un nuevo tablero todas las imágenes que le gusten: fotos, gráficos, paletas de colores, etc. Siéntase libre, no se contenga: puede guardar tantas cosas como quiera y afinar su selección sobre la marcha, eliminando lo que ya no le interese.

Para elegir paletas de colores más específicas, existen páginas especializadas. Aquí tiene algunas:

- Color Hunt: https://colorhunt.co/
- Coolors: https://coolors.co/
- Paleta de colores: https://paletadecolores.com.mx/

e. Identificar el tema o la plantilla que se adapta a la identidad visual

La mayoría de las plataformas de e-commerce proponen una galería de modelos gráficos, conocidos como plantillas o temas. La elección de las plantillas disponibles es uno de los criterios que debe tener en cuenta cuando escoja una solución técnica de desarrollo (este punto lo estudiaremos en las páginas siguientes). Si encuentra una plantilla perfecta en una de las plataformas de creación e-commerce, puede facilitarle mucho la implementación de su tienda online. No dude en pasar algún tiempo navegando por las diferentes plantillas antes de tomar una decisión. Identifique la que mejor se adapte a la identidad visual que desea.

f. Identificar lo que debe personalizar en el tema o plantilla

Cuando haya elegido una plantilla, aunque se acerque mucho a lo que quiere, por lo general tendrá que personalizarla un poco: añadir su logo, cambiar algún color, fuente, etc. Haga una lista de las personalizaciones que necesita para no olvidar nada importante de su identidad visual.

También puede optar por un desarrollo completamente a medida con una agencia, sin disponer de un modelo de base. En ese caso, asegúrese de reunir todos los elementos gráficos que ha preparado (identidad visual completa o no, moodboards de inspiración si aún no tiene identidad...) para que la agencia pueda desarrollar su identidad visual completamente a medida y adaptada a sus deseos.

g. Fichas recapitulativas de cada caso práctico

El comerciante de decoración:

Ya dispone de una identidad visual bastante escueta, con su logo en varios formatos, la fuente y los colores del logo. Ha encontrado una plantilla que le gusta en una plataforma de comercio electrónico. Va a personalizar esta plantilla al menos con su logo y sus colores.

La diseñadora de bolsos:

No tiene ningún elemento, pero está acostumbrada a buscar inspiración en Pinterest. Crea un moodboard detallado, con varios tableros de Pinterest: con colores, logos, fotos y estilos gráficos que le gustan. Busca un tema que se acerque lo más posible a sus inspiraciones y decide buscar ayuda para la creación de un logo que será un activo importante de su marca.

El empresario del bricolaje:

Ha delegado a un diseñador la tarea de crear una identidad visual completa que tenga en cuenta todos los valores y aspiraciones de su nueva empresa. A continuación, ha decidido confiar esta identidad visual más precisa a la agencia que se encargará de la creación de su página a medida para que adapte la identidad visual tradicional en identidad visual web a medida.

2. Definir los apartados y las funcionalidades

a. Las secciones imprescindibles

<u>Las secciones de tipo «escaparate»</u>

Las secciones de tipo «escaparate» muestran información sobre su empresa, a diferencia de las secciones de tipo «tienda», dedicadas al catálogo y a la compra online. Estas secciones son esenciales para presentar su marca a los visitantes y generar confianza. Enseñan la historia de su empresa, sus valores, su equipo, y garantizan a los visitantes la facilidad para ponerse en contacto con usted en cualquier momento.

Páginas de presentación de la marca

La **página de inicio** es el escaparate principal de su página de e-commerce. Debe reflejar la identidad y los valores de su marca, a la vez que destaca sus productos estrella y sus promociones. Utilice imágenes de calidad, un diseño limpio y una navegación intuitiva para guiar a los visitantes. Es una página que sirve para dirigir a los visitantes a otras páginas de su tienda online en función de sus necesidades. Por lo tanto, debe diseñarse con especial cuidado para que sea lo más intuitiva posible.

Una página «Quiénes somos» le permitirá contar la historia de su empresa, su filosofía y lo que le diferencia de la competencia. No dude en personalizarla con testimonios de clientes, fotos del equipo, bocetos de sus primeros prototipos, fotos o vídeos que muestren lo que se cuece entre bastidores en la empresa (fabricación de productos, recepción de paquetes de sus proveedores, etc.).

Páginas de contacto

Ofrecer distintos medios de contacto es fundamental para tranquilizar a sus futuros clientes y responder a sus preguntas. Cree una página de «Contacto» específica con un formulario de contacto, sus datos (dirección, número de teléfono, e-mail) y, si fuera el caso, un mapa de localización. Esta página debe ser fácilmente accesible; lo ideal es que esté en la parte inferior y superior de la web. Cada vez más tiendas online añaden a esta página un «chat», a menudo accesible en la esquina inferior derecha de las páginas. Es ideal para responder en tiempo real a las preguntas de los visitantes de la página y evitar que se vayan sin comprar...

También puede ser útil una sección FAQ (preguntas frecuentes) para responder a las preguntas más habituales sobre sus productos, servicios o condiciones de venta. Esta página puede enlazarse desde el pie del sitio o incluso desde las fichas de producto.

Páginas de avisos legales

Para cumplir la ley, debe incluir páginas específicas, como avisos legales, condiciones generales de venta, condiciones de uso, política de privacidad y la gestión de cookies. La finalidad de estas páginas no es ser atractivas, sino cumplir la ley y reforzar la credibilidad y la transparencia de su sitio de e-commerce.

Los **avisos legales** que deben incluirse en una página específica o incorporarse en las condiciones generales de venta pueden variar ligeramente según su actividad. Pero, como mínimo, debe figurar la identidad del titular (nombre o razón social, NIF/CIF, domicilio, correo electrónico, nombres comerciales y número de teléfono de Servicio de Atención al Cliente), así como los datos de inscripción en el Registro Mercantil; licencias y autorizaciones administrativas en función de la actividad; colegio profesional, título y normativa en caso de profesiones reguladas; impuestos y otros gastos añadidos al precio de los productos o servicios en función de la residencia del comprador; aspectos sobre propiedad intelectual e industrial; exclusiones de responsabilidad y códigos de conducta.

Las **condiciones generales de venta** definen los términos y condiciones que rigen la venta de sus productos, como los métodos de pago aceptados, los plazos de entrega, la política de devolución, etc. Las **condiciones de uso** regulan el uso de su sitio web por parte de los visitantes.

La **política de privacidad** explica cómo recopila, utiliza y protege los datos personales de sus clientes. También debe incluir los datos del encargado del tratamiento de datos personales, si ha designado uno. Es obligatorio para cumplir el RGPD y transmitir confianza a los internautas sobre la seguridad de sus datos.

Por último, debe añadir en los avisos legales, en la política de privacidad o en una página específica los datos relativos a **el empleo de cookies** en su página de e-commerce. También debe permitir a los visitantes dar su consentimiento, mediante un banner que aparezca cuando lleguen a su web.

Aunque sean de carácter técnico, estas páginas son esenciales para establecer un marco jurídico claro e inspirar confianza en sus clientes potenciales.

Puede solicitar la ayuda de un asesor jurídico para redactarlas o adquirir modelos de textos en plataformas jurídicas autorizadas y acreditadas como Confianzaonline, Adigital o en la Cámara de Comercio:

- https://www.confianzaonline.es/
- https://www.adigital.org/
- https://www.camara.es/blog/e-commerce

Para más información, no dude en consultar la página oficial del Estado español: https://www.dsca.gob.es/es/consumo/notas-informativas/bienes-y-servicios/regulacion-comercio-electronico

b. La sección «catálogo de productos»

Es la piedra angular de su tienda online. Presenta todos sus productos a los clientes.

El objetivo es facilitar la navegación para que los visitantes descubran sus productos. Una sección Catálogo bien estructurada y completa es esencial para maximizar sus ventas en línea.

Por lo general, incluye:

- Un motor de búsqueda, que suele estar accesible permanentemente desde todas las páginas del sitio.
- Un listado de los productos con filtros y clasificación por categorías.
- Las categorías de productos organizadas de forma lógica e intuitiva.
- Las fichas de los productos detalladas con descripciones, imágenes, vídeos, opiniones de los clientes, etc.

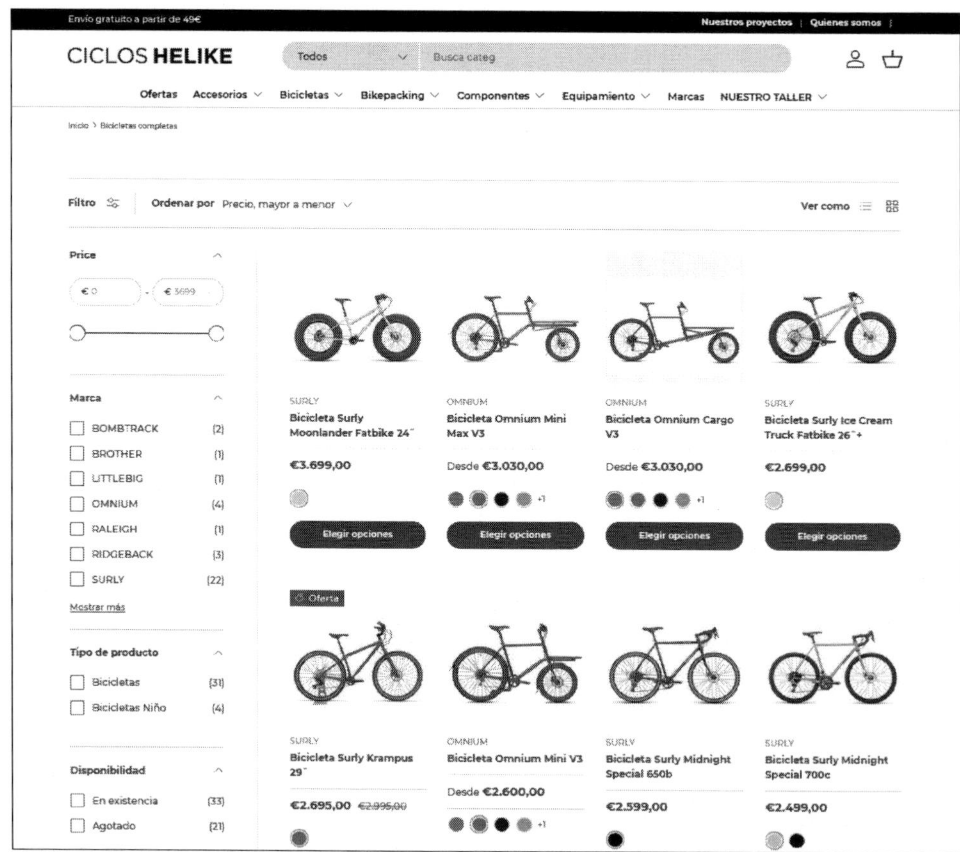

c. Las secciones de tipo «e-commerce»

Cesta

La cesta o carrito de compra es un elemento clave del proceso de compra en línea. Los clientes añaden en ella los productos que desean comprar. A continuación, pueden ver un resumen de su pedido en la primera página de la Cesta y, si fuera necesario, ajustar las cantidades antes de confirmar su pedido.

La cesta debe mostrar claramente el precio total, así como los gastos de envío. Debe permitir aplicar códigos promocionales.

En el menor número de pasos posible, debe permitir validar el contenido del pedido, mostrar claramente el precio total y los gastos de envío, indicar una dirección de entrega y, si es diferente, una dirección de facturación específica, y, por supuesto, debe permitir escoger un modo de pago y pagar el pedido.

En general, el proceso de pedido en una sección «Cesta» permite al cliente pedir en modo «invitado» o crear una cuenta de cliente, o conectarse a una cuenta ya existente.

Desde el punto de vista del marketing, es aconsejable incluir sugerencias de productos adicionales para aumentar el importe medio de los pedidos.

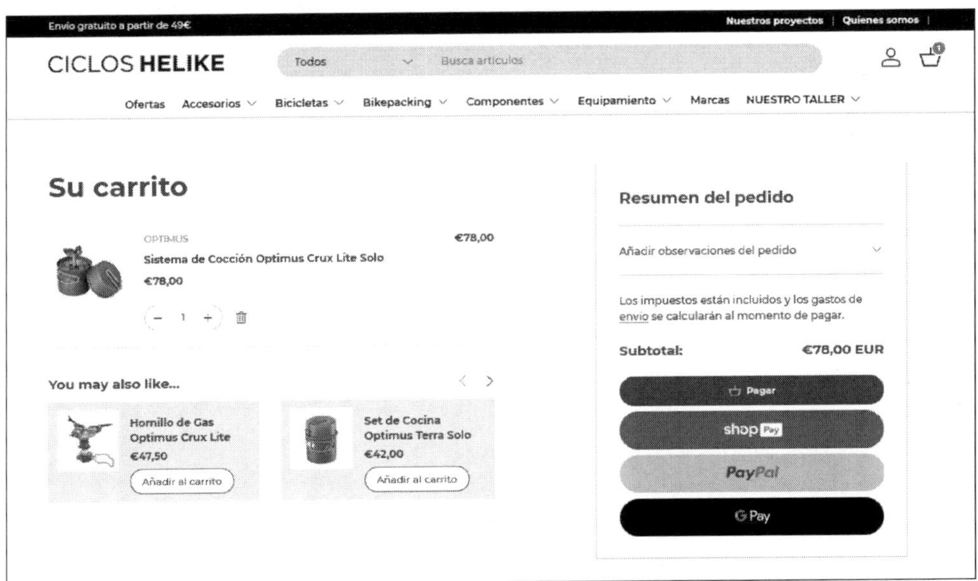

Área de cliente

El área de cliente personalizada refuerza el compromiso de los compradores con su marca. Estos pueden acceder a sus datos personales, revisar su historial, seguir el estado de sus pedidos y gestionar sus métodos de pago y direcciones de entrega registradas.

En el área de cliente, es bastante habitual ofrecer también la gestión de listas de deseos y acceso a reseñas de productos, lo que favorece la fidelización.

Para una experiencia premium, también puede integrar un sistema de puntos de fidelidad, vales de compra o incluso un servicio de atención al cliente exclusivo a través de mensajería en línea.

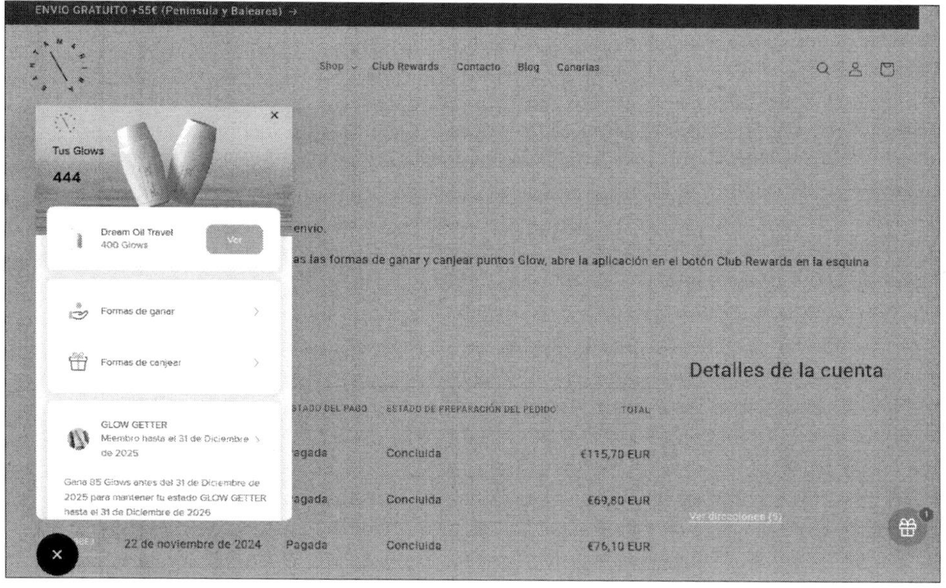

d. Las secciones complementarias

Una sección de noticias de tipo «blog»

Un blog permite compartir contenido informativo o de entretenimiento relacionado con su negocio (tutoriales, consejos, noticias, etc.). Es una excelente forma de atraer tráfico de calidad, posicionarse como experto en su ámbito y fidelizar su audiencia.

Las secciones de tipo «corporativas»

Estas secciones están dedicadas a la información sobre su empresa, si fuera el caso. Incluyen páginas como:

- La página «Trabaja con nosotros» para detallar sus ofertas de empleo y la cultura de la empresa,
- La página «Prensa» para recoger los comunicados y artículos de prensa y otros recursos de los medios de comunicación,
- La página «Inversores», destinada a accionistas y socios financieros.

Estas secciones «corporativas» ayudan a reforzar la imagen de marca de su empresa y diferenciarla de sus competidores.

e. Otras secciones

Opiniones de los clientes

Incluir opiniones y notas de los clientes en las fichas de los productos o en una página específica genera confianza y ayuda a los visitantes en sus elecciones. También puede destacar las mejores opiniones en la página de inicio.

Encontrar una tienda

Si su empresa tiene puntos de venta físicos, esta sección es indispensable. Permite a los clientes encontrar fácilmente la tienda más cercana gracias a un mapa interactivo, así como los datos de contacto, horario e información práctica sobre cada tienda. Si tiene muchos puntos de venta, considere la posibilidad de añadir un motor de búsqueda por código postal o ciudad.

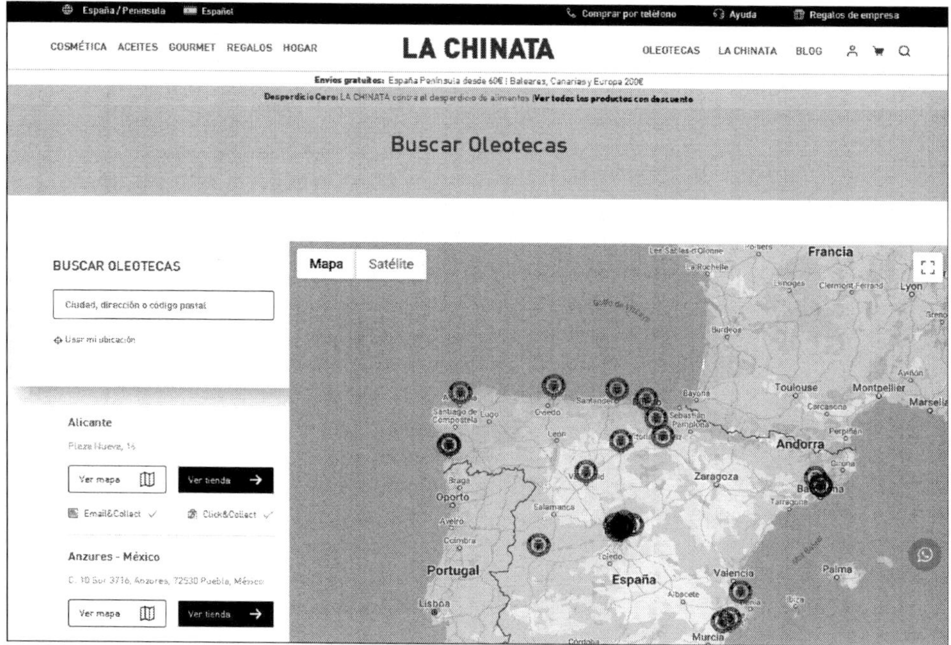

Mapa del sitio

Un mapa del sitio presenta la estructura de su tienda online de forma jerárquica, enumerando todas las categorías y subcategorías. Esto facilita la navegación para los usuarios y los robots de los motores de búsqueda. Un mapa del sitio bien diseñado hace que el proceso de compra sea más fluido y optimiza el SEO de su tienda online.

Comunidad

Crear un espacio comunitario permite implicar a sus clientes más fieles y apasionados con su marca. Podrán compartir sus opiniones, consejos, fotos, etc.

Programa de afiliación

Si desea desarrollar un programa de afiliación, será necesaria una sección específica para explicar su funcionamiento y permitir que los interesados se inscriban.

f. Las funcionalidades complementarias

Lista de deseos o «wishlist»

Esta funcionalidad permite a los clientes añadir productos a una lista de deseos personal para volver a ellos más tarde o incluso para compartir su selección con sus conocidos. El internauta debe poder crear una cuenta en su tienda online, incluso si nunca ha hecho un pedido, para que pueda guardar su selección y consultarla más tarde desde su área de cliente.

Opiniones y valoraciones de los productos

Esta función permite a sus clientes expresar sus opiniones sobre los productos que han comprado y sobre la experiencia con su empresa. Esto sirve como «prueba social» que genera confianza y ayuda a otros futuros compradores a hacer su elección. Además, puede destacar las mejores opiniones en la página de inicio.

Guía de tallas

Para productos como ropa, calzado o accesorios, una guía de tallas con la conversión de medidas ayuda a los clientes a encontrar la talla correcta y reduce el riesgo de devoluciones. Por lo tanto, esta función tranquiliza al cliente y aumenta la tasa de conversión, al tiempo que optimiza su gestión.

Calculadora de gastos de envío

Una calculadora de gastos de envío en tiempo real en función del peso, del destino y del método de entrega escogido proporciona transparencia sobre los costes.

Chat en línea

Al ofrecer un servicio de chat en directo con un asesor, podemos responder rápidamente a las preguntas de los clientes y transmitirles seguridad antes de la compra.

Pago fraccionado

Ofrecer soluciones de pago fraccionado, como Paypal Pay in 4, tiende a aumentar la tasa de conversión al facilitar el acceso a sus productos. Esto es especialmente útil en los casos de productos cuyo importe supera los 200 euros.

3. Definir el diagrama de árbol

a. ¿Qué es un diagrama de árbol?

Definición

El diagrama de árbol o estructura de un sitio de e-commerce es la estructura jerárquica que organiza el conjunto de páginas y contenidos de esta tienda online.

Representa la forma en que las distintas secciones, categorías y páginas están vinculadas entre sí, formando un mapa de navegación lógico y coherente para los visitantes.

Un diagrama de árbol bien diseñado es fundamental para que los usuarios encuentren fácilmente los productos que buscan y para que naveguen intuitivamente a través de su web. Desempeña un papel crucial en la experiencia del usuario (UX) y, por tanto, puede tener un impacto significativo en la tasa de conversión. Un diagrama de árbol correctamente estructurado también puede ayudar a mejorar el posicionamiento natural (SEO) de su tienda online.

Ejemplos:

A continuación encontrará algunos ejemplos concretos de diagrama de árbol para e-commerce, basados en los tres casos prácticos.

Diagrama de árbol para el comerciante de decoración

Empecemos por un diagrama de árbol típico para nuestro emprendedor de la decoración. Quiere ser eficaz con un público B2C para presentar todo su catálogo de productos. Su diagrama de árbol podría quedar así:

- Página de inicio
  - Novedades
  - Promociones
  - Colecciones
    - Para el salón
    - Para la cocina
    - Para el dormitorio
    - Para el baño
- Muebles
  - Sofás
  - Mesas
  - Sillas
  - Almacenaje
- Decoración
  - Cuadros
  - Jarrones

  - Cojines
  - Alfombras
- Iluminación
  - Lámparas de mesa
  - Lámparas de pie
  - Lámparas de techo
- Textiles
  - Cortinas
  - Ropa de cama
  - Toallas
- Inspiración
  - Ideas de decoración
  - Tendencias
- Blog
- Quiénes somos
- Contacto
- Atención al cliente
  - Preguntas frecuentes
  - Devoluciones y cambios
  - Entrega
  - Condiciones generales de venta

Se hace hincapié en las secciones del catálogo y el servicio de atención al cliente para dar tranquilidad a los visitantes del sitio y anticipar posibles frenos a la compra.

Diagrama de árbol de la diseñadora de bolsos

Para la diseñadora de bolsos, que empieza con una gama limitada de productos, este diagrama de árbol se adapta mejor a su tienda online:

- Página de inicio
  - Presentación de la diseñadora y de su visión
  - Novedades o los más vendidos
- Colecciones
  - Todos los bolsos
  - Bolsos de mano
  - Carteras
  - Mochilas

- Nuestra historia
  - La trayectoria de la diseñadora
  - Valores de la marca
  - Búsqueda de proveedores y proceso creativo
- Materiales y fabricación
  - Presentación de materiales utilizados
  - Compromiso ecológico
  - Proceso de fabricación artesanal
- Revista (blog)
  - Artículos sobre tendencias
  - Consejos de moda
  - Noticias de la marca
- Contacto
- Preguntas frecuentes
- Cesta
- Mi cuenta

Esta estructura sencilla y eficaz destaca los productos a la vez que cuenta la historia de la marca, algo crucial para una diseñadora joven e independiente. El énfasis se pone en la calidad y la singularidad de los productos, más que en la cantidad, lo que es perfecto para una colección limitada. La sección «Revista» permite a la diseñadora compartir su experiencia en moda y crear contenido atractivo para fidelizar a los clientes.

Diagrama de árbol B2B

Para la plataforma de venta en línea de productos de bricolaje que pretende ganar la cuota de mercado de los profesionales, este sería un ejemplo de un diagrama de árbol estructurado y adaptado:

Página de inicio

- Presentación de la empresa y de sus valores,
- Productos estrella y promociones

La tienda

- El catálogo
  - Herramientas eléctricas portátiles
    - Taladros
    - Sierras
    - Amoladoras
  - Herramientas manuales
    - Martillos
    - Destornilladores

        - Llaves
    - Materiales de construcción
        - Madera
        - Metal
        - Plástico
    - Equipos de protección personal (EPI)
        - Cascos
        - Guantes
        - Gafas de protección
- Marcas
    - Lista de marcas asociadas
- Novedades
- Promociones

Servicios

- Consejos y experiencia
    - Artículos de blog
    - Guías de compra
- Soporte técnico
    - Asistencia en línea
    - Preguntas frecuentes
- Formación
    - Talleres en línea
    - Webinarios
- Soluciones para empresas
    - Ofertas a medida
    - Gestión de proyectos
    - Socios y colaboradores
- Quiénes somos
    - Historia de la empresa
    - Equipo
    - Compromisos medioambientales y sociales
- Contacto
    - Formulario de contacto
    - Datos de contacto
    - Localización de nuestras oficinas

- Mi cuenta
  - Iniciar sesión
  - Registro
  - Seguimiento de pedidos
- Cesta

Este diagrama de árbol está diseñado para responder a las necesidades de profesionales del bricolaje, destacando tanto los productos como los servicios adicionales adaptados a los clientes B2B. Facilita la navegación y el acceso a la información esencial, a la vez que ofrece recursos para ayudar a las empresas a elegir con conocimiento de causa.

b. Buenas prácticas UX (eXperiencia de Usuario) que debe tener en cuenta

¿Qué es la experiencia de usuario?

En términos generales, la experiencia de usuario se refiere a todas las percepciones y reacciones de un usuario cuando interactúa con un producto, un servicio o un sistema.

La experiencia de usuario también se conoce como UX; es la versión corta de las siglas en inglés de User eXperience, reconocidas internacionalmente.

En el contexto de una tienda online, la experiencia de usuario abarca la facilidad de navegación, la accesibilidad a la información con el menor número posible de clics, la velocidad de carga de las páginas y la satisfacción global del usuario durante el proceso de compra. Una buena UX es crucial para retener a los visitantes que llegan a la web, para maximizar su conversión en clientes y su fidelización.

Recomendaciones de UX para definir el diagrama de árbol

Cuando defina su diagrama de árbol, tenga en cuenta algunos principios de sentido común:

La regla de oro: un usuario que llegue a su web debe poder acceder a cualquier información (o producto) que busque en menos de tres clics. Esto se aplica independientemente de la página desde la que llegó a su web: puede ser la página de inicio, pero también la página de entrada a una categoría de productos o, por supuesto, una página de un producto específico.

Intuición: para que su diagrama de árbol sea sencillo e intuitivo, evite las estructuras demasiado complejas, ya que puedan desorientar al usuario. Cada categoría y subcategoría debe estar claramente definida y ser fácilmente accesible.

Lógica de navegación: organice las categorías de forma lógica, en función de las expectativas y el comportamiento de sus clientes potenciales. Un artesano no buscará herramientas de bricolaje de la misma manera que un soltero de 25 años que acaba de mudarse a su primer piso.

Opiniones de los usuarios: añada herramientas de feedback para recabar las opiniones de los usuarios sobre la navegación y la organización del sitio. Esto puede ayudar a identificar áreas de fricción y mejorar la estructura del árbol.

c. Herramientas para crear su diagrama de árbol: de Word a Figma, pasando por Miro o Canva

Dispone de muchas opciones para presentar su diagrama de árbol. La más sencilla es la que acabo de mostrar: una lista estructurada con viñetas escrita en Word o Google Docs. Pero hay quien prefiere visualizar el diagrama de árbol mediante un esquema. Estos son los métodos y herramientas más utilizados para preparar un diagrama de árbol de e-commerce:

Microsoft Word/Google Docs

Esta solución es ideal tanto para diagramas de árbol sencillos como para diagramas de árbol muy detallados y con muchas secciones y subsecciones, ya que permite ser exhaustivo manteniendo la legibilidad.

Pero en términos de diseño, las opciones son limitadas.

Microsoft Excel/Google Sheets

Algunos emprendedores prefieren un listado estructurado en Excel cuando tienen que preparar un diagrama de árbol detallado. Esto les permite organizar los datos espacialmente utilizando las diferentes columnas. Esta solución también carece de flexibilidad en términos de diseño.

Canva

Canva es una herramienta de diseño en línea sencilla, divertida y potente. Puede acceder a ella gratuitamente desde www.canva.com

Es ideal si quiere dar formato a su estructura de árbol en forma de diagrama. Conéctese a su cuenta, busque «web» y Canva le ofrecerá multitud de plantillas. Algunas son gratuitas y otras accesibles únicamente para los suscriptores Pro. Escoja un modelo y personalice su contenido y su diseño en pocos clics.

El uso de Canva puede ser limitado si tiene un diagrama de árbol muy detallado, pero es excelente para crear diagramas de árbol visualmente atractivos sin tener conocimientos de diseño, sobre todo si quiere presentar su proyecto de tienda online a sus socios, inversores, etc.

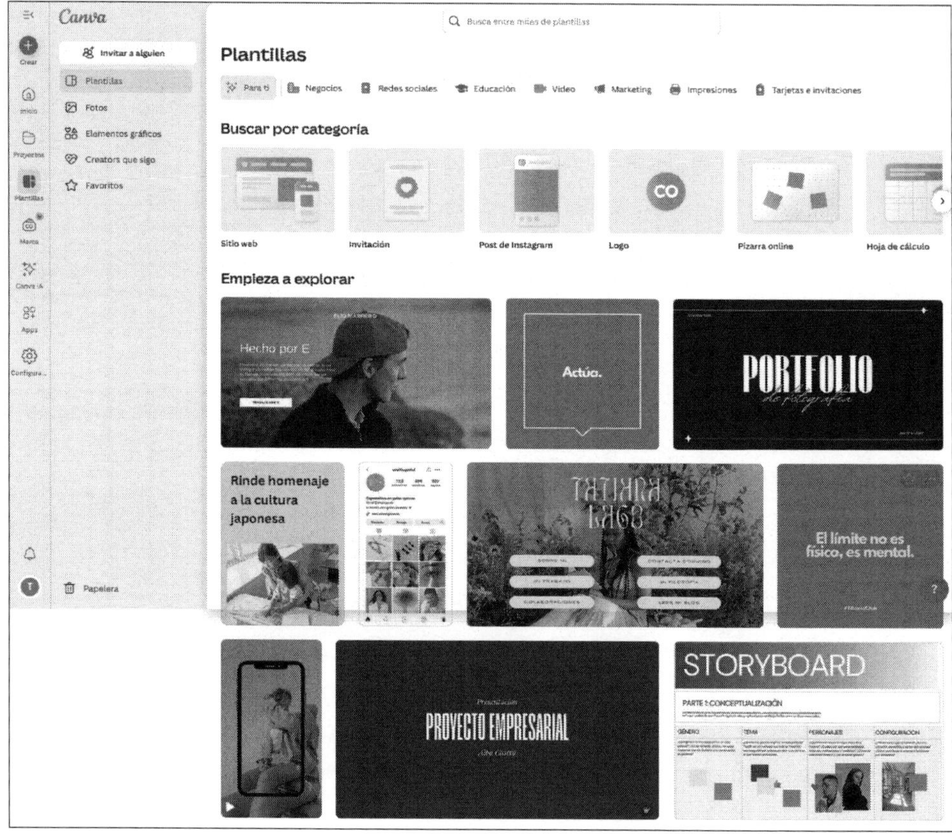

Miro y Figma

Se trata de plataformas de trabajo colaborativo utilizadas sobre todo por startups y grandes grupos. Estas dos plataformas han integrado herramientas de creación de diagramas, lo que permite crear diagramas de árbol. Es ideal si tiene en mente un diagrama de árbol complejo, vinculado a un proyecto de tienda online a medida, o que requiera una colaboración entre varias personas (socios, equipo inicial de una startup, diferentes autónomos).

- https://miro.com/es/
- https://www.figma.com/es-es/

miro
Invitar a miembros
Para ti
Todas las plantillas
Recientes
Planes de acción
Miroverse
Componentes básicos
POR CASO DE USO
Reuniones y talleres
Proceso creativo y lluvia de ideas
Investigación y diseño
Flujos de trabajo de Agile
Estrategia y planificación
Diagramas y mapas
Presentaciones y diapositivas
PLANTILLAS PERSONALIZADAS
Plantillas de TraduccionesVM
Déjanos tus comentarios
Buscar plantillas por nombre, categoría o empresa
Mostrar al crear un tablero
Presentaciones y diapositivas
Ordenar por
Recomendadas
Todo
Presentaciones
Diapositivas
Miro
Presentación
Miro
Presentación simple
Miro
Presentación principal
Miro
Presentación del informe anual
Miro
Presentación de estrategia
Miro
Presentación de pitch deck

Miro

Figma basics
Archivo
Recursos
Buscar en bibliotecas
Todas las bibliotecas
iOS 18 + iPadOS 18 UI Kit
iOS 18 and iPadOS 18
Material 3 Design Kit
Material 3 Design Kit
Simple Design System
Simple Design System
Añadir más bibliotecas
Compartir
Diseño
Prototipo
4%
Página
E5E5E5
100
Mostrar en exportaciones
Variables
Estilos
Exportar
1x
PNG
Exportar Figma basics
Vista previa
Ayuda y recursos

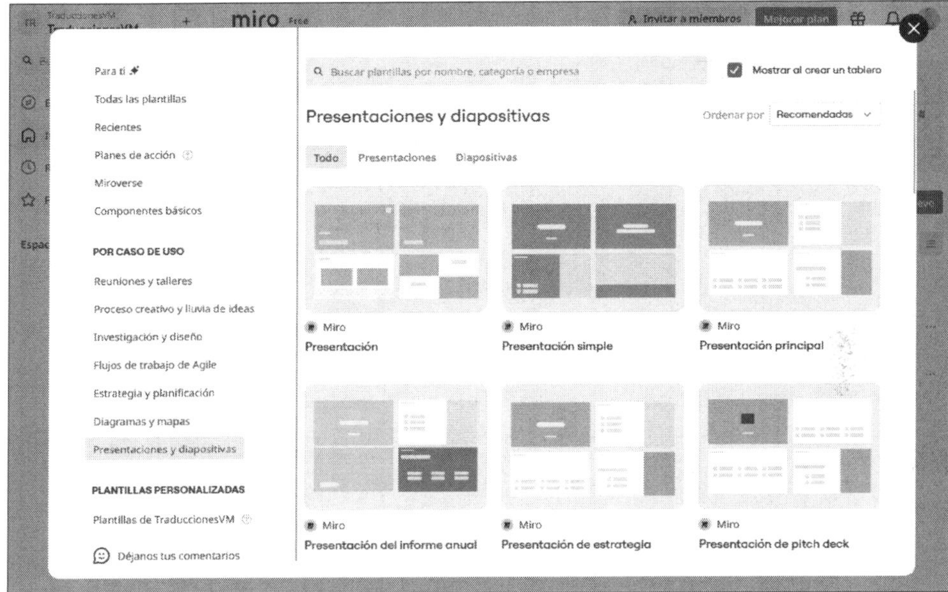

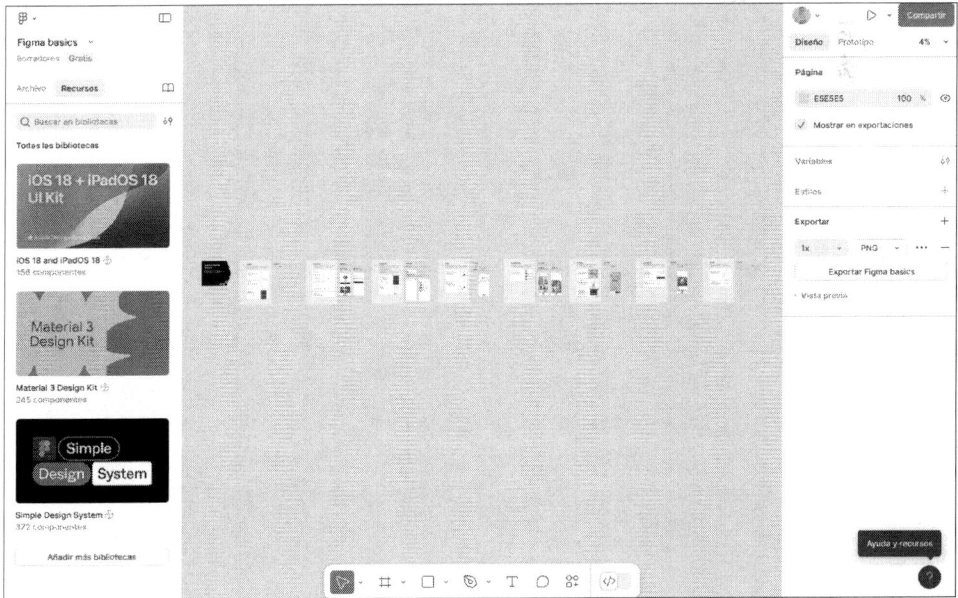

Figma

Con Figma puede crear diagramas de árbol visualmente sofisticados y, a continuación, permitir que un diseñador gráfico y un desarrollador trabajen juntos para transformar progresivamente cada elemento del diagrama de árbol en una maqueta de página, y después en una página desarrollada en su sitio web.

Elija la herramienta que mejor se adapte a sus conocimientos, sus necesidades de colaboración y la complejidad de su diagrama de árbol. Para la mayoría de los proyectos de pymes, Word o Canva son perfectamente apropiadas.

B. Elegir una solución de creación de tienda online

1. Criterios de elección

Para elegir la solución de creación de la tienda online que mejor se adapte a sus necesidades, debe tener en cuenta una serie de criterios. Estos son los principales elementos que debe considerar:

a. La identidad visual deseada

Como hemos visto con anterioridad, partiendo de su identidad visual, debe desarrollar el estilo gráfico de su tienda online. Asegúrese de que la solución técnica escogida para la creación de su tienda online le permite personalizar al menos los siguientes elementos:

Logo: tiene que poder integrarlo fácilmente, con varias opciones de colocación para que pueda elegir la que más le convenga.

Paleta de colores: debe poder aplicar los colores de su marca.

Tipografías: también debe poder elegir y personalizar los tipos de letra.

Maquetación: tiene que poder organizar de forma flexible diferentes elementos en los principales tipos de páginas; al menos, en la página de inicio.

b. El método de envío deseado

La gestión de los parámetros de envío es un factor que no debe pasar por alto. La solución técnica escogida debe ofrecerle opciones adaptadas a sus necesidades. Sobre todo, compruebe los siguientes puntos:

Coordinación con los transportistas: ¿cuál es la compatibilidad de la solución técnica con los servicios de entrega que tiene previsto utilizar (Correos, DHL, etc.)?

Cálculo de los gastos de envío: ¿qué funciones tiene para calcular automáticamente los gastos de envío? ¿Se pueden calcular en función del peso, del destino y del método de entrega?

Seguimiento de pedidos: ¿qué herramientas se podrán integrar en su tienda online para que los clientes puedan seguir el estado de su pedido en tiempo real?

c. Los criterios técnicos

Alojamiento

Algunas soluciones de desarrollo de tiendas online requieren contratar un alojamiento para el sitio en servidores profesionales, mientras que otras no. Volveremos sobre esta distinción más adelante, pero tenga en cuenta desde ahora que no todas las soluciones son iguales en ese aspecto y que este será uno de los criterios que influirán en su decisión final. Todo depende de sus necesidades.

Mantenimiento del sitio

Del mismo modo, algunas soluciones requieren que usted o su proveedor de servicios lleven a cabo operaciones regulares de mantenimiento. En pocas palabras, el mantenimiento consiste en la actualización del código del programa para adaptarlo al entorno informático, que evoluciona constantemente. Por el contrario, otras soluciones no requieren mantenimiento porque todo está gestionado por usted. Una vez más, no existe una solución correcta o incorrecta; todo depende de sus necesidades. Pero también es un criterio importante que debe tener en cuenta.

Compatibilidad con otros programas de gestión de su empresa

Si utiliza o tiene previsto utilizar ciertos programas de contabilidad, gestión de stocks, etc., puede ser importante que desarrolle una tienda online que se pueda sincronizar con estos programas en determinados puntos. Por ejemplo, si tiene una tienda física con gestión de stocks tanto para la tienda física como para tienda online, puede que merezca la pena sincronizar las dos para estar siempre al día. Del mismo modo, si utiliza un software de facturación, puede ser interesante sincronizar las facturas emitidas en su tienda online con las demás facturas. Y así sucesivamente.

Número de productos

Tanto si tiene unas pocas decenas de productos, como si son cientos o miles, la infraestructura técnica debe ser capaz de soportar esta carga sin comprometer el rendimiento de la página. Es especialmente importante tener en cuenta este aspecto en el momento de elegir.

Características

¿Le gustaría ofrecer a los usuarios una búsqueda por rango de precios? ¿Por disponibilidad de productos en una fecha determinada? ¿Una tarjeta de fidelización con puntos? Enumere todas las características específicas que planea implementar en su tienda online para poder comprobar la viabilidad técnica de cada una a través de las diferentes opciones de desarrollo que tiene a su disposición. No olvide también comprobar las opciones propuestas para el posicionamiento natural de la tienda (SEO) y otras funciones de marketing integradas, como la conexión directa o no con sus redes sociales, con Google, etc.

d. El criterio financiero

Obviamente, el coste es un factor determinante a la hora de elegir la solución de creación de su tienda online. Tenga en cuenta tres tipos de costes:

Coste inicial: los costes de instalación, desarrollo y personalización.

La suscripción mensual o anual: según los casos, se trata de las cuotas que hay que pagar a la plataforma, a su proveedor o al servicio de alojamiento y de nombre de dominio de su tienda.

Posibles costes adicionales: el coste de las extensiones, de los temas premium y de los servicios adicionales. Estos costes dependen de las diferentes opciones gráficas y de las funciones que quiera integrar.

He aquí una checklist de los elementos que debe tener en cuenta a la hora de elegir:

- Compatibilidad con su identidad visual
- Opciones de entrega y coordinación con los transportistas
- Fiabilidad y escalabilidad del alojamiento
- Facilidad de mantenimiento y calidad del soporte técnico
- Integración con sus programas de gestión existentes
- Capacidad para gestionar el número de productos que desea vender
- Funciones de SEO y marketing
- Coste total (inicial y recurrente)
- Opiniones y comentarios de otros usuarios

2. Las diferentes soluciones técnicas: las plataformas

a. Plataformas de e-commerce en modo SaaS

¿Qué es una plataforma e-commerce en modo SaaS?

Una plataforma de e-commerce en modo **SaaS** (*Software as a Service*) es un software de comercio electrónico que se utiliza desde un simple navegador de Internet.

En concreto, si utiliza una plataforma de e-commerce en modo SaaS, no tendrá que instalar ningún programa ni saber cómo es una línea de código para montar su tienda online.

Para crear y gestionar su tienda online, solo tendrá que ir a la dirección de Internet de la plataforma que haya elegido e introducir sus datos de acceso, igual que hace para seguir sus cuentas bancarias en línea o para marcar como favoritos vídeos de YouTube a fin de verlos más tarde.

Para funcionar, una plataforma SaaS se aloja en una nube central, financiada y mantenida por un proveedor externo. Este proveedor se encarga de todo el hardware y del mantenimiento del software, incluida la infraestructura del servidor, la seguridad y demás. A continuación, ofrece a los clientes que quieran crear su tienda online la posibilidad de utilizar la plataforma mediante una suscripción que suele ser mensual.

Este modelo presenta muchas ventajas para un cliente que quiera crear una tienda online, empezando por un acceso instantáneo a una plataforma de comercio electrónico moderna. Pero también implica desventajas que debe conocer y analizar antes de tomar una decisión.

b. Las ventajas del modo SaaS

Una instalación rápida

Una plataforma de e-commerce en modo SaaS es la solución más fácil y rápida de poner en marcha una tienda online, ya que no se instala ni se gestiona por los propios usuarios.

Mantenimiento simplificado

El alojamiento de la plataforma se hace en la nube, lo que significa que el proveedor se encarga del mantenimiento del software, el alojamiento, la disponibilidad, el rendimiento y la velocidad. Las actualizaciones suelen ser automáticas, lo que simplifica considerablemente el mantenimiento y ahorra tiempo y dinero a su empresa.

Una versión del software siempre actualizada

Las soluciones en modo SaaS son soluciones alojadas. Como tales, incluyen mejoras y actualizaciones automáticas. Esto significa que puede aprovechar las nuevas funciones desde que se implementan, lo que favorece el crecimiento de su negocio en línea. Esto libera al departamento informático interno de esta responsabilidad y elimina la necesidad de que los integradores del sistema gestionen las actualizaciones.

Una solución económica

Vendida como una suscripción mensual, una tienda online en modo SaaS a menudo es una solución más económica que la creación de una plataforma de e-commerce de código abierto o que el desarrollo a medida.

Mayor seguridad

Las actualizaciones automáticas garantizan que su tienda online siempre esté al día y protegida contra vulnerabilidades, como el tiempo de inactividad, la pérdida de datos y la piratería.

Una tienda a la vanguardia de la innovación

El comportamiento, las expectativas y las necesidades de los consumidores cambian muy rápidamente. Si no quiere quedarse rezagado frente a la competencia, su tienda online debe seguir el ritmo de estos cambios del mercado. Una plataforma en modo SaaS le ofrece un acceso rápido y fácil a las funciones innovadoras, como la búsqueda personalizada, las pruebas dinámicas y las recomendaciones personalizadas de productos.

c. Los inconvenientes del modo SaaS

Dependencia de su solución de e-commerce

Al optar por una plataforma de e-commerce en modo SaaS, su empresa dependerá del proveedor de la solución. Cualquier problema o interrupción por parte del proveedor podrá repercutir directamente en su tienda online sin que pueda hacer nada al respecto. Además, las soluciones de creación de las tiendas en modo SaaS son «propietarias», lo que significa que solo la empresa que publica la plataforma es la propietaria. Si decide dejar de pagar su suscripción o si no puede hacerlo por algún motivo, perderá su tienda online. Por último, aunque tenga previsto dejar de utilizar la plataforma en modo SaaS para pasar a otra solución, no podrá simplemente «migrar» su sitio a otro alojamiento. Tendrá que exportar y recuperar los distintos datos (catálogo de productos, textos y fotos, bases de datos de clientes y pedidos, etc.) y después volver a crear una nueva tienda en otro lugar e incorporar esos datos.

Límites en la personalización

Las plataformas de e-commerce en modo SaaS ofrecen una facilidad de uso inigualable, pero el inconveniente de esta simplicidad es que a veces se encontrará con limitaciones en términos de personalización. Las empresas con necesidades técnicas o de marketing muy específicas pueden sentirse limitadas por las funcionalidades predefinidas de la plataforma y probablemente necesiten soluciones personalizadas más complejas. Lo mismo pasa con empresas con requisitos muy específicos en términos de identidad visual.

Costes a largo plazo

Aunque el modelo de suscripción mensual pueda parecer económico a corto plazo, los costes pueden acumularse a la larga. Las empresas que crecen rápidamente o necesitan funciones adicionales pueden verse obligadas a pagar cuotas más elevadas con el tiempo, que pueden superar los costes iniciales previstos.

Menos control sobre las actualizaciones

Al elegir una plataforma en modo SaaS, se beneficiará automáticamente de todas las actualizaciones de la herramienta. Sin duda, esto resulta técnicamente muy cómodo, en el sentido de que no tiene que ocuparse usted mismo o recurrir a un experto para que lo haga. Sin embargo, esto también significa que tiene menos control directo sobre el momento y el modo en que se llevan a cabo estas actualizaciones. En particular, no tiene la posibilidad de planificar y gestionar sus actualizaciones para asegurarse de que se adaptan perfectamente a sus operaciones.

Riesgo de sobrecarga funcional

Las plataformas SaaS ofrecen una amplia gama de funcionalidades. Esto es una ventaja. Pero esta facilidad también tiene su lado negativo: las plataformas también pueden incluir funciones que su negocio no necesita. Y esto puede provocar una sobrecarga funcional, complicando la interfaz de usuario, ralentizando el tiempo de carga de su tienda online y dificultando el uso de la plataforma para las tareas específicas que su tienda necesita.

Pérdida de personalización SEO

La personalización exhaustiva para el posicionamiento en buscadores (SEO) puede verse limitada en algunas plataformas SaaS, lo que puede afectar la visibilidad de su tienda online en los motores de búsqueda. Las empresas que dan prioridad al SEO orgánico deben asegurarse de que la plataforma en modo SaaS que están considerando no presenta estas limitaciones.

d. Las principales soluciones de e-commerce en modo SaaS

Shopify

Shopify es la solución de creación de tiendas online que popularizó el e-commerce en modo SaaS. Desde 2006, esta plataforma ha conquistado el mundo anglosajón y ahora muchos otros mercados; entre ellos, España. A su estela, se han lanzado varias soluciones de e-commerce en modo SaaS por parte de empresas con diferentes perfiles: desde plataformas de creación de sitios ya existentes en modo SaaS que han desarrollado sus propias herramientas para la venta en línea, como Wix, hasta simples proveedores de alojamiento, como Ionos, que han lanzado su propia solución.

La proliferación de estos competidores no ha impedido que Shopify mantenga su posición de líder del mercado con más de un millón de tiendas en el mundo.

Los puntos fuertes de Shopify

La mejor gama de aplicaciones y extensiones

El éxito de la plataforma ha animado a muchos proveedores de servicios de venta en línea (servicios de entrega, desarrolladores de aplicaciones, proveedores de impresión bajo demanda, etc.) a desarrollar su propia aplicación para Shopify. Este círculo virtuoso del éxito permite a Shopify ofrecer más de 4200 aplicaciones que pueden integrarse fácilmente en su tienda online. Por ejemplo: si decide gestionar la entrega de sus pedidos por Correos Express de Correos, puede conectar su cuenta profesional «Correos Express» a su tienda online Shopify. Cuando un cliente hace un pedido en su tienda online, la tarifa de envío puede calcularse automáticamente mediante la configuración de su cuenta en «Correos Express», incluso si se han hecho actualizaciones de tarifas recientemente de las que usted no estaba al tanto. Además, su cliente tendrá la referencia del seguimiento directamente en su área de cliente.

Ideal para el dropshipping

El **dropshipping** es un método de gestión de stocks en el que el comerciante no tiene físicamente los productos que vende. En su lugar, los productos se envían directamente del proveedor al cliente. Shopify se considera particularmente adecuado para este método, ya que ofrece características e integraciones específicas para las empresas de dropshipping.

Integración multicanal

Shopify le ofrece la posibilidad de hacer visibles sus productos y venderlos a través de varias plataformas de medios sociales, lo que se conoce como «multicanal» (a veces encontrará también el término en inglés *omni channel*).

La integración multicanal se refiere a la capacidad de vender sus productos o servicios a través de varias plataformas de medios digitales diferentes. Gracias a esta integración, puede presentar y vender sus productos directamente en estas plataformas, lo que aporta a su empresa una mayor visibilidad y facilita el proceso de compra a los clientes que prefieren estos canales sociales. Esto amplía su alcance y le permite llegar a un público más amplio aprovechando la popularidad y la influencia de los medios sociales.

Fácil integración de soluciones de pago

Shopify simplifica considerablemente la incorporación de diferentes soluciones de pago. Con una interfaz fácil de usar, los comerciantes pueden conectar fácilmente su cuenta profesional a las principales pasarelas de pago, como PayPal, Stripe y Apple Pay. Además, Shopify ofrece una amplia gama de divisas internacionales e idiomas. Esto le permite vender sus productos a clientes en el mundo entero.

Los clientes, por su parte, pueden seleccionar su método de pago preferido al realizar su compra en su tienda, lo que mejora su experiencia de compra.

Una plataforma fiable

En cuanto a seguridad, Shopify brinda tranquilidad a los propietarios de las tiendas online. Además de un proceso de pago encriptado, dispone de toda una gama de herramientas avanzadas de detección de fraude para protegerse contra las transacciones fraudulentas. Además, características como la autenticación en dos factores y una CDN integrada refuerzan la seguridad proactivamente y garantizan la confidencialidad de los datos de los clientes y la seguridad de las transacciones online.

Las limitaciones de Shopify

Aunque Shopify es una plataforma e-commerce popular y potente, presenta algunas limitaciones que debe tener en cuenta para tomar una decisión informada.

- Está diseñada para los catálogos más pequeños, con un límite de 100 SKU por producto.

Un SKU (Stock Keeping Unit), o unidad de gestión de stocks en español, es un código alfanumérico único asignado a cada producto de un catálogo. Este código permite identificar y seguir las características específicas de un artículo, como su tamaño, color, modelo o categoría. Tenga en cuenta que, a diferencia de los códigos de barras universales como el EAN, que están estandarizados internacionalmente, las SKU se crean para cada empresa y pueden variar de un comerciante a otro.

- Falta de escalabilidad, con un límite de tres opciones integradas por producto.
- Personalización limitada de las páginas de productos y de contendido.

El coste

Shopify propone una atractiva oferta de tres meses por 1 euro para empezar a bajo coste. Pero una vez iniciado este periodo de arranque, la oferta cambia automáticamente a una suscripción de 27 euros al mes. Aunque esta fórmula es competitiva, hay que tener en cuenta que la plataforma también cobra gastos de transacción por las ventas realizadas a través de pasarelas de pago de terceros y que estos gastos se suman a los cargos que aplican estos últimos.

Es más, en cuanto quiera añadir opciones o un diseño un poco más acorde con su identidad corporativa, los costes de las aplicaciones de terceros y del tema gráfico escogidos también pueden repercutir considerablemente en su presupuesto, ya que muchas aplicaciones, a su vez, exigen cuotas mensuales o anuales. Y, por supuesto, si su tienda online crece, tendrá que pasar a suscripciones mensuales más caras para hacer crecer su sitio.

Falta de personalización

La elección de temas gráficos y de opciones es, sin lugar a duda, muy importante en el ecosistema de Shopify. Sin embargo, la plataforma carece de flexibilidad cuando se trata de personalizar los detalles de ciertos elementos, como la estructura de una ficha del producto. Es la contrapartida de una solución en modo SaaS.

Existen opciones para el diseño ligeramente complejas en su espacio de administración, pero requieren conocimientos de programación web, en particular de CSS.

CSS significa Cascading Style Sheets, es decir, hojas de estilo en cascada en español. En programación web, una CSS describe cómo deben mostrarse los elementos HTML en la pantalla, en papel o en otros soportes. Las CSS ahorran mucho tiempo. Puede controlar la maquetación de varias páginas web simultáneamente: elección del tipo y del tamaño de letra, los colores, el interlineado, etc.

Y si requiere una personalización más técnica, probablemente necesitará trabajar con un desarrollador que conozca Liquid, el lenguaje de programación específico de Shopify.

Dificultad para migrar a otra solución

Uno de los principales puntos débiles de Shopify es la dificultad para migrar a otra solución. Como toda la información se almacena en la plataforma propietaria, transferir estos datos a otro sitio requiere un esfuerzo considerable. Esto puede provocar alteraciones en las operaciones comerciales y costes adicionales durante la transición a una nueva plataforma.

El límite de variantes de un producto

Una limitación importante de Shopify se refiere a las opciones y variantes de los productos. Actualmente, Shopify impone los siguientes límites:

- Un máximo de 3 opciones por producto.
- Un máximo de 100 variantes por producto.

Esto significa que un producto puede tener hasta tres opciones diferentes (por ejemplo, color, talla y material) y que la combinación de estas tres opciones puede generar hasta 100 variantes únicas.

Pongamos, por ejemplo, el caso de la diseñadora de bolsos que quiere ofrecer las siguientes opciones:

- Color del bolso.
- Tamaño del bolso.
- Material del asa.

En este caso, se respeta el límite de tres opciones. Sin embargo, si ofreciera 10 colores, 5 tamaños y 4 materiales de asa, esto generaría 10 x 5 x 4 = 200 variantes, lo que supera el límite de 100 variantes.

Si la diseñadora quisiera añadir otras opciones, como bordar un nombre o elegir el número de cuentas decorativas, superaría el límite de tres opciones por producto.

Para eludir estas limitaciones, es necesario utilizar extensiones o aplicaciones de terceros, lo que puede añadir complejidad y costes adicionales a la gestión de productos. Es importante destacar que Shopify está haciendo mejoras constantemente y es posible que estas limitaciones se revisen en el futuro.

Wix eCommerce

Wix es una plataforma de creación de sitios web online que existe desde 2006. Se dio a conocer al popularizar una opción gratuita para crear un sitio de tipo escaparate, lo que ha permitido a muchos emprendedores y asociaciones iniciarse en el comercio online. Actualmente, esta empresa ya ha desarrollado una solución de e-commerce sofisticada que permite crear una tienda online en modo SaaS para que las pequeñas y medianas empresas puedan gestionar fácilmente sus sitios de e-commerce sin necesidad de conocimientos técnicos avanzados.

Entre los puntos fuertes de Wix eCommerce, podemos destacar su facilidad de uso, una amplia gana de plantillas gráficas y de aplicaciones de terceros, así como de opciones para hacer que su negocio sea multilingüe o multidivisa:

Facilidad de uso con una interfaz intuitiva de tipo «arrastrar y soltar», para que los usuarios puedan crear una tienda online atractiva sin necesidad de conocimientos de codificación.

900 plantillas gráficas de sitios web personalizables, muchas de ellas específicamente diseñadas para el comercio electrónico.

Infinidad de aplicaciones e integraciones disponibles en la App Market de Wix para ampliar las funcionalidades de su tienda, como herramientas de marketing, de gestión de la relación con el cliente o de análisis de ventas.

Opciones multilingües y multidivisas para crear tiendas en varias lenguas y aceptar pagos en diferentes divisas.

Por otro lado, como ocurre con la mayoría de las soluciones en modo SaaS, existen ciertas limitaciones que hay que tener en cuenta:

- La escalabilidad para tiendas muy grandes con miles de productos es limitada.
- Las opciones de personalización, aunque numerosas, también son limitadas para usuarios que quieren personalizar cada detalle del sitio.
- La migración de una tienda Wix a otra plataforma, si decide cambiar de proveedor, es bastante compleja.

Wix eCommerce se posiciona como una solución accesible y polivalente para emprendedores que quieren lanzar su tienda online rápidamente, al ofrecer suficientes funcionalidades para soportar el crecimiento de su empresa hasta un cierto umbral.

Las suscripciones mensuales empiezan con 22 euros al mes para las opciones de comercio electrónico.

Más información en: https://es.wix.com/

Página de inicio de la plataforma WIX

Squarespace

Squarespace es una plataforma de creación de páginas web online fundada en 2003. Es conocida por sus diseños elegantes y su funcionalidad robusta. Esta empresa ha desarrollado una solución de e-commerce sofisticada en modo SaaS para que las pequeñas y medianas empresas puedan gestionar fácilmente sus tiendas online sin necesidad de conocimientos técnicos avanzados.

La solución Squarespace eCommerce tiene puntos fuertes y limitaciones similares a Wix eCommerce.

Ofrece una amplia gama de plantillas modernas y elegantes diseñadas por profesionales. Estas plantillas son muy personalizables para que los usuarios puedan crear una tienda online que refleje perfectamente su marca.

Al igual que Wix, la interfaz de Squarespace es intuitiva, gracias a un editor de tipo «arrastrar y soltar», y las opciones multilingües y multidivisas permiten plantearse la conquista de los mercados internacionales.

Además, Squarespace ha integrado funcionalidades de IA que facilitan a los emprendedores la redacción de unas descripciones de producto atractivas y eficaces para el posicionamiento SEO.

Por otro lado, la escalabilidad para tiendas muy grandes con miles de productos es limitada, como ocurre con Wix, al igual que las opciones de personalización del diseño, y la migración a otra plataforma, si se quiere cambiar más adelante, es complicada.

Más información en: https://es.squarespace.com/online-stores

Las suscripciones mensuales empiezan en 24 euros al mes para las opciones de comercio electrónico básicas.

Página de inicio de la plataforma Squarespace

<u>Weebly</u>

Weebly es una solución de creación de sitios en línea lanzada en 2007 y adquirida en 2018 por Square, una empresa de pagos digitales que ofrece una amplia gama de soluciones de pago, desde terminales para tiendas físicas hasta soluciones de pago en línea de tipo e-commerce, tarjetas regalo, etc.

La plataforma de creación de sitios online Weebly funciona de forma muy similar a Wix y Squarespace. Pero lo que la diferencia es que ofrece un paquete gratuito para crear una tienda online con un número de productos ilimitado. Por supuesto, muchas de las funciones premium, como las tarjetas regalo, la venta en línea de productos digitales o la recuperación de cestas de compra abandonadas no están disponibles en esta opción gratuita. Pero para muchos emprendedores que quieren empezar sin riesgos, se trata de una oportunidad muy interesante.

Más información en: https://www.weebly.com/es

Página de inicio de la plataforma Weebly

Jimdo

Jimdo se posiciona en el nicho de los autónomos y pequeñas empresas, a los que quiere apoyar y ayudar a desarrollarse en el e-commerce. Para ello, la plataforma no solo les permite crear su tienda online muy fácilmente, como cualquier otra plataforma de creación de comercio electrónico, sino que también intenta apoyarlos financieramente en la medida de lo posible.

Esto se traduce en un sistema sin comisiones sobre sus ventas, a diferencia de otras plataformas como Shopify, que cobran una comisión por cada venta, además de la suscripción mensual; también proporciona herramientas de marketing diseñadas para facilitar la visibilidad y las ventas de su sitio, como utilidades de SEO y la sincronización automática de su catálogo con Instagram y Facebook.

Más información en:

https://www.jimdo.com/es/pagina-web/tienda-online/

Página de inicio de la plataforma Jimdo

IONOS

IONOS, antes conocido como 1&1, es un proveedor de servicios de alojamiento web y soluciones en la nube que ha ampliado su oferta para incluir una plataforma de creación de sitios web en modo SaaS. Esta plataforma está diseñada para que las pequeñas y medianas empresas puedan crear y gestionar fácilmente su sitio, y más concretamente su tienda online, sin necesidad de conocimientos técnicos avanzados.

La solución de e-commerce de IONOS combina la sencillez, que facilita el uso a las pequeñas empresas, con la potencia gracias a la robustez del alojamiento (actividad principal histórica de IONOS), a la vez que ofrece opciones de marketing integradas por defecto, como la sincronización con las plataformas de difusión Meta, Google y TikTok; un generador de textos con IA para ayudar a redactar fichas de productos, o incluso una herramienta de seguimiento automatizado.

IONOS es una plataforma que ofrece un paquete inicial de creación de tiendas online a 6 euros al mes, para un máximo de 500 productos.

Más información en IONOS:

https://www.ionos.es/soluciones-ecommerce/tiendas-online

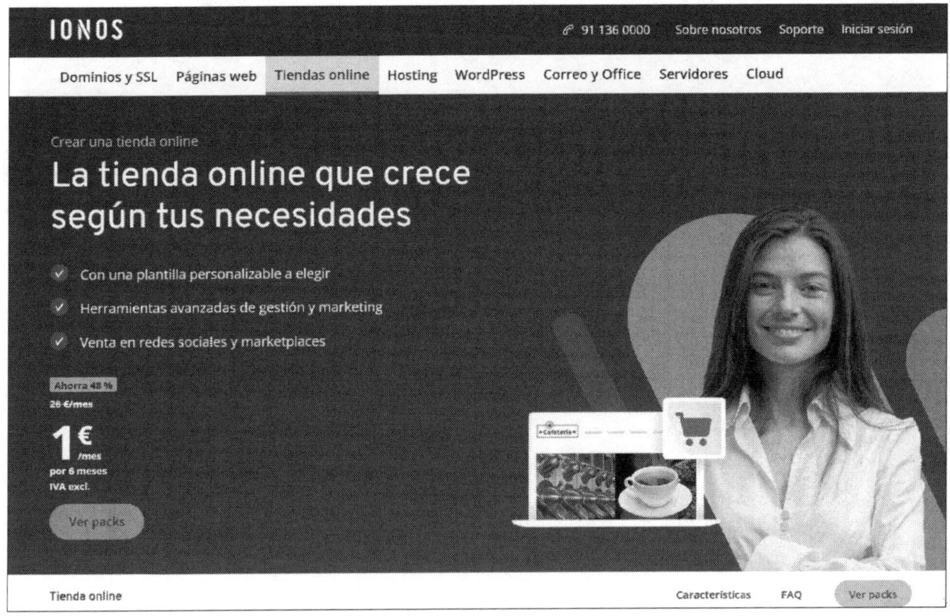

Página de inicio de la plataforma IONOS

Oxatis

Oxatis es una plataforma SaaS de creación de páginas de e-commerce fundada en 2001 en Francia. Destaca por su adaptabilidad a los proyectos más complejos, especialmente en B2B.

La solución de tienda online Oxatis combina la estabilidad del SaaS, que libera a las empresas de las cargas informáticas, con la flexibilidad del código abierto, gracias al toque francés del equipo de I+D que trabaja con los clientes para personalizar su tienda, mediante el desarrollo de módulos aplicativos.

Además de las funciones clásicas de venta en línea y marketing, destacan las posibilidades de integración y de interconexión con otros entornos informáticos existentes de las empresas clientes, como su ERP, su PIM, su CRM, etc.

Más información en: https://www.oxatis.com/es

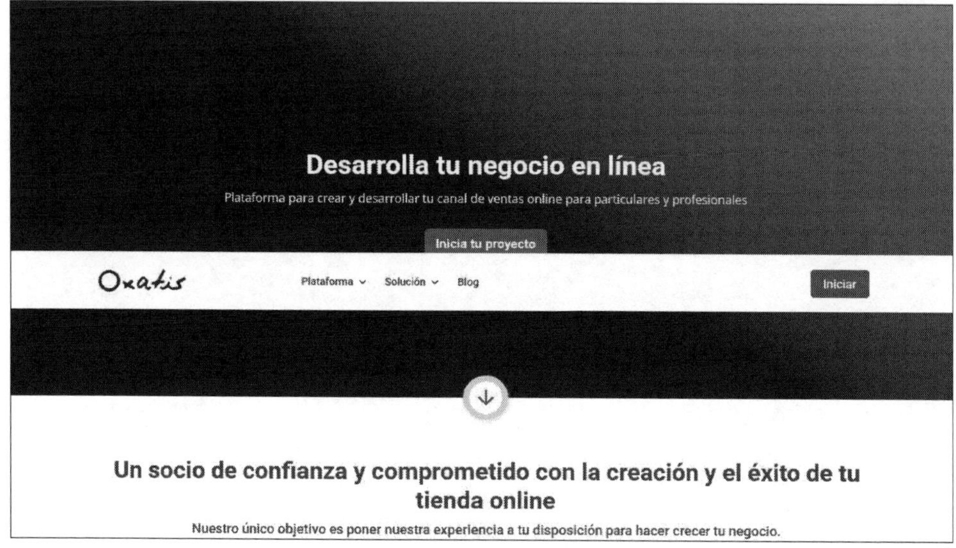

Página de inicio de la plataforma OXATIS

WiziShop

WiziShop es una solución francesa que tiene la particularidad de integrar una IA ilimitada directamente en el espacio de administración para crear fichas de productos mucho más rápidamente que con cualquier otra solución.

Solo hay que completar cuatro campos obligatorios para cada producto: foto, título, precio y algunos datos. La IA de WiziShop se encarga del resto:

- Recorta y optimiza automáticamente las fotos para obtener una calidad profesional.
- Redacta un potente gancho para estimular el interés y el deseo de compra.
- Redacta una descripción optimizada para el SEO.
- Crea una categoría asociada cuando es necesario.

Esta IA también le permite desarrollar su marca de la forma más eficaz posible, optimizando sus publicaciones y su publicidad en los distintos canales de comunicación. En definitiva, más de veinte herramientas de IA de acceso ilimitado para ayudarle a llevar a buen puerto su proyecto de tienda online. Sin embargo, WiziShop solo está en francés y en inglés.

Más información en: https://www.wizishop.com/

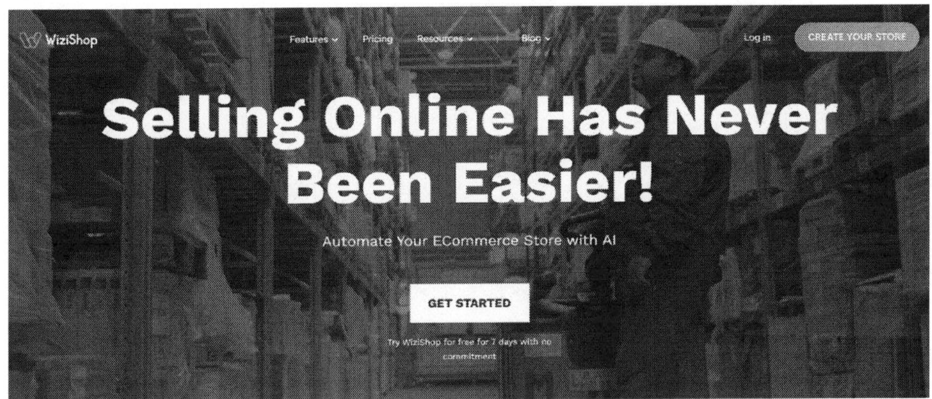

Página de inicio de la plataforma WiziShop

Recomendaciones para cada caso práctico:

Para el comerciante de decoración, la solución Shopify sería ideal, ya que sobre todo necesita potencia y acceso a un marketplace de extensión ilimitada, pero no una personalización excesiva.

La diseñadora de bolsos se inclinará por la solución más económica de IONOS, o bien por Weebly o Jimdo por su apoyo entusiasta a los proyectos de pequeños emprendedores.

En cuanto al empresario del bricolaje, se decantará por Oxatis por su poder de personalización.

3. Plataformas de e-commerce en open source (código abierto)

a. ¿Qué es una plataforma de e-commerce en modo open source?

Una plataforma de e-commerce en modo de código abierto es un software de venta en línea cuyo código fuente es de acceso libre, modificable y distribuible. A diferencia de las soluciones propietarias o SaaS, las plataformas de código abierto permiten a los usuarios y a los desarrolladores acceder al código fuente, estudiarlo, modificarlo y compartirlo.

b. Las ventajas de una solución open source

Las principales ventajas de una plataforma de e-commerce open source son:

- La accesibilidad del código fuente, que está disponible gratuitamente y que puede ser modificado por un desarrollador.
- La personalización integral de la tienda online y la escalabilidad, posibles gracias al acceso al código, lo que permite una tienda online realmente a medida.
- La independencia, ya que los usuarios no están atados a un único proveedor y pueden alojar su tienda donde quieran.

Al elegir una plataforma de e-commerce open source, usted opta por una solución flexible y personalizable, pero que a menudo requiere más conocimientos técnicos para su implementación y mantenimiento que una solución SaaS lista para usar.

c. Inconvenientes de una solución open source

A pesar de sus ventajas, las plataformas de comercio electrónico de código abierto presentan ciertos inconvenientes.

Suelen requerir conocimientos técnicos más avanzados para la instalación, la configuración y el mantenimiento. La responsabilidad de la seguridad, las actualizaciones y el alojamiento recae enteramente en el usuario, lo que puede ser muy costoso en tiempo y dinero.

La personalización avanzada, posible gracias a la accesibilidad al código, requiere conocimientos avanzados en programación.

Además, aunque el software es gratuito, hay que tener en cuenta los costes de alojamiento, algunas extensiones premium en algunos casos y el soporte técnico.

Por último, no existe necesariamente un equipo de soporte técnico al que dirigirse en caso de duda o problema técnico. Y, si existe, quizás no sea tan receptivo como en el caso de las soluciones en modo SaaS. En última instancia, a menudo se depende de la comunidad de desarrolladores voluntarios.

d. Las principales soluciones de e-commerce en open source

WooCommerce (WordPress)

WordPress es una plataforma de gestión de contenido (CMS) open source, lanzada en 2003. Inicialmente diseñada para la creación de blogs, se ha desarrollado a lo largo de los años hasta convertirse en uno de los sistemas de gestión de contenidos más populares del mundo, utilizado para crear una gran variedad de sitios web.

WooCommerce es una solución de e-commerce open source que se diseñó como una extensión para WordPress. Lanzada en 2011, se consolidó rápidamente como una de las plataformas de comercio electrónico más utilizadas del mundo.

WooCommerce ofrece una gran flexibilidad de personalización y permite crear desde una simple tienda online con unos pocos productos hasta complejos marketplaces.

Entre sus principales ventajas destacan su gratuidad, su compatibilidad con el ecosistema WordPress, que da acceso a miles de temas gráficos y plug-ins con funciones avanzadas, y su activa comunidad de desarrolladores en todo el mundo. Otro punto importante por el que destaca WooCommerce es el hecho de que los clientes conservan la plena propiedad de su tienda y de sus datos (información sobre su sitio, pedidos, clientes).

WooCommerce es especialmente adecuado para pequeñas y medianas empresas que quieren una solución escalable y que disponen de conocimientos técnicos de forma interna o de un presupuesto para contratar a un desarrollador.

Sin embargo, a diferencia de las soluciones SaaS, WooCommerce requiere una gestión más activa del alojamiento, las actualizaciones y la seguridad.

En todo el mundo, 3,4 millones de tiendas online utilizan WooCommerce.

Más información en: https://woocommerce.com/es/

Página de inicio de la plataforma WooCommerce

PrestaShop

PrestaShop es otra plataforma de e-commerce open source muy utilizada, sobre todo en Europa y en América Latina. Lanzada en 2007, ofrece numerosas funciones integradas, como la gestión de stocks, las opciones de pago y herramientas de marketing. La plataforma dispone también de una gran comunidad de desarrolladores y de numerosas extensiones para personalizar y ampliar las funciones de la tienda.

Puede descargar la plataforma de código abierto gratuitamente, personalizarla y alojarla donde quiera, si tiene los conocimientos técnicos o si dispone de los recursos financieros para recurrir a un desarrollador experto. También puede confiar la creación de su tienda a medida al equipo de PrestaShop.

PrestaShop es adecuado para empresas de todos los tamaños, pero requiere conocimientos técnicos para su instalación y mantenimiento.

Más información en: https://prestashop.es/

Página de inicio de la plataforma PrestaShop)

Magento

Magento es una plataforma de e-commerce open source potente y flexible lanzada en 2008. Está especialmente indicada para las grandes empresas y las tiendas online con gran volumen gracias a su amplia gama de funciones, la gestión avanzada de los productos, las opciones de personalización y las herramientas de marketing.

La plataforma es muy escalable y destaca por su robustez técnica y su flexibilidad. Esto la convierte en una solución ideal para gestionar catálogos de productos muy voluminosos. Sin embargo, la instalación y el mantenimiento de Magento son complejos. Es necesario recurrir a desarrolladores experimentados.

Magento pertenece ahora a la empresa Adobe.

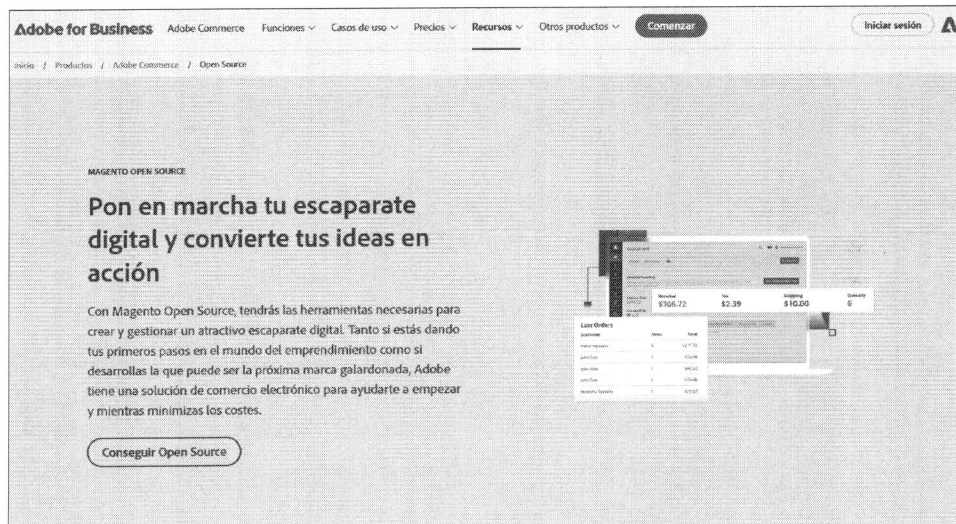

Página de inicio de la plataforma Magento

Más información en:

https://business.adobe.com/es/products/magento/open-source.html

osCommerce

osCommerce fue una de las primeras plataformas de e-commerce open source, lanzada en 2000. Ofrece una solución básica para crear y gestionar una tienda online, con funciones esenciales como la gestión de productos, opciones de pago y herramientas de marketing.

Aunque menos moderna y menos flexible que WooCommerce o Magento, osCommerce sigue siendo una opción interesante para las pequeñas empresas que buscan una solución sencilla y gratuita y disponen de conocimientos técnicos de forma interna para implantarla.

La plataforma cuenta también con una activa comunidad de desarrolladores y numerosas extensiones para personalizar la tienda.

Más información en: https://www.oscommerce.com/

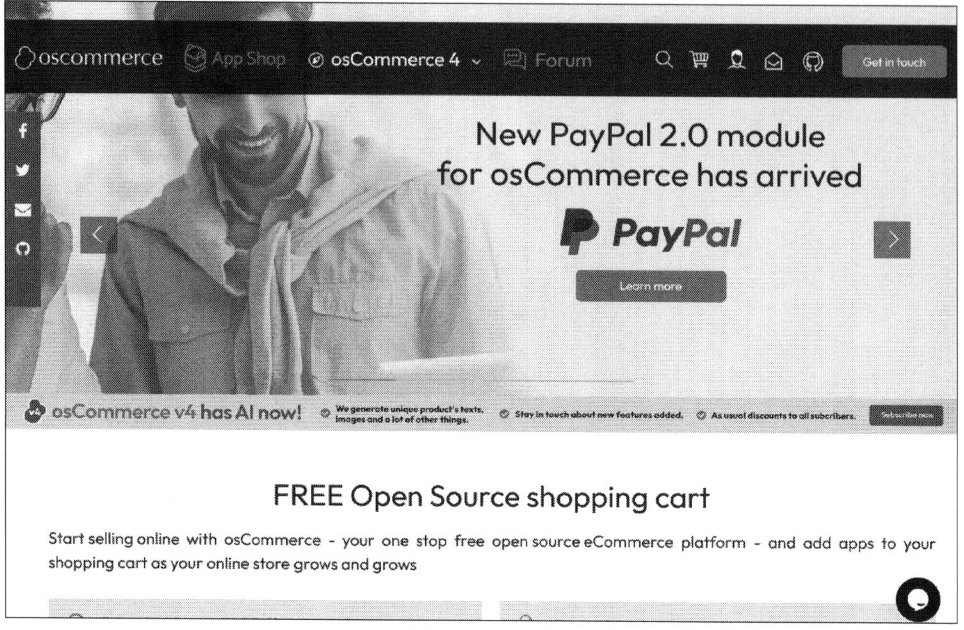

Página de inicio de la plataforma osCommerce

4. Plataforma de e-commerce a medida

El desarrollo de una tienda online a medida es una alternativa a las plataformas de e-commerce listas para usar, como Shopify o WooCommerce. Esta opción consiste en crear una tienda online totalmente personalizada, diseñada específicamente para satisfacer las necesidades únicas de su empresa.

Evidentemente, el desarrollo de una tienda online a medida tiene muchas ventajas, como la posibilidad de personalizar totalmente su web: desde el diseño y la funcionalidad hasta la experiencia de usuario de su sitio. Incluso aunque sus necesidades no sean muy específicas al lanzar su tienda, puede que necesite anticiparse a cambios que, sin duda, requerirán una mayor flexibilidad que la que ofrecen las grandes plataformas listas para usar. O puede que necesite conectarla a herramientas que ya usa internamente en su empresa, como un ERP, un CRM, un programa de facturación o de gestión de stocks. La integración puede hacerse a medida para que pueda seguir utilizando sus herramientas.

Algunas empresas optan por un desarrollo a medida para que su código esté lo más optimizado posible. Es un factor importante para garantizar la velocidad de carga óptima del sitio, que tiende a mejorar la experiencia del usuario, la conversión y el posicionamiento en los motores de búsqueda.

Por último, puede optar por un desarrollo a medida simplemente para desmarcarse de la competencia que utiliza plantillas estándar.

Antes de decantarse por esta solución, es importante que evalúe detenidamente sus necesidades, su presupuesto, sus recursos técnicos y sus objetivos a largo plazo. Los beneficios que espera obtener con esta elección deben estar claros y alineados con su estrategia global, ya que esta personalización conlleva algunas desventajas que hay que asumir, como un tiempo de desarrollo más largo y un coste inicial a menudo más elevado (incluso mucho más elevado). Además, debe sumar los costes de mantenimiento a largo plazo, para garantizar que el sitio se mantenga actualizado a medida que evolucione la tecnología.

Por eso, el desarrollo a medida es especialmente adecuado para empresas con necesidades específicas que las plataformas estándar no pueden satisfacer, o para las que buscan ofrecer una experiencia de cliente única.

Para la mayoría de las pequeñas y medianas empresas, las soluciones como Shopify o WooCommerce ofrecen un buen equilibrio entre funcionalidad, coste y facilidad de uso.

Si opta por este desarrollo a medida, le queda escoger el modo de desarrollo que prefiera. Puede recurrir a una agencia, un autónomo o integrar perfiles de desarrolladores en su empresa desde el principio. Estas tres posibilidades tienen repercusiones bastante diferentes en términos de inversión y dependencia.

5. Crear una tienda online con Shopify

a. Abrir una cuenta en Shopify

Abrir su cuenta en Shopify es muy sencillo; solo tiene que ir a la página web en español de Shopify: https://www.shopify.com/es-es

Página de inicio de Shopify en español

- Haga clic en el botón **Prueba gratis** para crear una cuenta gratuita durante tres días; después pagará una tarifa de prueba de un euro al mes durante tres meses.
- Escriba su dirección de correo electrónico y acepte haciendo clic en el botón **Inicia prueba gratis**.

A partir de este momento, Shopify le acompañará y le guiará a través de unas cuantas preguntas muy simples y rápidas para configurar su cuenta. El proceso de registro dura un minuto y no requiere ni conocimientos técnicos ni tarjeta bancaria.

Al final del proceso de registro, su tienda online de Shopify estará lista. A continuación, automáticamente será dirigido al área de gestión de su tienda, en la que podrá empezar a trabajar y a personalizarla.

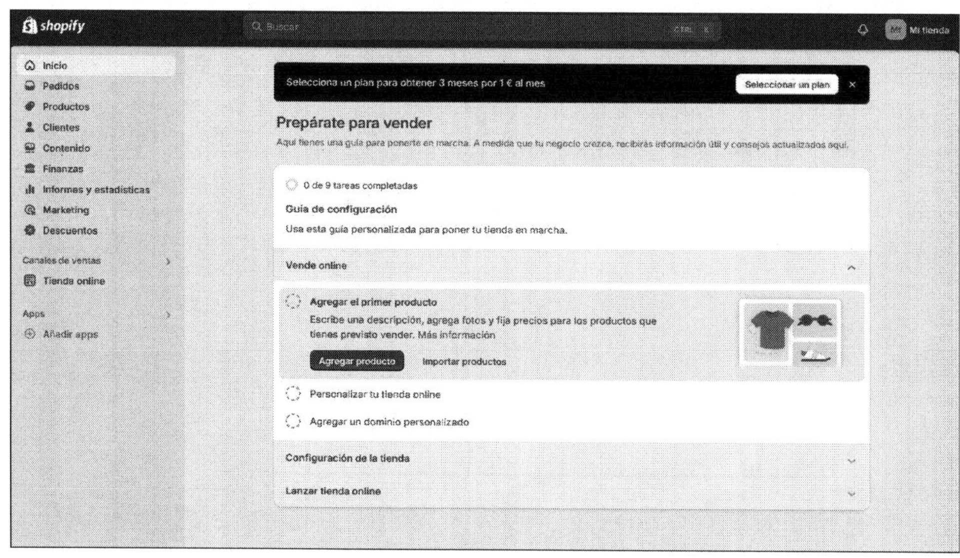

Página de inicio de su área de gestión en Shopify

Le aconsejo que empiece por visitar su tienda online. Evidentemente, está vacía. ¡Pero ya es funcional! Si se familiariza con ella desde el principio, le resultará mucho más fácil y rápido hacerse con ella y añadir sus productos, su logo, su información específica, etc.

- Para visitar su tienda, haga clic en la opción **Tienda online** en la sección **Canales de ventas**. Aparecerá un pequeño icono con forma de ojo: haga clic en este botón para acceder a su tienda.

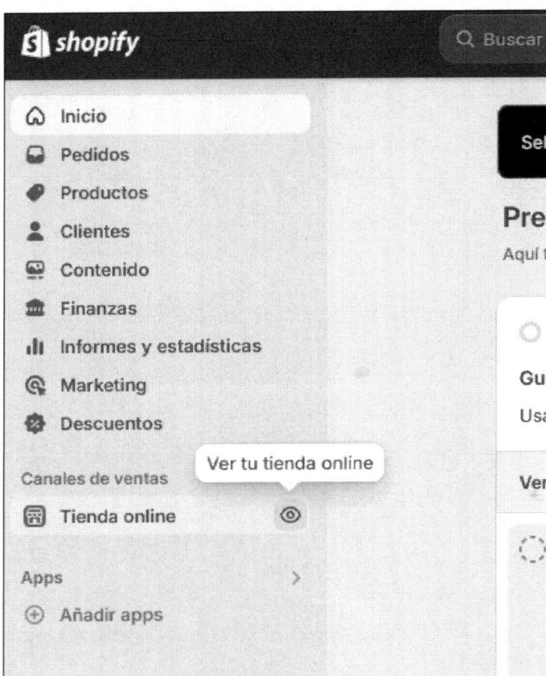

Ver su tienda online

La tienda online se abre en otra ventana: así podrá volver en cualquier momento a su área de gestión sin dejar de ver su tienda online en esta segunda pestaña.

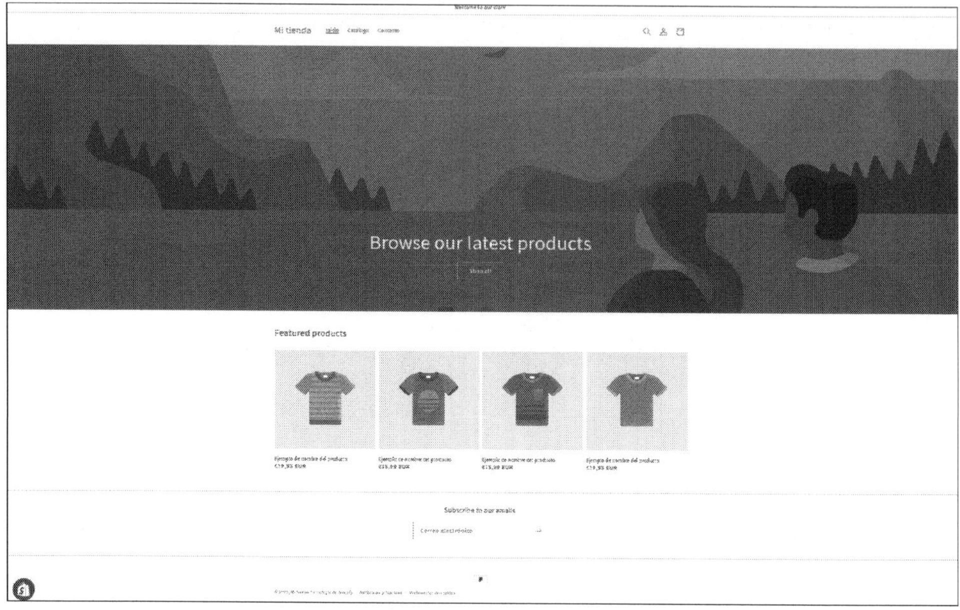

Página de inicio de su tienda online en Shopify

b. Personalizar el tema gráfico de su tienda online

✎ Vuelva a su área de gestión de Shopify.

En el espacio central, Shopify le indica las primeras acciones para personalizar su tienda. Le sugiero que empiece por personalizar el diseño.

✎ Haga clic en la flechita a la derecha de **Vender online** y luego en la opción **Personalizar tu tienda online.**

La primera opción que aparece es la que le permite personalizar lo que Shopify llama el tema gráfico.

✎ Haga clic en el botón **Personalizar tema.**

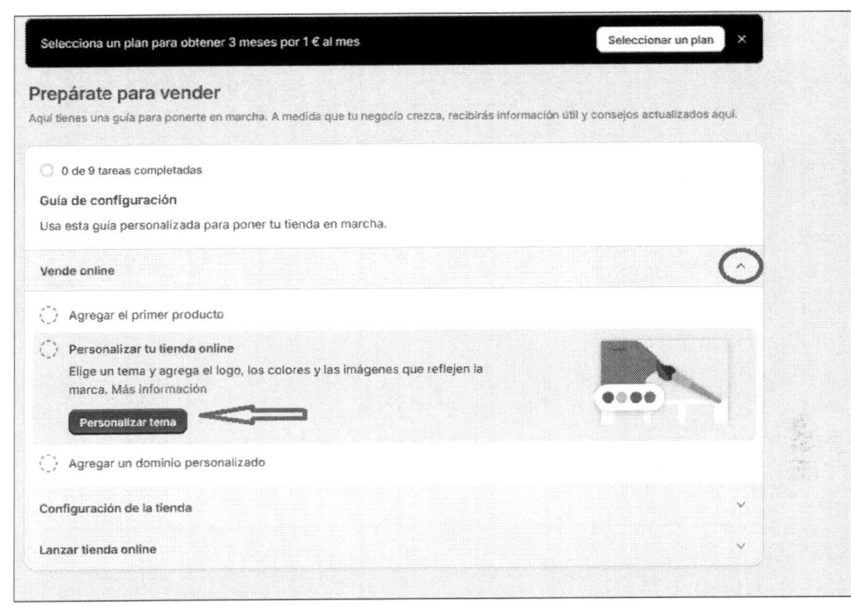

Espacio central del área de gestión para acceder a la personalización del tema

Llegará a la página del catálogo de temas.

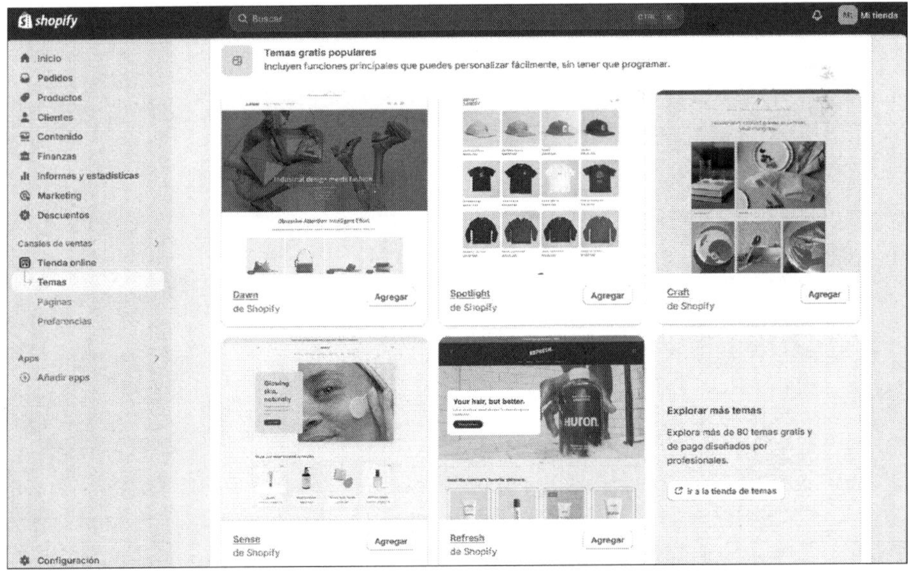

La página de temas en su área de gestión de Shopify

Un tema de Shopify es un conjunto de elementos preconfigurados que definen el diseño, el estilo y la apariencia general de su tienda. Puede elegir entre una variedad de temas predefinidos y estos temas pueden personalizarse para satisfacer las necesidades específicas de su empresa. Existen temas gratuitos que encontrará por defecto en este catálogo de temas. Pero también existen proveedores externos a Shopify que crean temas y los ofrecen en la «Tienda de temas» (accesible desde el botón de la parte inferior de la página de temas).

Algunos aspectos que debe saber sobre los temas:

- **Aspecto visual**: los temas determinan la apariencia visual de su sitio, incluida la disposición de elementos como las imágenes, los textos, los botones, etc.
- **Personalización**: los temas de Shopify suelen ser personalizables. Puede ajustar los colores, los tipos de letra, las imágenes y, a veces, incluso la disposición de las secciones para adaptarlos a la estética de su marca.
- **Responsividad**: los temas están diseñados para adaptarse automáticamente a las diferentes pantallas (ordenadores de escritorio, tabletas, smartphones) para proporcionar una experiencia de usuario óptima.
- **Integración**: algunos temas están diseñados para trabajar con características específicas de Shopify, como las funcionalidades de pago, las aplicaciones, etc.
- **Actualización**: Shopify actualiza regularmente sus temas para añadir nuevas funcionalidades, mejorar la seguridad y corregir posibles problemas.

✎ Consulte el catálogo para elegir un tema. Por defecto, aparecerá la vista previa de la página de inicio del tema. Para ver un ejemplo de tienda con un tema, haga clic en la foto en miniatura o en el nombre del tema. Para escoger un tema y aplicarlo a su tienda, haga clic en el botón **Agregar**.

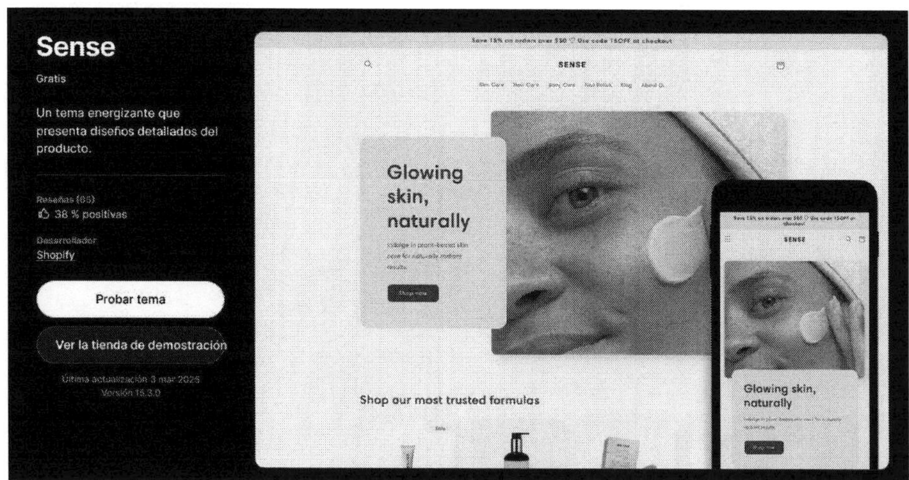

Al hacer clic en el tema «Sense», se abre el tema y aparecen las dos opciones

- Si hace clic en Ver la tienda de demostración, se abrirá el tema completo en otra pestaña y podrá ver el aspecto que tendrá su tienda si escoge este tema. Una vez haya elegido el tema que le gusta, haga clic en el segundo botón **Agregar**.

Cuando haya pulsado el botón **Agregar**, el tema correspondiente se cargará un poco más arriba en la página. Para aplicarlo a su tienda, debe hacer clic en el botón **Publicar** que aparece al lado del nombre del tema cargado. También puede optar por personalizar este tema antes de publicarlo. Para ello, pulse antes el botón **Personalizar**.

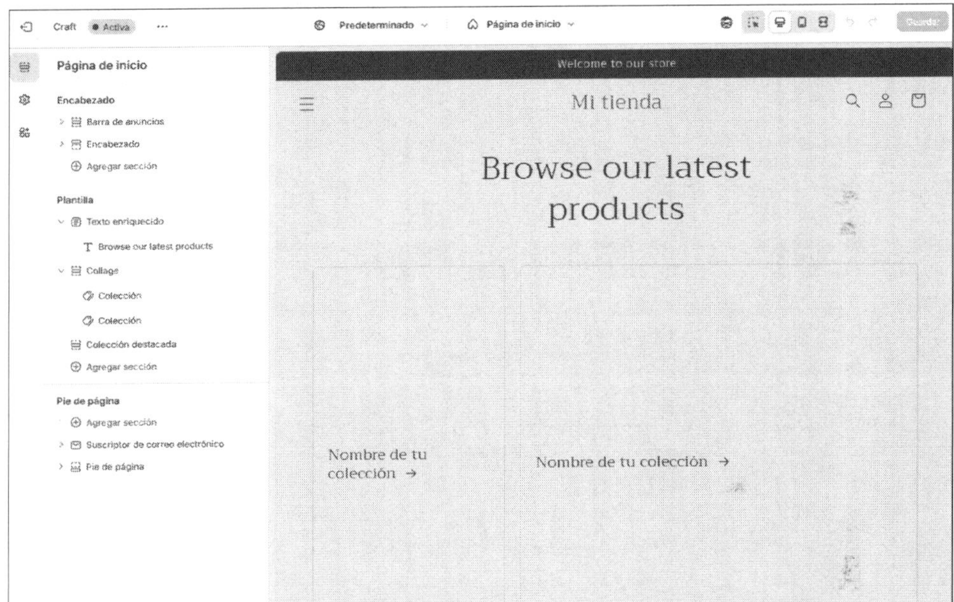

Se carga el tema. Se muestra un área de visualización y de personalización

De momento, le sugiero que no haga ninguna personalización.

- Vuelva a la pantalla de inicio de su área de gestión haciendo clic en el botón **Salir** situado en la parte superior izquierda de la pantalla.

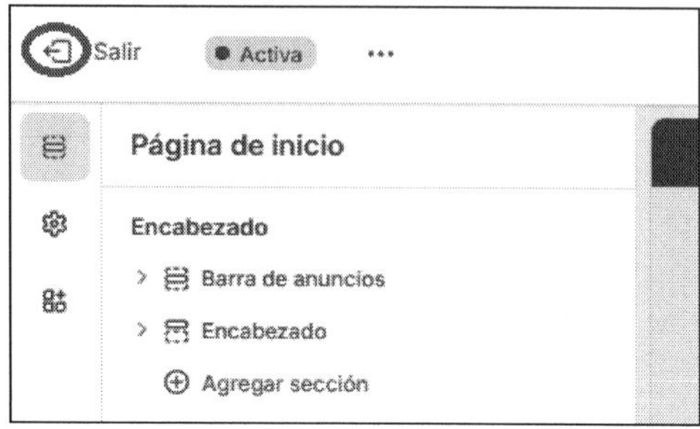

Con este botón volverá a la página de inicio)

c. Crear su primera ficha de producto

✎ Haga clic en el botón **Agregar producto**.

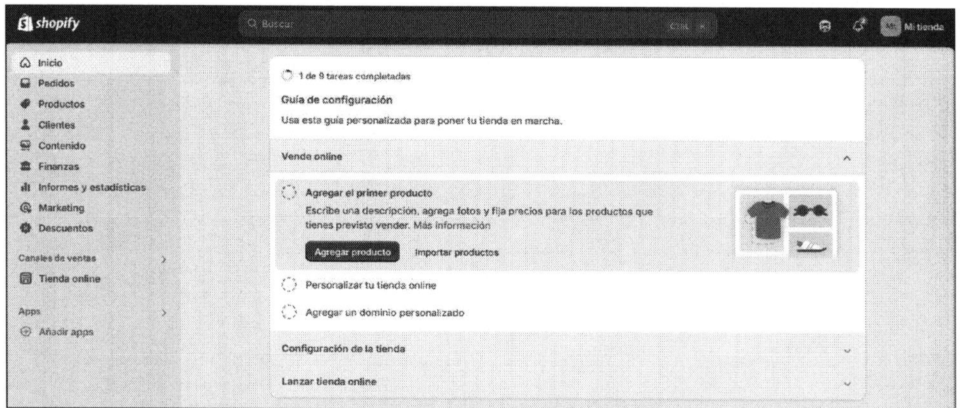

Aparece un formulario con todos los campos necesarios para crear una nueva ficha de producto en su catálogo.

✎ Rellene el formulario: nombre del producto, texto de descripción del producto, etc. En la parte **Elementos multimedia**, puede añadir fotos y vídeos del producto.

✎ Haga clic en el botón **Subir nuevo** para buscar en su ordenador la primera foto de su producto.

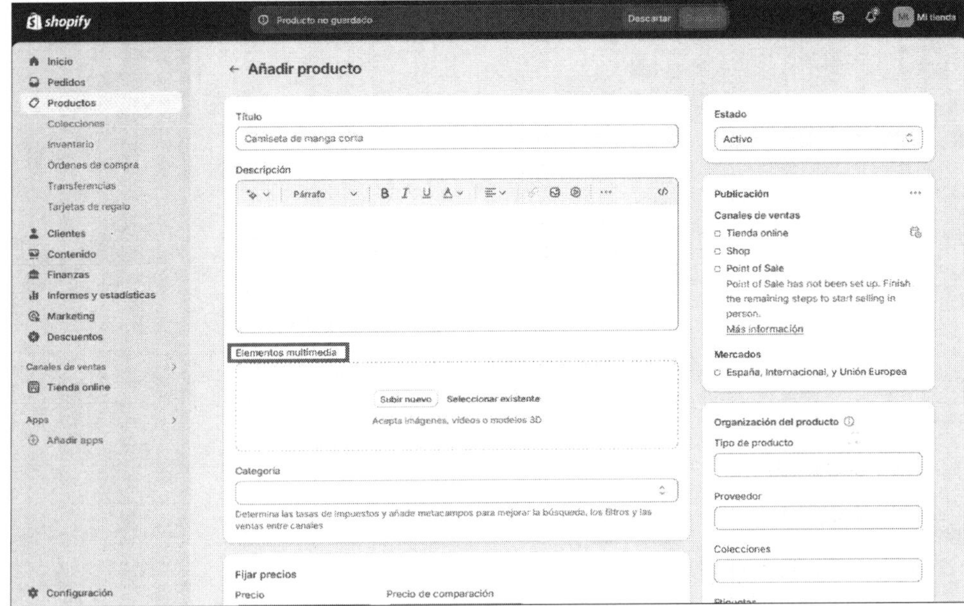

Formulario para rellenar cuando agregue un producto

- Continúe rellenando el formulario; indique al menos la siguiente información: precio del producto, cantidad en stock, peso del producto en kg si vende un producto físico que debe enviar.
- En la parte inferior del formulario, haga clic en el botón **Guardar** para confirmar el producto.

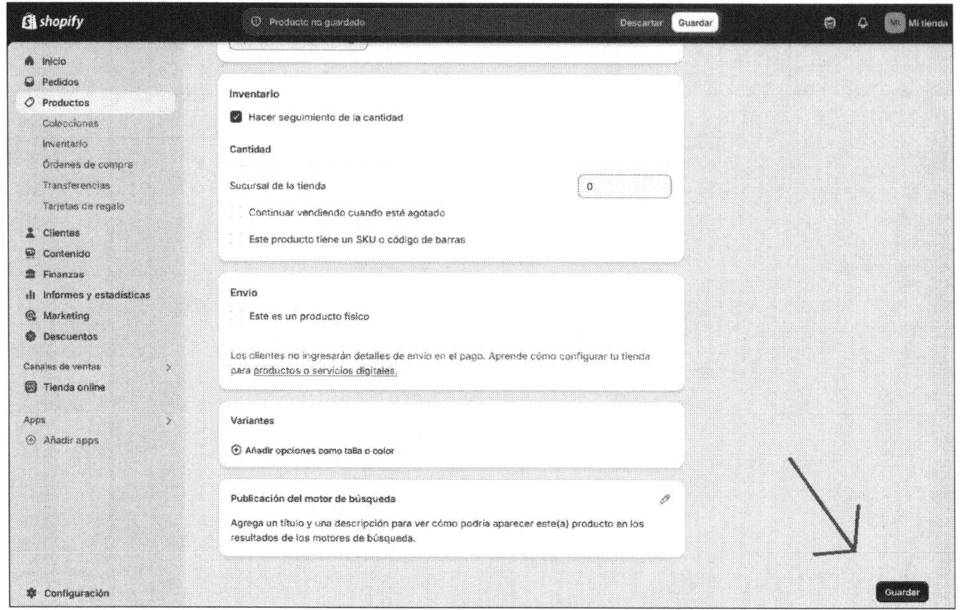

Guardar el formulario

Aparece un mensaje de confirmación en un cuadro verde: su producto se ha añadido a su tienda online.

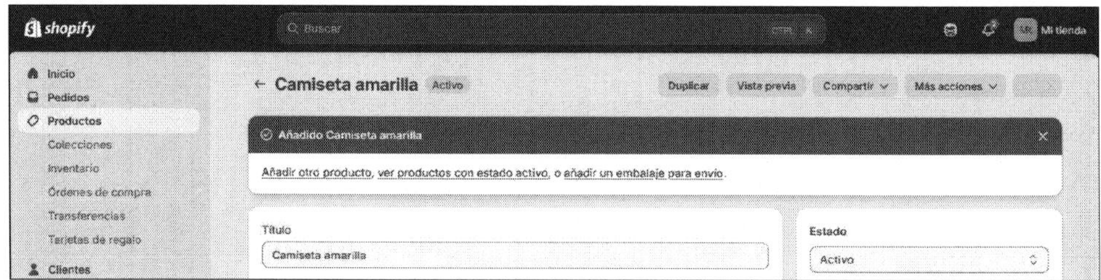

Mensaje de confirmación

- En el menú de la izquierda, vuelva a hacer clic en el botón asociado a **Tienda online** para ver el resultado.

- Haga clic en la pestaña **Catálogo** de su tienda. Aparecerá el nuevo producto:

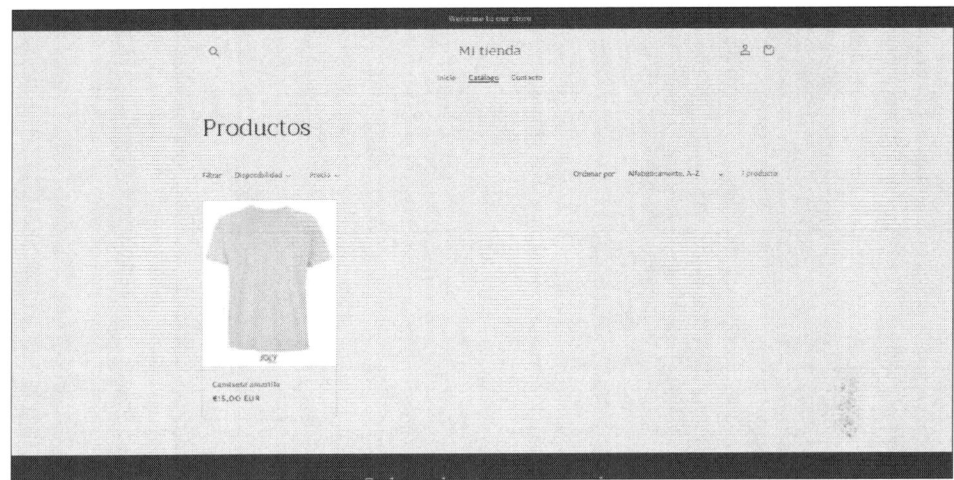

*Pestaña **Catálogo** de su tienda online*

d. Configurar la página de inicio

- En el menú de la izquierda haga clic en **Tienda online** en la sección **Canales de ventas**, después haga clic en el submenú **Temas**.

Aparece una página con el tema gráfico escogido.

- Haga clic en el botón **Personalizar**.

Aparece la página de inicio. A la izquierda tiene los elementos que puede personalizar. A la derecha, se ve la página de inicio actual con diferentes zonas que puede modificar, eliminar o mover.

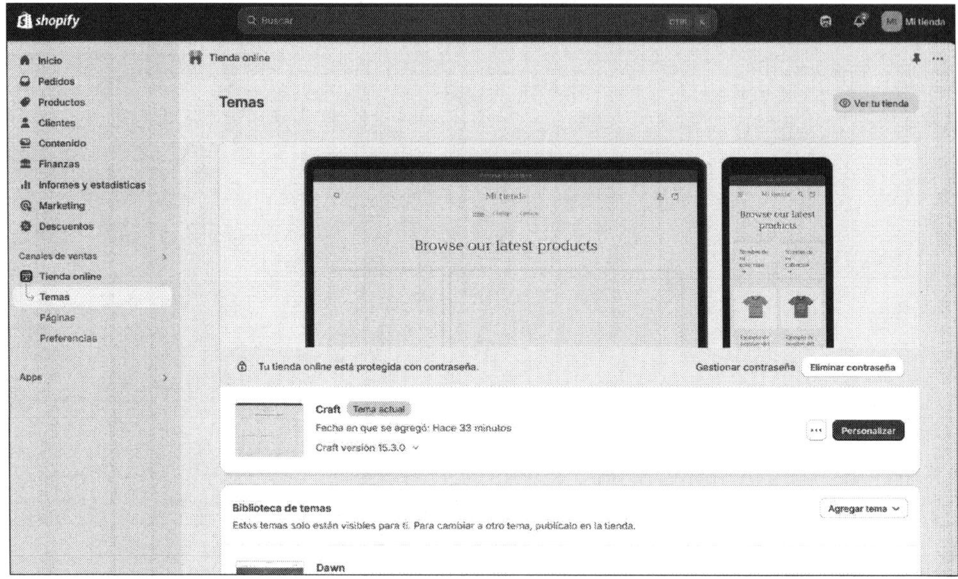

Página de acceso a la personalización de la página de inicio

✎ Para añadir un módulo a la página de inicio, haga clic en **Agregar sección**.

Página de personalización del inicio de la web

- En el menú contextual que aparece, seleccione el tipo de sección que quiere añadir a su página de inicio; por ejemplo, **Imagen con texto**. La nueva sección se añade a la parte derecha en el cuerpo de su página de inicio. Puede ver inmediatamente el resultado y personalizar el contenido de esta sección haciendo clic abajo.

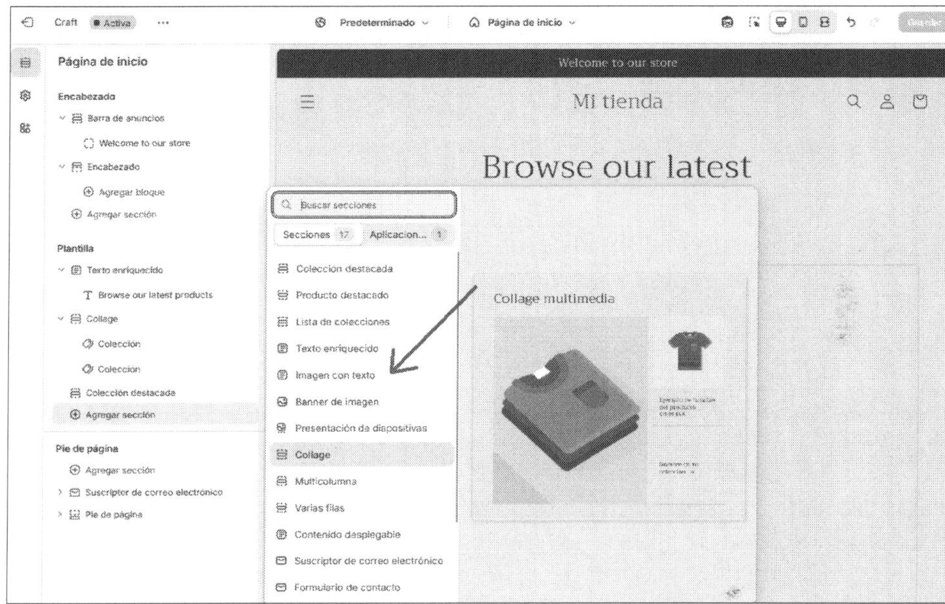

Menú contextual de selección de nueva sección

- Mueva, elimine, añada, personalice las diferentes secciones en su página de inicio hasta que quede satisfecho con el resultado.
- Guarde su página de inicio haciendo clic en **Guardar**, en la parte superior derecha.
- Vuelva al menú general haciendo clic en el icono **Salir** en la parte superior izquierda.

e. Configurar el proceso de compra (cesta)

- En la página de inicio de Shopify, haga clic en **Configuración** de la tienda.

Aparece una página con un menú a la izquierda.

- Haga clic en **Pagos**.

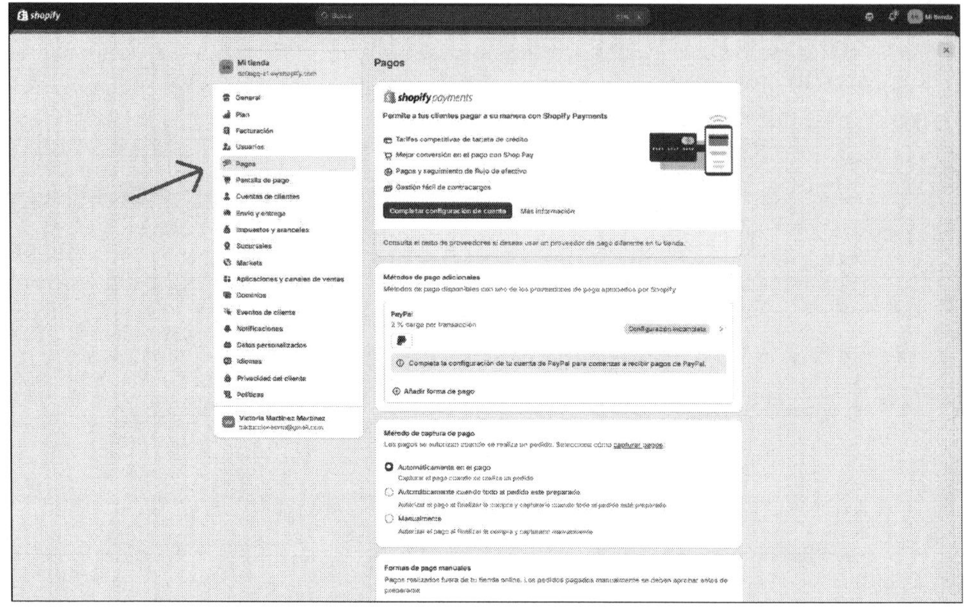

Página de pagos

- Escoja la forma o las formas de pago que le interesan. Por defecto, se le sugiere PayPal. Es una solución muy sencilla y rápida de configurar. Basta con abrir una cuenta gratuita en www.paypal.com/es, un proceso de unos pocos minutos. Luego haga clic en el botón **Configuración incompleta** en Shopify y déjese guiar.

En cuanto tenga un método de pago válido, dispondrá de una cesta activa que sus clientes podrán utilizar para hacer pedidos y pagar.

f. Configurar las secciones de escaparate

Las páginas a las que llamamos «escaparates» son páginas de información complementaria sobre su marca, sus compromisos, su historia, el equipo, etc.

- En la columna de la izquierda, haga clic en **Tienda online**, en la sección **Canales de ventas**; después, haga clic en el submenú **Páginas**.

Se mostrará la lista de páginas de escaparate de su web. Por defecto, solo hay una: la página **Contacto**. Aquí hemos añadido una segunda página de ejemplo.

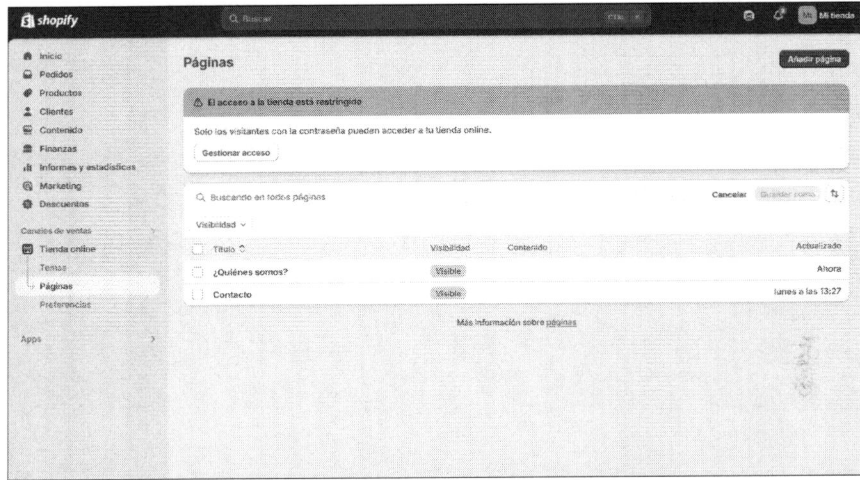

Página de gestión de las secciones de escaparate

Haga clic en el botón **Añadir página**, en la parte superior derecha.

Se abre una página en la que puede completar el título, el texto, etc., de la nueva página de escaparate.

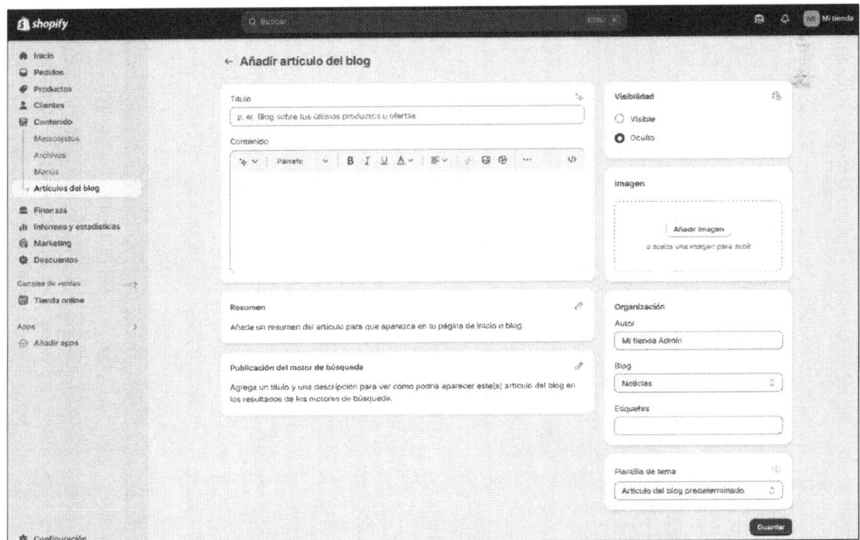

Formulario de creación de una nueva página de escaparate

Haga clic en el botón **Guardar**, en la parte inferior, cuando haya acabado.

Vuelve a aparecer la lista de páginas de escaparate, con la nueva página que ha creado.

g. Otras configuraciones

Vuelva a la página de inicio de Shopify.

Haga clic en **Configuración** de la tienda.

Haga clic en **Envío y entrega** para configurar los métodos de transporte y las tarifas.

Haga clic en **Políticas** para introducir sus avisos legales.

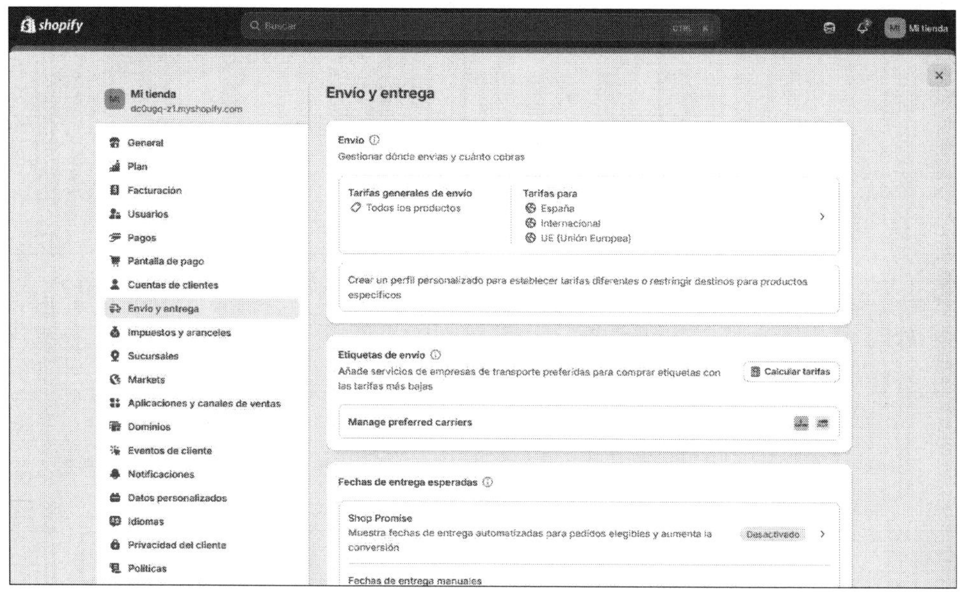

Página de gestión de la configuración de envíos de su tienda

6. Crear una tienda online con WordPress y WooCommerce

a. Instalar WordPress

Escoja el nombre del dominio y cómprelo en la web de un proveedor que también le ofrezca el alojamiento con WordPress.

Este es el caso de los principales proveedores de alojamiento.

- https://www.ovhcloud.com/es-es/
- https://www.ionos.es/
- https://www.a2hosting.com/
- https://www.siteground.es/

- https://www.dreamhost.com/es/

Marque la opción **Instalación automática de WordPress** propuesta por su proveedor cuando compre el dominio con el alojamiento.

Por lo general, en unos minutos recibirá un e-mail confirmando que su nombre de dominio se ha activado y su página de WordPress está accesible a través de él. También recibirá sus credenciales de acceso para entrar en el «back-office» de su sitio de WordPress y gestionarlo.

Por defecto, el sitio de WordPress está vacío.

La página de inicio de su sitio de WordPress por defecto

✎ Conéctese al back-office de su sitio de WordPress para configurar los primeros elementos y personalizarlos.

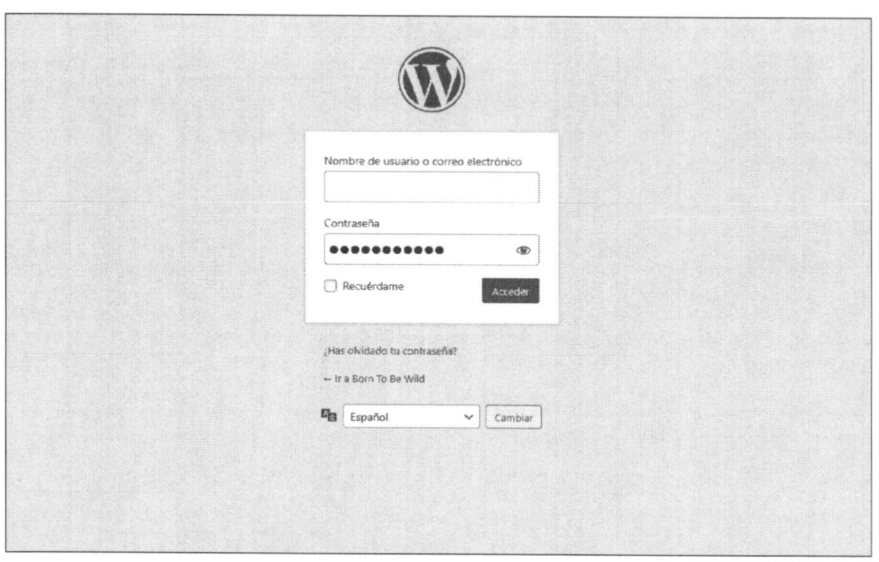

Página de conexión al back-office

Una vez conectado, accederá al back-office de su sitio de WordPress.

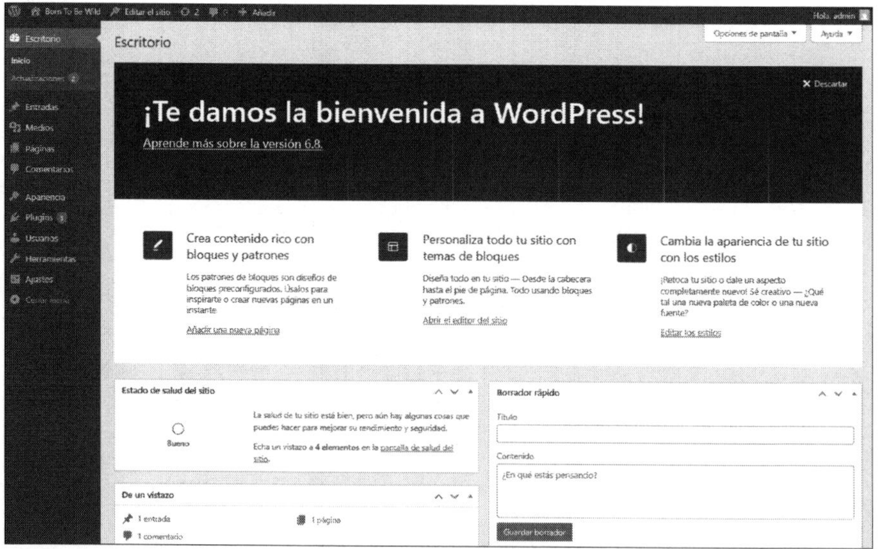

Escritorio de WordPress

b. Instalar y activar WooCommerce

- En el Escritorio de WordPress, vaya a **Plugins**.
- Haga clic en el botón **Añadir plugin**, en la parte superior.

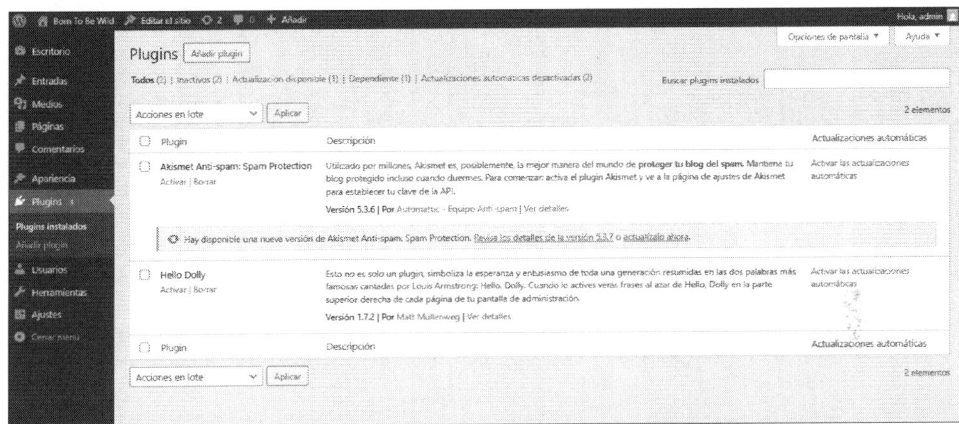

La página de gestión de plugins

- Busque **WooCommerce** y haga clic en **Instalar ahora**.

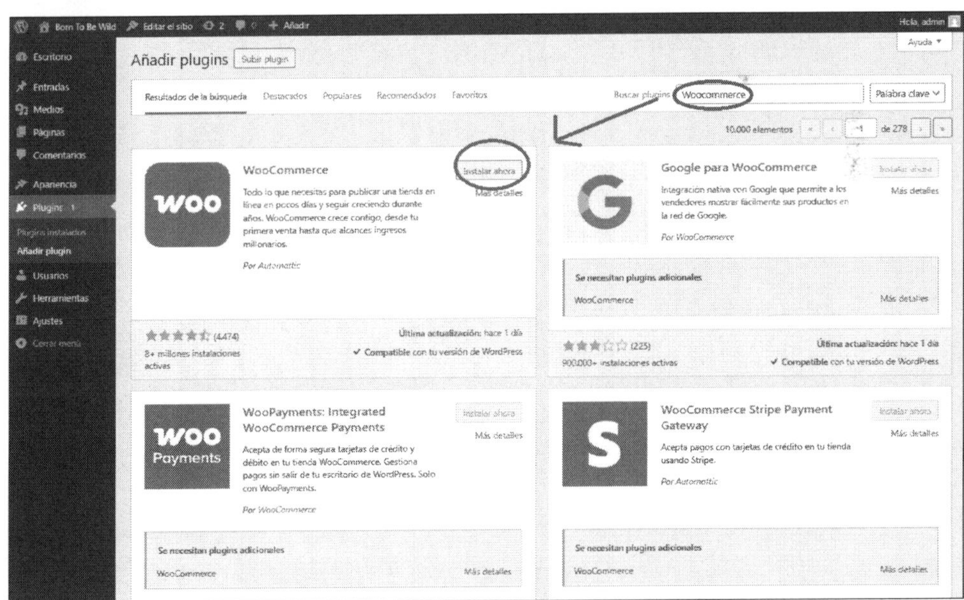

Instalación de la extensión WooCommerce

✎ Una vez instalada, haga clic en **Activar**.

*Botón **Activar** para finalizar la instalación de WooCommerce*

Una vez lo haya activado, aparecerá la pantalla de bienvenida de WooCommerce:

Confirmación de la activación de WooCommerce

A través de varias páginas podrá progresar con la activación. Una pantalla le mostrará todos los demás plugins instalados con WooCommerce.

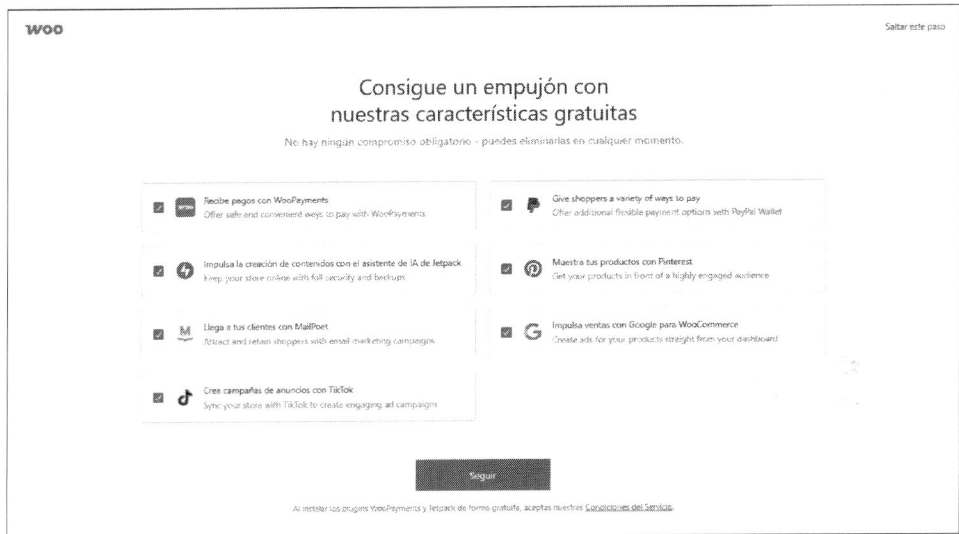

Presentación de todos los plugins instalados por defecto.

c. Configurar WooCommerce

- Haga clic en el botón **Configuración de la tienda online** para iniciar el asistente de configuración de WooCommerce.
- Responda a algunas preguntas muy sencillas sobre su actividad. Estas preguntas ayudarán al asistente a proponerle las opciones más adecuadas.
- A continuación será redirigido a su escritorio, donde verá una lista de los pasos que debe seguir para finalizar la configuración de su tienda.

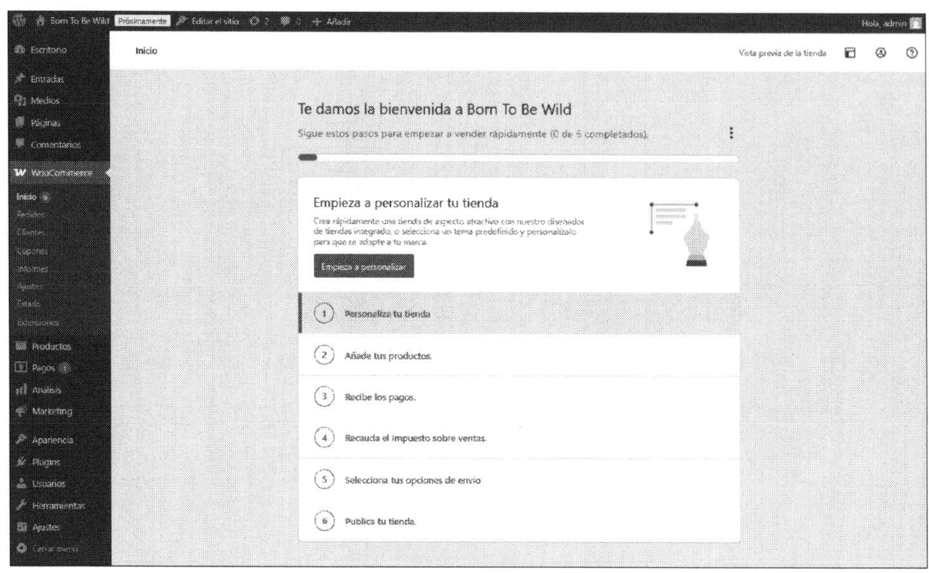

Pasos para la configuración de su tienda WooCommerce en el escritorio de su sitio de WordPress

d. Personalizar el tema de la tienda

Haga clic en **Personaliza tu tienda**. También puede hace clic a la izquierda en **Apariencia - Temas**.

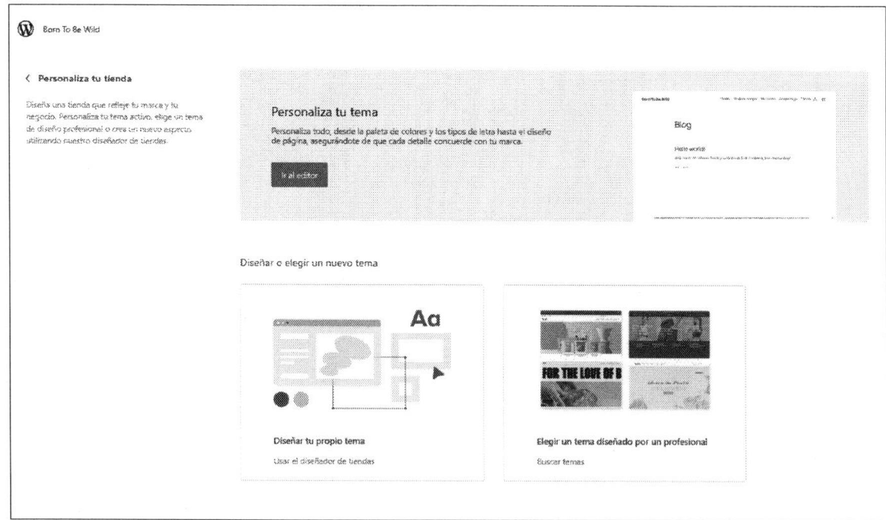

Catálogo de temas gráficos propuestos por defecto

- Escoja un tema compatible con WooCommerce (como Storefront, Kadence o Inspiro, que son gratis).

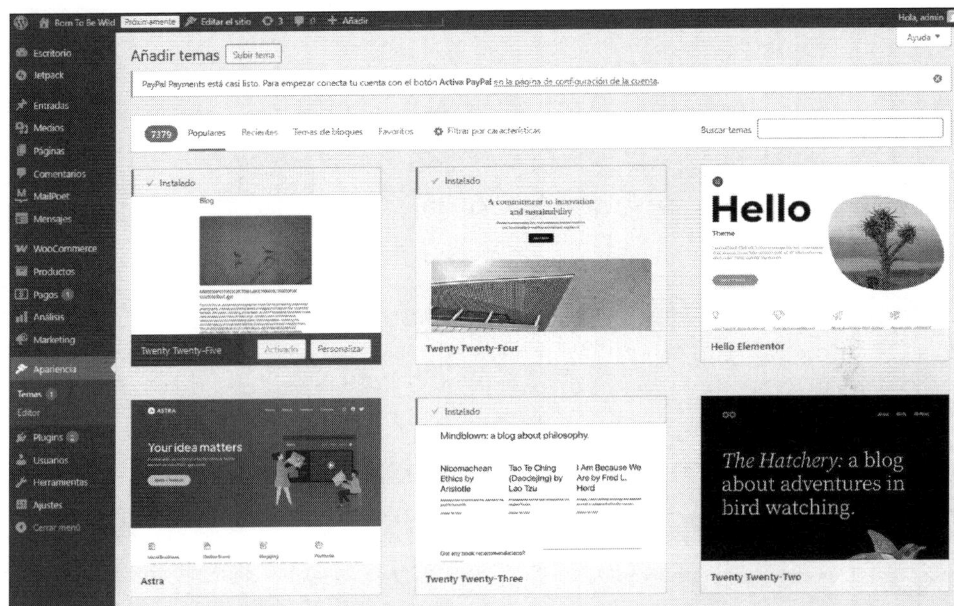

Selección de temas gráficos para WooCommerce, algunos de los cuales ya están preinstalados

- Haga clic en **Vista previa** para ver el aspecto de cada tema.
- Haga clic en **Instalar** para escogerlo y aplicarlo a su tienda online.

Una vez instalado el tema escogido, aparecerá un mensaje de confirmación con un botón que le invita a personalizar el tema.

Página de confirmación de instalación del tema Colibri WP.

- Haga clic en **Personalizar** (a veces aparece en inglés, **Start customizing**) para configurar los colores, maquetación, etc.

Las opciones de personalización se muestran en la columna izquierda, mientras que la apariencia del sitio se muestra a la derecha. Puede personalizar el menú y los elementos gráficos.

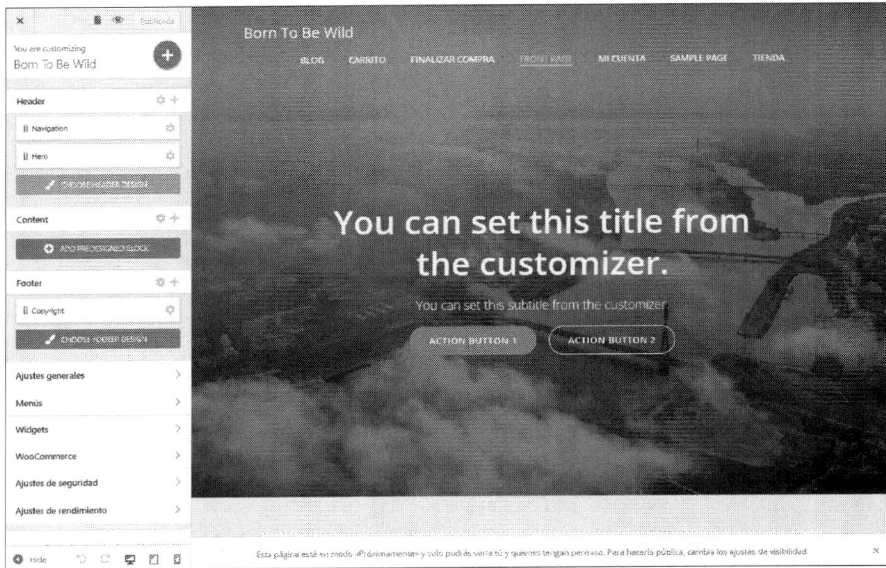

Panel de control de las opciones de personalización de su tema

- Haga clic en **Ajustes generales**, en la columna izquierda, para escoger la paleta de colores y la fuente.

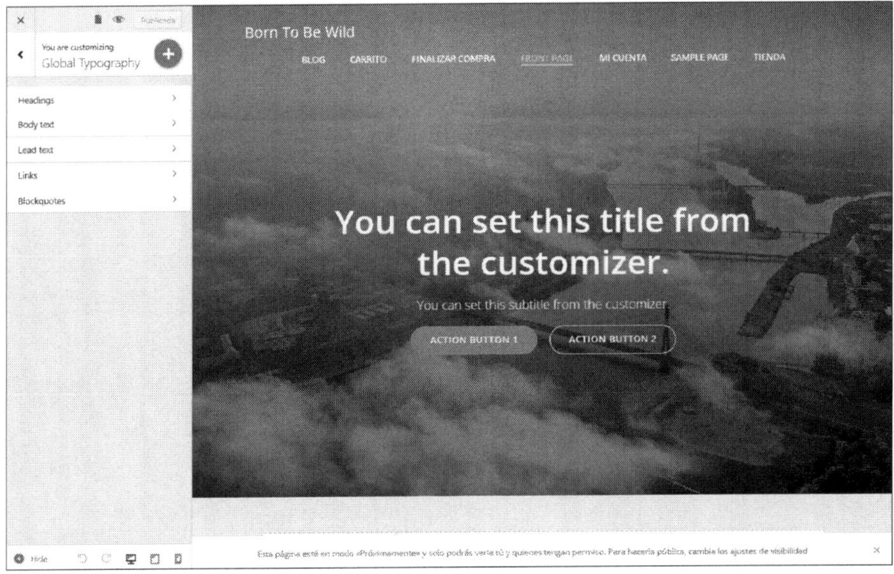

Acceso a la configuración general para modificar los colores y las fuentes (a la izquierda)

- Cuando haya terminado de personalizar el diseño con su logo y sus colores, haga clic en la columna de la izquierda en **WooCommerce - Inicio** para volver al escritorio de WooCommerce.

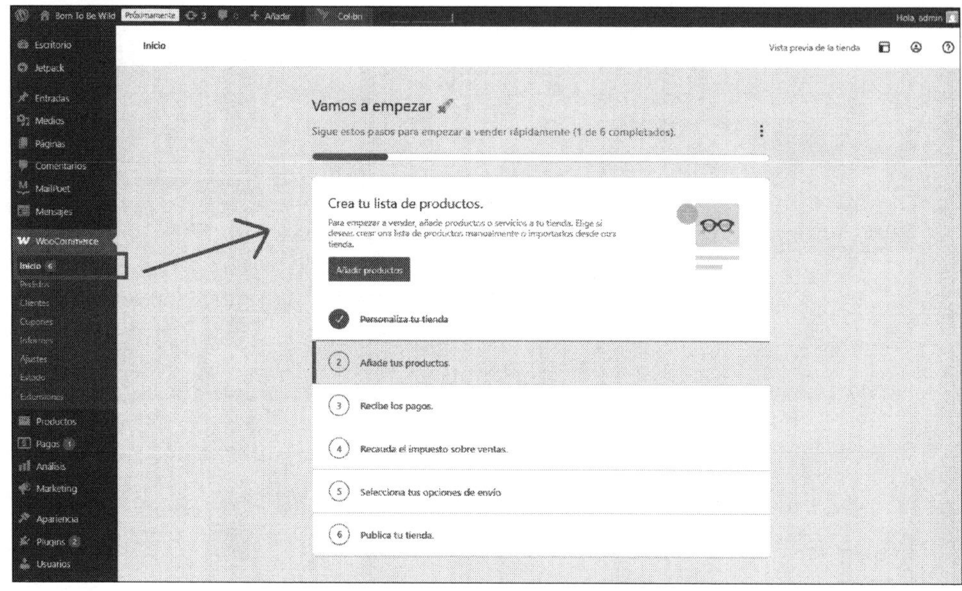

De vuelta al escritorio de WordPress

e. Añadir el primer producto

- Haga clic en **Añade tus productos** y, después, en **Producto físico** en la pantalla que aparece.

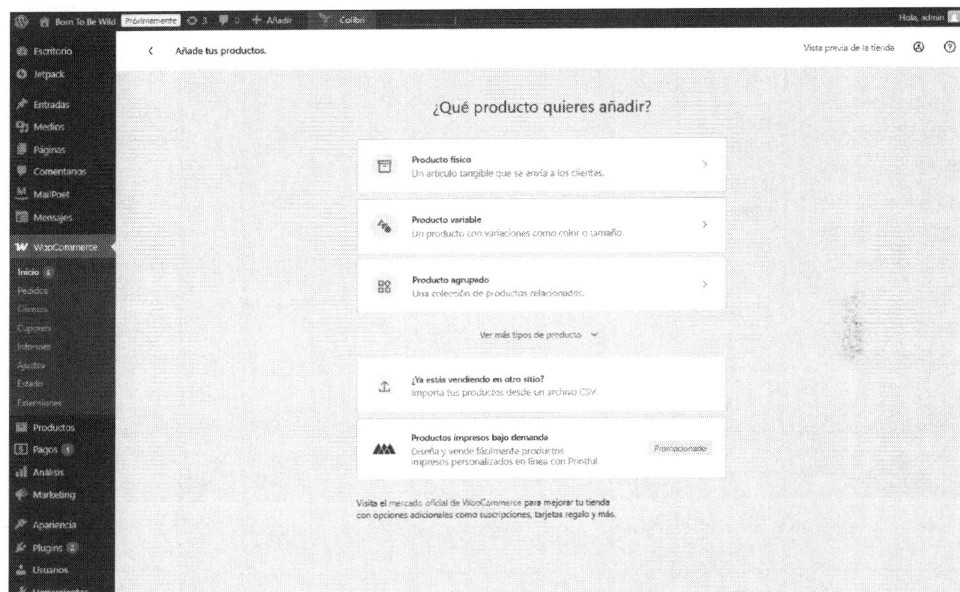

Elección de los tipos de productos que se pueden vender con WooCommerce

- Rellene los datos del producto: título, descripción, precio, imagen principal (a la derecha).
- Defina las categorías y los atributos si fuera necesario (a la derecha).
- Haga clic en **Publicar** para poner el producto en línea y validar sus datos.

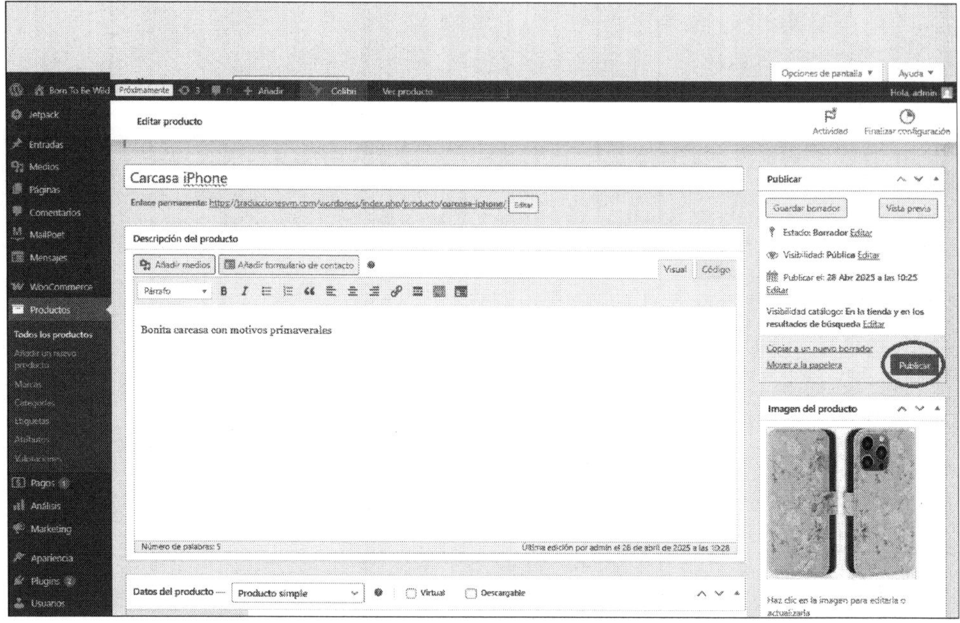

Formulario de la ficha del producto

- Pase el ratón sobre el nombre de la tienda en la parte superior izquierda.
- Haga clic en la opción **Visitar la tienda** del menú que aparece.

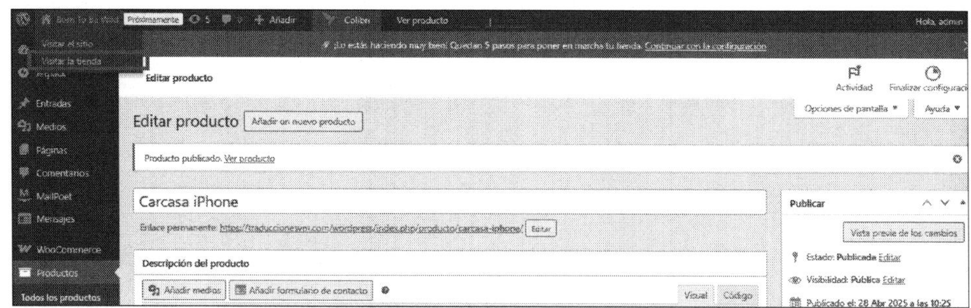

Acceso a la tienda desde su sitio.

La sección de la tienda de su sitio se muestra tal y como la puede ver cualquier visitante. ¡Enhorabuena, el producto se ha añadido correctamente!

La sección Tienda de su sitio

- Haga clic en el subapartado **Tienda**, en el menú de la parte superior.
- Rellene la información básica sobre su tienda (dirección, divisa, etc.).
- Escoja los métodos de pago (PayPal, Stripe, etc.).
- Configure las opciones de envío.

f. Configurar los datos de pago

- Vuelva al **Inicio** de **WooCommerce**, en el panel izquierdo.
- Haga clic en **Recibe los pagos** para activar un método de pago a fin de que los clientes le puedan pagar.

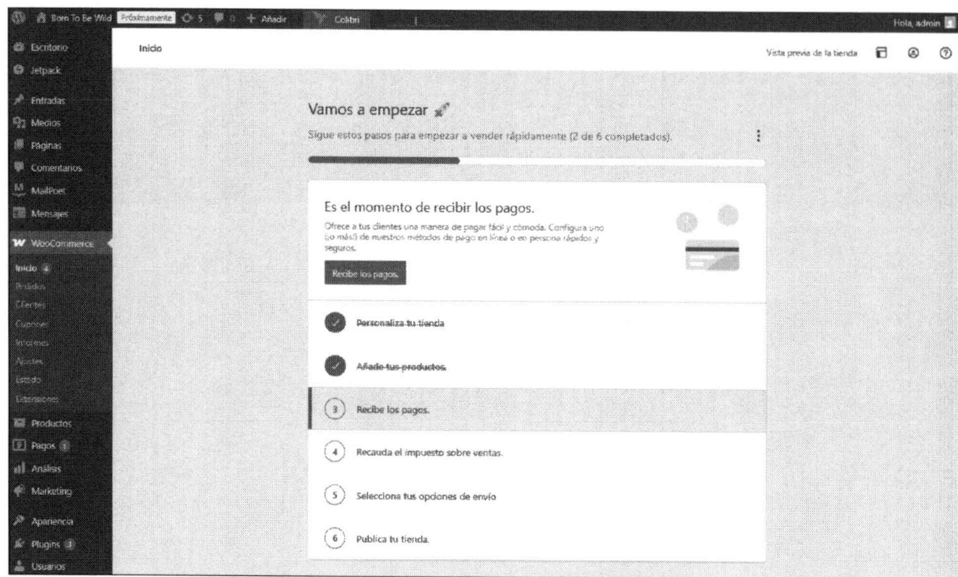

Página de inicio de la gestión de WooCommerce

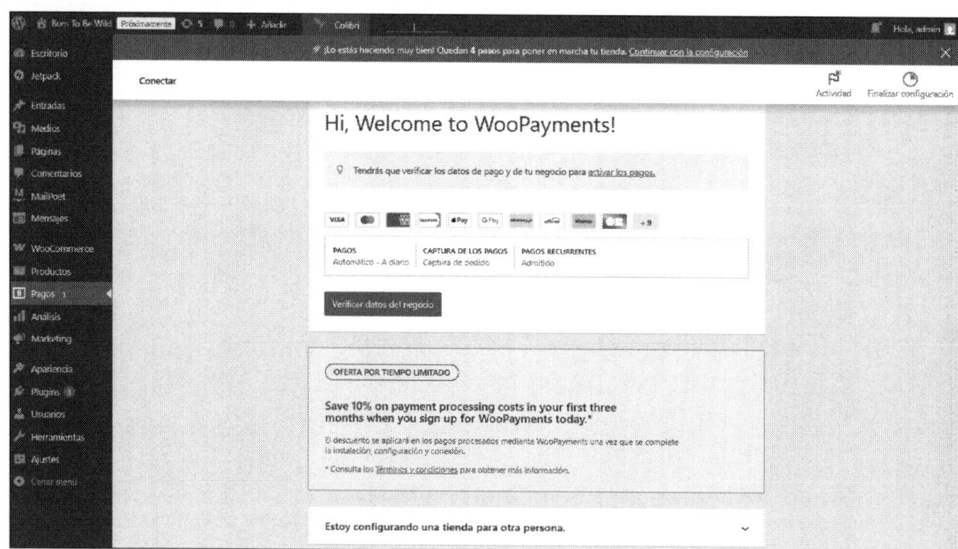

Página de configuración de pagos

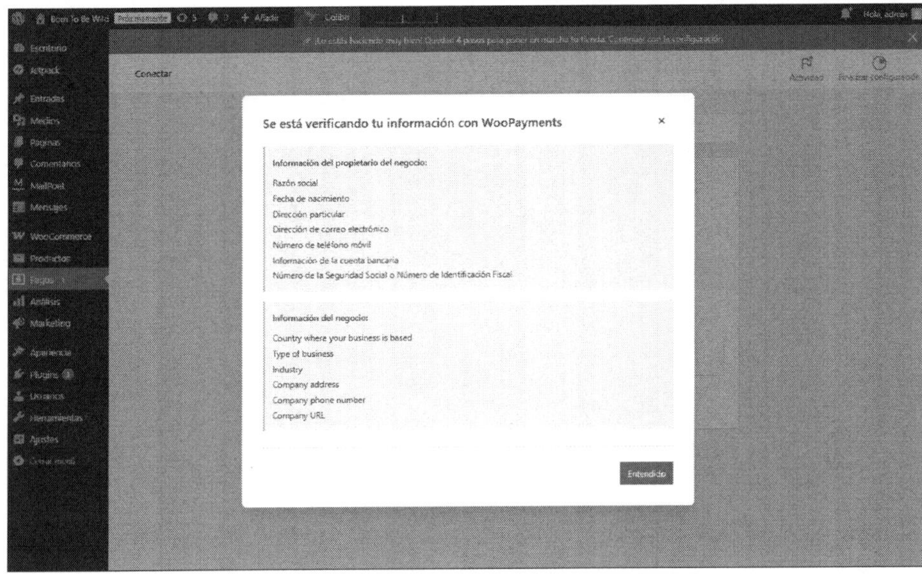

La ventana emergente de configuración de WooPayments

- Rellene los distintos datos financieros y legales de su empresa.

g. Configurar los datos de pago

- Vuelva al **Inicio** de **WooCommerce**, en el panel izquierdo.
- Haga clic en **Recauda el impuesto sobre ventas** y siga el procedimiento.

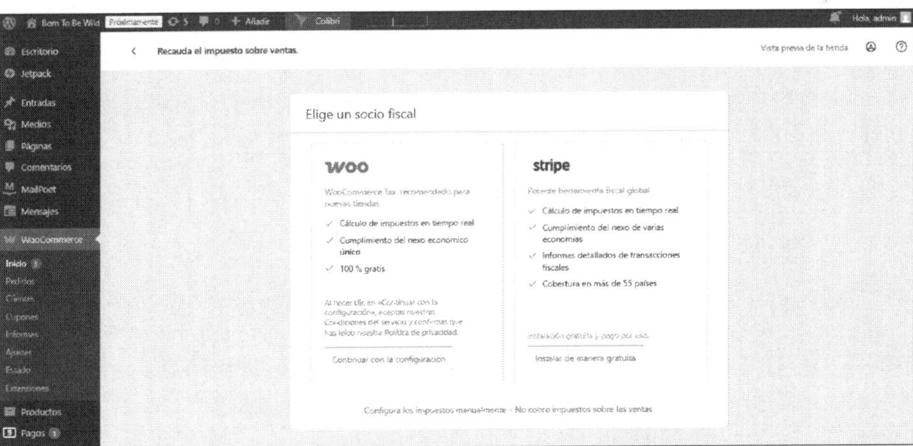

La página de configuración de impuestos

- Vuelva al **Inicio** de **WooCommerce**, en el panel izquierdo.
- Haga clic en **Selecciona tus opciones de envío.**

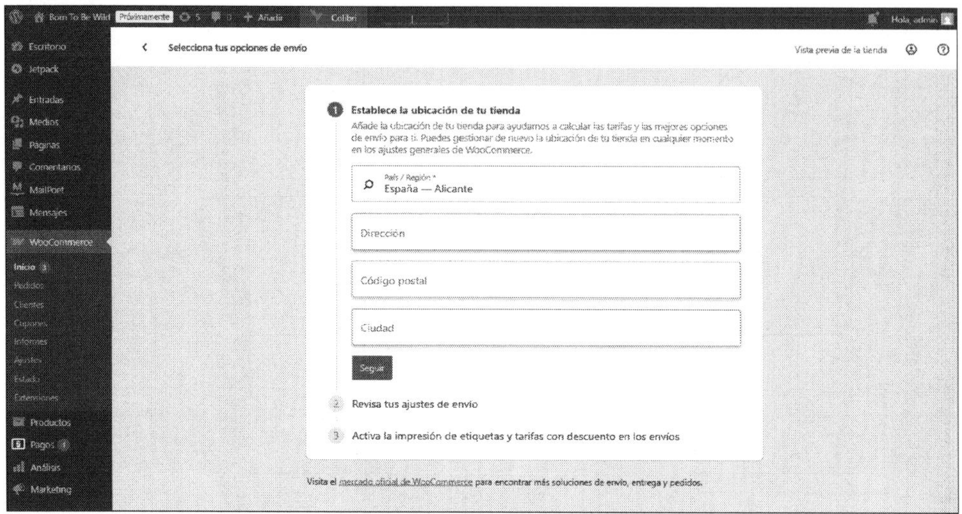

La página de configuración opciones de envío

h. Crear y mostrar las demás páginas esenciales

- Cree una página **Quiénes somos** y una página **Contacto**.
- Configure el menú principal para añadir o eliminar páginas, además de la sección **Tienda.**

La configuración puede variar según el tema seleccionado. Puede hacer clic en los subapartados de la sección **Apariencia**, en el menú de la izquierda.

Siguiendo estos pasos, puede crear una tienda online funcional con WordPress y WooCommerce en una hora. Por supuesto, después puede seguir completándola y optimizándola

C. Preparar el contenido

La preparación del contenido es un paso crucial en la creación de su tienda online. Un contenido de calidad bien estructurado y adaptado a su público objetivo es esencial para atraer, informar y convertir a sus visitantes en clientes. Esta sección le guiará a través del proceso de preparación de los distintos tipos de contenido necesarios para su tienda online.

1. Los textos

a. Identificar los diferentes tipos de textos

Los textos son la materia prima de su tienda online. Cuando un visitante entra en una página de su sitio, es el texto el que debe motivarlo a seguir explorando, hacerle sentir en un entorno en el que puede confiar y, en última instancia, provocarle el deseo de comprar. Es un poco como tener un vendedor virtual que acoge a sus visitantes las 24 horas del día en su página.

Por eso es muy importante cuidar estos textos, tanto desde el punto de vista editorial como de marketing.

Cada texto tiene un objetivo específico, que hay que tener en cuenta en el momento de la redacción.

- Jurídico

Se trata de las condiciones generales de venta, avisos legales, política de privacidad, etc.

El objetivo de estos textos es garantizar que su tienda online cumple la legislación. Y, para sus visitantes, proporcionar un entorno de confianza y transparencia.

- Escaparate (o institucionales)

Se trata de determinados textos de la página de inicio, de las páginas **Quiénes somos**, **Nuestros valores**, etc. El objetivo de estas páginas es informar a los visitantes sobre su empresa, su solidez, sus valores y el tono con el que desea recibir a sus visitantes: serio y formal, amable, original, etc. Estos textos deben ser precisos, concretos y emotivos para que los visitantes deseen comprar en su tienda y no en otra que ofrezca productos similares. Busque el «factor sorpresa» para destacar entre la multitud.

- Ficha de producto

Se trata de descripciones detalladas de cada artículo que vende.

Estas descripciones deben estar escritas en un estilo coherente con el tono que ha establecido en las páginas de escaparate. Y, al mismo tiempo, tienen que ser precisos, responder a las principales preguntas que se hacen los clientes potenciales: tamaño, capacidad, usos, materiales, etc.

Cada tipo de texto tiene sus propios requisitos de estilo, tono y contenido. Es fundamental identificarlos claramente para garantizar una coherencia global de su sitio web.

b. Organizar la redacción de los textos

Una vez identificados los textos, es importante organizar su redacción de forma metódica.

Haga inventario de los textos existentes y los que faltan

Empiece revisando los textos que ya están disponibles. Si cuenta con un sitio web, probablemente ya disponga de algunos textos de avisos legales que puede adaptar, la historia de la empresa, etc. También es posible que ya tenga textos redactados para folletos o incluso correos electrónicos que haya enviado a clientes potenciales. Extraiga los textos que puedan parecerle útiles. Haga una lista con los textos que faltan y los que necesita actualizar.

Identifique las fuentes de información a las que puede recurrir

Determine quién dispone de la información necesaria para cada tipo de texto que vaya a redactar. Puede ser el departamento jurídico para los textos legales, el servicio de marketing para las páginas sobre la marca, etc.

Distribuya las tareas de redacción

Para organizar la preparación de los textos, es importante asignar la redacción o la corrección de textos a las personas idóneas. Si no dispone de recursos internos adecuados, puede recurrir a recursos externos: por ejemplo, un redactor freelance. La redacción de los textos puede asignarse a una sola persona (y en las pymes suele ser el emprendedor mismo el que se encarga...) o puede dividirla entre diferentes personas.

Ahora es posible utilizar una herramienta de inteligencia artificial generativa, como ChatGPT, para ayudarle a preparar los textos. Pero cuidado: pueden colarse muchos errores tanto en la forma como en el contenido de los textos generados. Además, debe adaptar los textos generados para que coincidan con su tono y estilo. Una herramienta de IA debería ser, en el mejor de los casos, un asistente para ayudarle a preparar textos simples, como fichas de productos, o para releer los textos que ha preparado y comprobar tanto la ortografía como la coherencia.

Domine los prompts para utilizar bien ChatGPT

Utilice prompts lo más precisos posible, explicando a ChatGPT cuál es su empresa, el público objetivo al que desea atraer, el tono que quiere emplear para sus textos, el nivel de precisión esperado en sus textos, etc. No dude en proporcionarle una muestra de texto; por ejemplo, dos o tres fichas de productos que haya redactado usted, para pedirle que escriba otras diez fichas de productos partiendo del mismo modelo.

Estos son algunos ejemplos de prompts para una crema de afeitar:

«Estas son las características de nuestra crema de afeitar: [...]. Escribe la descripción para la ficha del producto de nuestra tienda en un tono amistoso y desenfadado, como si hablaras a un amigo».

«Con las características de nuestra crema de afeitar siguientes: [...], escribe una descripción del producto con un tono formal y profesional, adaptado a un público del mundo de los negocios».

«A partir de la información sobre nuestra crema de afeitar: [...], crea una descripción del producto con un estilo humorístico y ligero, que incluya algunos juegos de palabras».

«Redacta una descripción de nuestra crema de afeitar en un estilo poético y elegante, centrándote en la experiencia sensorial. Incluye estas características: [...]».

«Escribe una ficha de producto para nuestra crema de afeitar en un estilo minimalista y directo, yendo directo al grano, sin florituras, basándote en estas características: [...]».

«Redacta una descripción de nuestra crema de afeitar con un tono lujoso y de alta gama, dirigida a una clientela exigente y refinada. Ten en cuenta esta información: [...]».

«Crea una ficha de producto de nuestra crema de afeitar en un estilo responsable y comprometido con el medioambiente, destacando los aspectos sostenibles y éticos del producto. Esta es la información clave: [...]».

«Escribe una ficha de producto de nuestra crema de afeitar cuyos ingredientes son: [...] en un estilo vintage y nostálgico, como si se tratara de un producto comercializado en los años 1950».

c. Recomendaciones para cada caso práctico

El comerciante de decoración ya tiene algunos textos de su página web y de los diferentes catálogos en papel que imprime cada año. Va a repartirse la redacción de los textos que le faltan entre él y un estudiante en prácticas que se incorpora a la empresa en verano. Confía al becario la redacción de las fichas de productos. Él se ocupará de los textos del escaparate y de los legales.

La diseñadora de bolsos decide recurrir a la ayuda de un freelance para las páginas más importantes: página de inicio, presentación de la marca y presentación de las principales colecciones. Ella se encargará de finalizar los demás textos. Para los textos legales, comprará plantillas para personalizar en un sitio web jurídico.

El empresario del bricolaje trabajará en sinergia con su departamento jurídico y su responsable de marketing. Revisará los principales textos para aprobarlos.

2. Los elementos visuales

a. Identificar los diferentes tipos de elementos visuales

Fotos de productos 2D/3D

Según el tipo de productos que planee vender y los medios de que disponga, puede considerar diferentes tipos de fotos de sus productos.

Fotos en 2D:

- Fotos sobre fondo blanco para mostrar claramente los detalles del producto.
- Fotos de situación para mostrar el producto en su contexto de uso.
- Fotos de detalles para destacar características específicas del producto.

Fotos en 3D:

- Vistas de 360° para que los clientes puedan ver el producto desde todos los ángulos.
- Modelos 3D interactivos para ofrecer una experiencia inmersiva e interactiva y que los clientes puedan imaginar cómo podrían utilizar el producto.
- Ilustraciones

También puede considerar la posibilidad de utilizar ilustraciones. Estas pueden representar sus productos, algo especialmente útil si ofrece productos en preventa y aún no tiene los productos para fotografiar; o infografías que expliquen las características de los productos. Y, por supuesto, puede utilizar ilustraciones para reforzar la identidad visual de su marca.

Vídeos

Integrar vídeos en una tienda online otorga hoy en día una verdadera ventaja si quiere destacar entre la multitud. Puede utilizar vídeos con distintos fines y en diferentes formatos:

- Vídeos de presentación de un producto para mostrarlo en acción.
- Tutoriales de uso que explican cómo utilizar un producto.
- Testimonios de clientes para aumentar la confianza de los posibles compradores.
- Vídeos de marca que presenten y destaquen la historia de su empresa, su equipo, sus procesos de fabricación o de abastecimiento, sus valores, etc.

b. Organizar el trabajo iconográfico

Inventario de las imágenes existentes y las que debe crear

Empiece por hacer una auditoría completa de los elementos visuales de los que ya dispone. Enumere las fotos, las ilustraciones y los vídeos existentes y evalúe su calidad y relevancia para su tienda online.

A partir de este inventario, identifique los elementos visuales que faltan enumerando los productos que requieren fotos, ilustraciones o vídeos.

Después, determine qué otras fotos, ilustraciones o vídeos son necesarias para las páginas de contenido, especialmente para las páginas de presentación de su marca. Anote lo que tiene y lo que le falta.

A continuación, dé prioridad al trabajo necesario para completar sus elementos visuales, empezando por los que son esenciales para el lanzamiento de su sitio, y planificando eventualmente la creación de los elementos visuales secundarios o estacionales en una segunda etapa.

Las diferentes soluciones iconográficas

Fotógrafo profesional

La elección de un fotógrafo profesional puede ser la solución ideal para obtener fotos de alta calidad de los productos y sesiones fotográficas de marca si quiere destacar la calidad de los detalles de sus productos. Un encaje, un bordado, un material innovador, un detalle técnico o de diseño...

Las ventajas de esta solución son la calidad profesional y la coherencia visual que tendrá su tienda online. Los inconvenientes son, obviamente, el coste relativamente elevado y los plazos de entrega potencialmente largos.

Banco de fotos propias

Una solución más económica consiste en producir sus propias fotos. Sin embargo, necesitará el equipo adecuado y los conocimientos precisos para hacer fotos con una buena luz, en la posición correcta, etc., que muestren los productos de la mejor manera posible.

Banco de imágenes externas

Para determinados tipos de productos muy genéricos y, sobre todo, para ilustrar páginas de contenidos más generales, puede plantearse utilizar bancos de imágenes externas. Algunos son gratuitos, otros permiten comprar fotografías individualmente y otros requieren una suscripción mensual.

Estos son algunos ejemplos de bancos de imágenes:

- https://www.pexels.com/es-es/
- https://www.freepik.es
- https://www.shutterstock.com/es/
- https://stock.adobe.com/es

Es una solución rápida que ofrece una amplia gama de opciones, pero que carece de autenticidad.

Ilustrador profesional

Si decide utilizar ilustraciones en su sitio web, puede que necesite recurrir a los servicios de un ilustrador profesional al que podrá explicar la identidad de su marca, los valores que desea transmitir y el estilo gráfico que quiere para sus ilustraciones. El ilustrador creará ilustraciones de gran calidad perfectamente adaptadas a su tienda online y que le diferenciarán de la competencia.

Puede encontrar un ilustrador en plataformas de freelances, como estas dos:

- Malt: https://www.malt.es/
- Fiverr: https://es.fiverr.com/

Herramientas de modelado 3D y mockups

Por último, puede crear reproducciones 3D de sus productos para obtener vistas de 360° o configuraciones personalizadas. Es una solución que merece la pena tener en cuenta para crear elementos visuales antes de la producción. Pero requiere competencias específicas y una inversión inicial importante.

Entre las herramientas de modelado 3D utilizadas habitualmente por los comerciantes electrónicos, se encuentran Maya y Blender.

Maya es un software de modelado 3D profesional desarrollado por Autodesk, empresa que produce una de las herramientas más potentes y versátiles del sector.

Permite el modelado avanzado para crear objetos y personajes en 3D complejos y detallados. Va más allá del simple modelado, ya que permite realizar animaciones para dar vida a personajes realistas o estilizados; aplicar efectos visuales y simulaciones, desde explosiones hasta tormentas de nieve, con un procesamiento realista y de alta calidad.

Maya: https://www.autodesk.com/es/products/maya/overview

Blender es un software de modelado 3D gratuito y de código abierto, que ofrece una alternativa potente y accesible a las herramientas profesionales de pago. Desarrollado por la Fundación Blender, ofrece un completo conjunto de herramientas para la creación en 3D que rivaliza con los softwares comerciales de gama alta.

Blender permite un modelado versátil, apto tanto para principiantes como para profesionales, para crear objetos, personajes y entornos en 3D complejos. Más allá del modelado, Blender ofrece herramientas avanzadas de animación para dar vida a sus creaciones, desde personajes articulados hasta animaciones procedimentales. También incluye potentes funciones para efectos visuales y simulaciones físicas que permiten crear fluidos realistas, incluidas las simulaciones de tejidos. Su motor ofrece capacidades de renderizado de alta calidad, produciendo imágenes fotorrealistas o estilizadas según sus necesidades. Si bien Blender está desarrollado por una fundación, gracias a su comunidad activa y a sus frecuentes actualizaciones, evoluciona constantemente y se mantiene a la vanguardia de la tecnología 3D.

Por el momento, no parece haber versión en español.

Blender: https://www.blender.org/

Además de Blender y Maya, también existe FreeCAD. FreeCAD es un software de modelado 3D open source y gratuito, que ofrece funciones profesionales para el diseño de objetos del mundo real. Destaca por su enfoque paramétrico, que permite a los usuarios crear modelos 3D complejos y precisos cuyas formas están controladas por parámetros que pueden modificarse en cualquier momento.

FreeCAD va más allá del simple modelado y ofrece herramientas para la ingeniería mecánica, la arquitectura y la fabricación. Puede generar dibujos técnicos 2D a partir de modelos 3D, realizar análisis de elementos acabados e, incluso, crear y animar ensamblajes complejos.

Aunque gratuito, FreeCAD rivaliza con los softwares comerciales en términos de precisión y funcionalidad, por lo que resulta adecuado tanto para aficionados como para profesionales de diversos ámbitos de la ingeniería y del diseño.

https://www.freecad.org

SketchUp es un software de modelado 3D intuitivo y muy utilizado en los ámbitos de la arquitectura, interiorismo y diseño de productos. Gracias a una interfaz fácil de usar y a su rápida curva de aprendizaje, permite a los usuarios crear fácilmente modelos 3D complejos a partir de formas geométricas sencillas.

SketchUp se distingue por su amplia biblioteca de modelos prediseñados, conocida como 3D Warehouse, que facilita el acceso a una multitud de objetos y de elementos para enriquecer los proyectos. Además de sus herramientas de dibujo y de edición, SketchUp ofrece funciones avanzadas para la creación de presentaciones en 2D y compatibilidad con diferentes plugins.

https://www.sketchup.com/es

Sketchfab es una plataforma en línea líder en la visualización de modelos 3D dinámicos directamente en los navegadores, sin necesidad de plugins.

Los usuarios pueden explorar una amplia biblioteca de modelos, desde personajes hasta paisajes, mientras se benefician de un visor personalizable. Sketchfab también propone un editor 3D integrado, que permite a los usuarios ajustar la iluminación, los materiales y la configuración de la cámara para perfeccionar sus creaciones.

La plataforma facilita la publicación de modelos en línea gracias a plugins de exportación para diversos programas de creación en 3D. Con opciones gratuitas y de pago, Sketchfab se dirige a todo el mundo, desde artistas aficionados hasta profesionales, ofreciendo una experiencia inmersiva e interactiva para descubrir y compartir obras en 3D.

https://sketchfab.com (solo en inglés)

Además de los programas clásicos de modelado 3D, como los mencionados anteriormente, la aparición de herramientas de IA dedicadas al modelado 3D está simplificando el acceso a estas funciones. Veamos como ejemplo el caso de la plataforma Omi.

Omi es una plataforma francesa que permite generar modelos 3D a partir de imágenes 2D y producir creaciones audiovisuales a partir de los modelos 3D generados. Hace más accesible a los no especialistas la creación de modelos 3D. Omi transforma sus fotos de productos en modelos 3D manipulables, ofreciendo una experiencia visual a sus clientes más rica.

Para el comercio electrónico, Omi ha desarrollado varios servicios específicos. Puede utilizar esta herramienta para generar packshots, series de fotos de productos y banners en pocos minutos; mantener una identidad de marca coherente con modelos personalizables y directrices de estilo, y crear fácilmente elementos visuales localizados para diversos mercados, con elementos culturales y detalles específicos de la región para que conecten con el público local.

Acceder a Omi: https://omi.so/

Para los que buscan una solución aún más sencilla para mostrar sus productos sin necesidad de pasar por costosas sesiones fotográficas, las herramientas de mockups ofrecen una alternativa interesante.

Plataformas como **Placeit** o **Pacdora** ofrecen plantillas listas para usar, en las que basta con que inserte sus diseños o logotipos en productos virtuales. Este método no requiere conocimientos en 3D y permite crear rápidamente imágenes profesionales para sus productos, ya sean camisetas, envases o incluso dispositivos electrónicos.

Pacdora: https://www.pacdora.com/es/tools/mockup-generator

Placeit: https://placeit.net/c/mockups

También le aconsejo que pruebe Claid, la herramienta de IA dedicada a las fotos de productos para el e-commerce, que crea fotos de contexto en pocos clics: https://claid.ai/

La utilización de estas herramientas puede mejorar enormemente la presentación de sus productos, ofreciendo a los clientes una mejor visión y comprensión de su oferta, a la vez que reduce el coste y el tiempo necesario para producir contenido visual de calidad.

Si busca una herramienta fácil de usar, económica y que le dé acceso a un banco de imágenes externas, a herramientas para generar y optimizar imágenes mediante IA y a herramientas para presentar productos con mockups, le sugiero que pruebe Canva:

https://www.canva.com/

Recursos con IA (inteligencia artificial)

Una cuarta opción es utilizar herramientas de IA generativa para crear algunos de sus elementos visuales. Esta solución tiene una serie de ventajas, como la rapidez y el bajo coste, al tiempo que le permite la personalización. Por otro lado, requiere ciertos conocimientos en la redacción de prompts para poder dirigir correctamente las herramientas de IA y obtener los resultados deseados. También es fundamental asegurarse de que las herramientas empleadas respetan los derechos de autor.

Las dos herramientas de IA generativa más conocidas para la creación de imágenes son DALL-E y Midjourney.

- DALL-E: https://openai.com/index/dall-e-2/
- Midjourney: https://www.midjourney.com/home

Pero ahora existe una multitud de herramientas de IA. Para elegir su herramienta de IA generativa, debe tener en cuenta su coste y también sus conocimientos y el estilo de las imágenes que espera de la IA.

Algunas herramientas son muy fáciles de usar, pero la calidad de las imágenes generadas es a veces bastante irregular, mientras que otras permiten generar imágenes de casi cualquier cosa que imagine, aunque su funcionamiento es mucho menos intuitivo y requieren un mayor aprendizaje.

Cuatro herramientas de IA generativa muy sencillas de utilizar:

- Ideogram: https://ideogram.ai/login
- NightCafe: https://creator.nightcafe.studio/
- Freepik AI: https://www.freepik.com/ai/image-generator/
- MyEdit: https://myedit.online/es/business

Por último, puede que necesite utilizar una herramienta de IA para clasificar sus fotos más rápidamente, sobre todo si tiene cientos o incluso miles de imágenes de productos por clasificar, así como para mejorar la calidad de las fotos existentes.

Pero las herramientas de IA ofrecen mucho más que la creación de nuevas imágenes. Puede utilizarlas para optimizar las fotos existentes o aumentar su productividad. Estos son algunos de los usos más interesantes para el comercio electrónico:

Aumento de la resolución de las imágenes existentes

Una herramienta de IA como **Topaz Giga pixel AI** puede ayudarle a mejorar considerablemente la calidad de sus fotos, haciéndolas más nítidas y detalladas, incluso si las imágenes originales tienen baja resolución. Con esta tecnología, puede transformar fotos borrosas en imágenes nítidas, listas para imprimir o compartir en alta definición.

Reencuadre automático

La inteligencia artificial, a través de herramientas como **Composition AI** de Luminar Neo, puede ayudarle a ajustar fácilmente el encuadre de sus fotos para mostrar mejor sus productos o para adaptar sus imágenes a diferentes formatos de plataforma. En un clic, la IA analiza su imagen y le sugiere el mejor encuadre posible, ahorrándole un tiempo precioso en su proceso creativo.

Cambio de fondo

Puede que necesite utilizar una herramienta de IA para sustituir un fondo poco atractivo de una foto de sus productos por otro más bonito o más acorde con su identidad visual. Herramientas como **Portrait Background Removal AI** de Luminar Neo pueden eliminar automáticamente el fondo de sus fotos para que añada luego el fondo que usted elija.

Sustitución de objetos

Con las herramientas de IA también puede modificar elementos específicos de sus fotos para actualizar el aspecto visual sin tener que volver a realizar una sesión de fotos completa. Por ejemplo, **Remove Powerlines AI** de Luminar Neo puede eliminar automáticamente los cables eléctricos del cielo de sus paisajes urbanos, mejorando notablemente la estética de sus tomas.

Clasificación de las imágenes

Si tiene un gran número de productos, puede que se encuentre con cientos o incluso miles de fotos por procesar y clasificar. La inteligencia artificial puede ayudarle a organizar y clasificar más rápidamente todas esas fotos de productos, facilitando la gestión de su biblioteca de imágenes. Es el caso, por ejemplo, de herramientas como **Aftershoot**, que puede identificar automáticamente las mejores fotos, agrupar las duplicadas e incluso sugerir cambios basados en su estilo de edición habitual, haciendo que su flujo de trabajo fotográfico sea mucho más eficaz.

c. Recomendaciones para cada caso práctico

El comerciante de decoración debe sacar partido de su tienda física, utilizando fotos tanto del local como de sus productos en contexto para crear una continuidad entre la experiencia online y la de la tienda física. Para completar las fotos de sus proveedores y las suyas propias en su tienda, utiliza herramientas de IA y mockups de Canva y de Placelt.

La diseñadora de bolsos debería invertir en un fotógrafo profesional para obtener fotos y vídeos de alta calidad que reflejen el mundo de su marca, así como de imágenes que muestren los entresijos de la fabricación de sus productos para reforzar su valor percibido. Además de estas de fotos profesionales que le ayudarán a consolidar su marca, puede utilizar numerosas herramientas gratuitas de Canva.

Por último, el empresario del bricolaje, que sin duda tiene acceso a bancos de imágenes proporcionados por los distintos proveedores, debería invertir en otros tipos de elementos visuales para diferenciarse de la competencia, especialmente en tutoriales en vídeo o infografías que presenten las características de los principales productos.

D. Implementar el pago en línea

1. El funcionamiento de las soluciones de pago en línea

a. ¿Qué es una solución de pago en línea?

Una **solución de pago en línea** es un servicio que permite a los comerciantes electrónicos aceptar pagos electrónicos en su tienda online. Actúa como intermediario entre el cliente, el comerciante y las entidades financieras que intervienen en la transacción.

Estas soluciones suelen ofrecer:

- Transacciones seguras.
- Gestión de diferentes medios de pago (tarjeta bancaria, transferencia, etc.).
- Fácil integración en las tiendas online.
- Herramientas de gestión y seguimiento de las transacciones.

b. ¿Qué es una pasarela de pago?

Una **pasarela de pago** (*payment gateway*) es el componente esencial de una solución de pago en línea. Actúa como una pasarela informática entre la tienda online y las redes bancarias, garantizando la transmisión segura de los datos de pago.

Sus principales funciones son:

- Encriptar los datos sensibles.
- Autenticar las transacciones.
- Transmitir la información a los bancos.
- Recibir y comunicar la autorización o el rechazo del pago.

c. ¿Qué es un terminal virtual?

Un **terminal virtual** es el equivalente digital del terminal de pago físico que encontramos en las tiendas. Es ideal para la facturación desde el móvil o para cobrar un pedido hecho por teléfono, y también como solución de reserva en caso de problemas técnicos. En la práctica, es una interfaz en línea que permite a los comerciantes electrónicos:

- Introducir manualmente los datos de pago.
- Gestionar las transacciones (reembolsos, cancelaciones).
- Consultar el historial de transacciones.
- Generar informes.

d. Las diferencias entre las soluciones disponibles en el mercado

Hay varios criterios que deben tenerse en cuenta para comparar las distintas soluciones de pago online: los más importantes son los siguientes:

- Cobertura geográfica: ¿la solución de pago online que está estudiando permite vender en el extranjero? ¿O solo en uno o varios mercados específicos?
- Métodos de pago aceptados: ¿acepta la solución diferentes métodos de pago, además de las tarjetas bancarias clásicas, como las transferencias, monederos electrónicos, etc.?
- Comisiones: ¿cuáles son los diferentes tipos de comisiones facturadas? ¿Comisiones fijas, porcentajes, suscripciones...?
- Integración técnica: ¿la solución es sencilla y rápida de integrar? ¿O requiere acudir a un desarrollador experimentado y planificar su implantación en unos días o incluso semanas?
- Funciones adicionales: ¿la solución ofrece herramientas antifraude avanzadas? ¿O se limita a la simplicidad y las funciones estándar?
- Atención al cliente: ¿es fácil ponerse en contacto con el servicio técnico? ¿Son pertinentes las respuestas proporcionadas?

- Plazos de pago: ¿cuánto tardan en transferirse a su cuenta bancaria los fondos recibidos por la solución escogida? A veces, puede activar las transferencias cuando usted lo desee, como en el caso de PayPal. Otras veces, las transferencias son automáticas cada 2 o 3 días, o cada semana, etc. Para su flujo de caja, es importante tener en cuenta este aspecto.

Considere estos criterios en función de las necesidades específicas de su tienda online, su público objetivo y sus planes de crecimiento para comparar y elegir su solución de pago.

2. Las principales soluciones de pago online

a. Las soluciones digitales

PayPal

Fundada en 1998 y adquirida por eBay en 2002, la solución **PayPal** revolucionó los pagos online al permitir a los usuarios realizar transacciones seguras sin compartir su información financiera con los vendedores. La empresa popularizó rápidamente la idea de un monedero electrónico vinculado a una dirección de correo electrónico.

Paypal ofrece protección al comprador para las transacciones válidas y propone PayPal Credit, una solución de crédito para las compras online. La plataforma también permite los pagos internacionales en muchas divisas. Su reputación mundial, su amplia base de usuarios y su interfaz fácil de usar la convierten en una solución ideal tanto para los compradores como para los vendedores. Pero las tarifas de transacción de PayPal son relativamente elevadas con respecto a otros competidores. Además, algunos usuarios han informado de que sus cuentas a veces se bloquean arbitrariamente o temen verse obligados a crear una cuenta PayPal para pagar con tarjeta bancaria a través de esta plataforma.

PAYPAL: https://www.paypal.com/es

Stripe

Stripe es una solución más reciente, creada en 2010 por los hermanos irlandeses Patrick y John Collison. Esta solución se impuso rápidamente como una alternativa innovadora de pago en línea, incluso frente al «coloso» PayPal. La empresa ha revolucionado el sector al proponer una API extremadamente flexible y fácil de integrar que permite a los desarrolladores crear sistemas de pago personalizados con solo unas líneas de código.

Stripe ofrece una completa gama de herramientas para gestionar los pagos en línea, incluida la gestión de suscripciones en línea, la detección avanzada de fraudes y la compatibilidad con numerosas divisas internacionales. La plataforma se distingue por su capacidad de adaptarse tanto a las pequeñas start-ups como a las grandes empresas, gracias a unas tarifas transparentes y escalables.

La interfaz de programación (API) tan flexible de Stripe y su excelente documentación técnica la convierten en la opción preferida de las empresas con grandes necesidades de personalización. La solución admite numerosas divisas y ofrece herramientas avanzadas antifraude que la hacen especialmente atractiva para las empresas que operan a escala internacional.

Sin embargo, Stripe puede requerir conocimientos técnicos más avanzados para una integración óptima, lo que puede suponer un freno para las pequeñas empresas sin recursos técnicos internos. Además, aunque las tarifas de Stripe suelen ser competitivas, pueden resultar más caras para las empresas que gestionan volúmenes pequeños de transacciones.

STRIPE: https://stripe.com/es

HiPay

Fundada en 2011 en París y lanzada comercialmente en 2013, **HiPay** se ha posicionado como una solución de pago europea innovadora. La empresa se ha distinguido por ofrecer una plataforma de pago completa, especialmente diseñada para responder a las necesidades específicas del mercado europeo, con una atención particular a los medios de pago locales y a las normativas en vigor.

Una de las características de HiPay es que está interconectada con cientos de socios europeos de comercio electrónico, en todos los niveles del ecosistema del comercio electrónico: agencias web, pagos en tiendas, marketplaces, CMS, ERP, etc. Ya se trate de su CMS, su software de caja o de sus responsables de mantenimiento, se beneficiará de una integración simplificada y adaptada a sus necesidades.

Uno de los puntos fuertes de HiPay reside en sus herramientas de análisis de datos y de fidelización del cliente. La solución ofrece funciones avanzadas para que los comerciantes puedan optimizar sus conversiones y comprender mejor el comportamiento de sus clientes. Además, HiPay ofrece una buena cobertura de los métodos de pago locales, lo que resulta especialmente ventajoso para las empresas que operan en varios países europeos.

Sin embargo, HiPay puede ser menos conocido internacionalmente que algunos de sus competidores, lo que puede suponer un inconveniente para las empresas que pretendan expandirse a nivel mundial. Además, algunos usuarios han señalado que la interfaz de usuario podría ser más intuitiva, sobre todo para las pequeñas empresas sin conocimientos técnicos.

HIPAY: https://hipay.com/

PayZen

Diseñada en 2009 por la empresa francesa Lyra, **PayZen** se ha posicionado como una solución de e-commerce y pagos en línea particularmente adaptada a las necesidades de los comerciantes electrónicos europeos. La empresa se ha distinguido por ofrecer una plataforma de pago seguro y fácil de integrar prestando una atención especial a la facilidad de uso y a la atención al cliente.

PayZen ofrece una gama completa de servicios de pago, incluyendo tarjetas bancarias, transferencias SEPA, monederos electrónicos y pagos a plazos. La plataforma destaca por su flexibilidad, que permite a los comerciantes personalizar la experiencia de pago según sus necesidades específicas.

Uno de los puntos fuertes de PayZen es su sencilla interfaz y su buena atención al cliente en diversas lenguas. La solución también ofrece una opción de pago a plazos, lo que puede ser una gran ventaja para algunos comerciantes electrónicos. Además, PayZen cumple con las normas de seguridad de PCI DSS y ofrece herramientas antifraude para proteger las transacciones.

Sin embargo, PayZen puede ofrecer menos funciones avanzadas que determinados competidores internacionales, lo que puede ser una desventaja para las empresas con necesidades muy específicas o que quieren expandirse internacionalmente con rapidez. Además, aunque la solución es sólida, puede percibirse como menos innovadora que otras empresas emergentes del sector de los pagos en línea.

PayZen: https://payzen.io/es-ES/

Mollie

Fundada en 2004 en los Países Bajos, **Mollie** se ha consolidado en veinte años como una solución de pago innovadora y accesible para el mercado europeo. La empresa se ha desmarcado al ofrecer una plataforma fácil de usar, con una integración rápida y una tarificación transparente, especialmente adaptada a las pequeñas y medianas empresas.

Mollie también ofrece una amplia gama de métodos de pago populares en Europa, desde tarjetas de crédito y transferencias bancarias hasta PayPal y opciones de pago locales, como iDEAL en los Países Bajos o Giropay en Alemania. La plataforma destaca por su flexibilidad, que permite a los comerciantes añadir o retirar fácilmente métodos de pago según sus necesidades.

Uno de los puntos fuertes de Mollie es su interfaz de usuario intuitiva y su proceso de integración simplificado. Al igual que otras soluciones, como las soluciones líderes del mercado PayPal o Stripe, Mollie no cobra una cuota mensual, sino una comisión por las transacciones. Esto la hace especialmente atractiva para las pequeñas empresas o las startups.

Sin embargo, Mollie puede ofrecer menos métodos de pago que ciertos competidores internacionales, lo que puede resultar un inconveniente para las empresas que aspiran a una rápida expansión mundial.

Mollie: https://www.mollie.com/es

Adyen

Fundada en 2006 en los Países Bajos, **Adyen** se ha establecido rápidamente como una solución de pago innovadora y completa para las empresas de todos los tamaños. La empresa se ha desmarcado al ofrecer una plataforma unificada capaz de gestionar los pagos en línea, desde móviles y en puntos de venta, con una cobertura mundial excepcional.

Adyen ofrece una amplia gama de servicios de pago, que incluyen la adquisición, el procesamiento, la gestión de riesgos y el análisis de datos. La plataforma se distingue por su capacidad para tratar una gran variedad de métodos de pago internacionales y locales, lo que la convierte en la opción preferida de las empresas con presencia mundial o que buscan expandirse rápidamente a nuevos mercados.

Uno de los puntos fuertes de Adyen reside en sus avanzadas herramientas de optimización de las tasas de autorización y antifraude. La solución también ofrece sofisticadas funciones de análisis de datos, lo que permite a los comerciantes obtener una información valiosa sobre sus transacciones y el comportamiento de sus clientes.

Sin embargo, la implantación de Adyen puede resultar compleja para las empresas más pequeñas. Además, aunque la solución es muy completa, puede resultar rápidamente más cara que algunas alternativas para las pequeñas empresas que manejan bajos volúmenes de transacciones.

Adyen: https://www.adyen.com/es_ES

Payplug

Fundada en 2012 en París, **Payplug** es una solución de pago en línea innovadora, especialmente diseñada para satisfacer las necesidades de las pymes y los comerciantes electrónicos europeos. La empresa se ha distinguido por ofrecer una plataforma fácil de usar, segura y adaptada a las especificidades del mercado francés y europeo.

Payplug ofrece, evidentemente, una gama completa de servicios de pago, incluida la aceptación de tarjetas bancarias, pagos a plazos y transferencias SEPA. La plataforma se distingue por su facilidad de integración, ya sea mediante módulos para las principales soluciones de comercio electrónico o mediante una API flexible para desarrollos a medida.

Uno de los puntos fuertes de Payplug es su interfaz moderna e intuitiva, así como su excelente servicio de atención al cliente en varias lenguas. La solución también ofrece un seguro contra impagos, lo que resulta especialmente tranquilizador para las pequeñas y medianas empresas. Por último, Payplug propone herramientas de análisis e informes detallados para que los comerciantes puedan optimizar sus ventas.

Sin embargo, Payplug puede ser menos adecuado para grandes volúmenes de transacciones que otros competidores internacionales, lo que puede suponer un inconveniente para las grades empresa o las de rápido crecimiento. Y, en general, la solución Payplug ofrece menos opciones para los pagos internacionales fuera de Europa que otras alternativas.

Payplug: https://www.payplug.com/

b. Las soluciones digitales de los bancos españoles

Los bancos tradicionales también ofrecen a sus clientes de comercio electrónico soluciones de pago online. Si prefiere utilizar la solución de un banco español, por supuesto puede empezar por ponerse en contacto con su banco habitual, en el que tiene la cuenta principal de su empresa, o puede recurrir a la competencia y solicitar presupuestos a otros bancos.

Entre las soluciones de pago online más conocidas de los bancos españoles, tenemos las de BBVA, Revolut, Wise, ING, N26, Bankinter, Openbank, CaixaBank, Banco Sabadell, EVO Banco, entre otros.

Estas soluciones suelen ofrecer un alto nivel de seguridad, incluido el protocolo 3D Secure, y aceptan las principales tarjetas de crédito, así como, a veces, otros métodos de pago, como Paylib o PayPal.

Las soluciones que ofrecen los bancos tienen ventajas e inconvenientes.

En general, la principal ventaja es que ofrecen comisiones por transacción más bajas que otras soluciones de pago online. Pero el inconveniente es que suelen tener costes de instalación y una suscripción mensual. Para las pequeñas empresas que no prevén un gran volumen de ventas online, o que aún tienen un volumen de negocios online modesto, esta solución no suele ser la más ventajosa.

Además, algunas soluciones internas ofrecidas por los bancos son más complejas y, por tanto, tardan más en integrarse. Averigüe si la solución de su banco es compatible con las distintas plataformas de creación de tiendas online. Y póngase en contacto con su webmaster, si fuera necesario, para asegurarse de que la integración de la solución de su banco no le supondrá gastos de desarrollo adicionales.

Asegúrese también de que la solución que va a integrar en su sitio le permite:

- Personalizar gráficamente la página de compra, para garantizar una experiencia lo más fluida posible a sus clientes (y evitar el abandono de la cesta).
- La posibilidad de crear un código bancario personalizable.
- Acceder a un back-office de gestión de pagos para tener un acceso completo a todas sus transacciones, a herramientas de estadísticas y de informes, así como a una herramienta de conciliación financiera. Se trata de una opción indispensable para que el seguimiento de sus operaciones contables no se convierta en una pesadilla.

Por último, antes de elegir una de estas soluciones, infórmese de los posibles gastos ocultos, como la facturación mínima, cobro por operaciones no finalizadas, opciones de pago, etc.

E. Integrar una solución de analítica

1. ¿Qué es una solución de analítica?

Una solución de analítica es una herramienta de software diseñada para recopilar, medir, analizar y visualizar los datos relativos al tráfico y al comportamiento de los usuarios de un sitio web o de una aplicación móvil. Las soluciones de analítica permiten a los propietarios de sitios web y a los responsables de marketing comprender cómo interactúan los visitantes con la plataforma online.

En términos sencillos, simplemente se trata de una herramienta que le proporciona información sobre las «estadísticas» de visita de su tienda online.

Pero este tipo de herramienta es mucho más potente de lo que parece. No solo le da información sobre el número de visitantes de su sitio, sino también sobre muchos otros datos: tiempo de permanencia en una página, origen de los visitantes, tasa de nuevos visitantes, etc.

Esto es lo que la convierte en una verdadera herramienta de analítica: el alcance y el detalle de la información le permiten analizar con precisión la eficacia (o ineficacia) de su tienda online, incluso de una campaña de comunicación en particular. Y como todo lo que se puede medir se puede mejorar, su herramienta de analítica se convertirá rápidamente en su aliado más preciado para desarrollar el negocio de su tienda online.

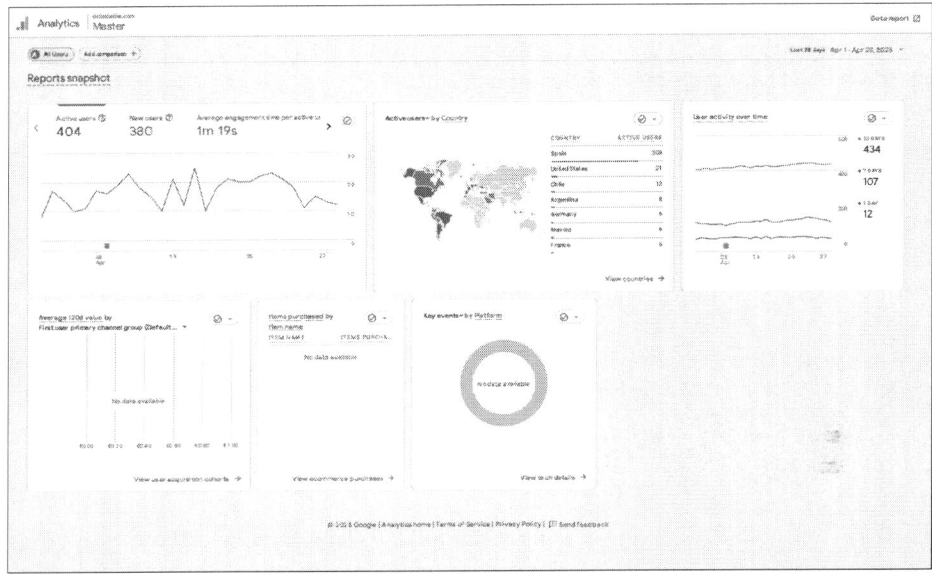

Sin entrar en detalles sobre la multitud de datos medidos, las soluciones de analítica suelen ofrecer las siguientes funciones:

Recopilación de datos

Registran información como el número de visitantes, las páginas vistas, la duración de las sesiones, las fuentes de tráfico y las acciones realizadas por los usuarios.

Análisis en tiempo real

Proporcionan información actualizada sobre la actividad del sitio en tiempo real, lo que permite tomar decisiones rápidas cuando se quiere probar un cambio en el sitio, por ejemplo.

Segmentación

Permiten desglosar los datos en grupos específicos para un análisis más detallado; por ejemplo, por género, por ubicación geográfica, por franjas horarias o tipo de dispositivo utilizado.

Informes personalizados

Ofrecen la posibilidad de crear informes a medida para responder a las necesidades específicas de la empresa. Usted define los indicadores que le son realmente útiles, adaptados a su propia tienda online, y se construye un cuadro de mando personalizado. También puede automatizar el envío de estos informes a su buzón de correo electrónico con una frecuencia determinada.

Seguimiento de las conversiones

Mide las acciones importantes para la empresa, como las compras o las suscripciones a una newsletter. Como es obvio, este seguimiento de las conversiones es especialmente importante para una tienda online.

Integración con otras herramientas

A menudo pueden conectarse a otras herramientas de marketing para obtener una visión de conjunto más completa. Por ejemplo, puede que necesite conectar su solución de analítica a una plataforma de análisis SEO de su sitio, o a una red publicitaria cuyos resultados desee analizar con precisión.

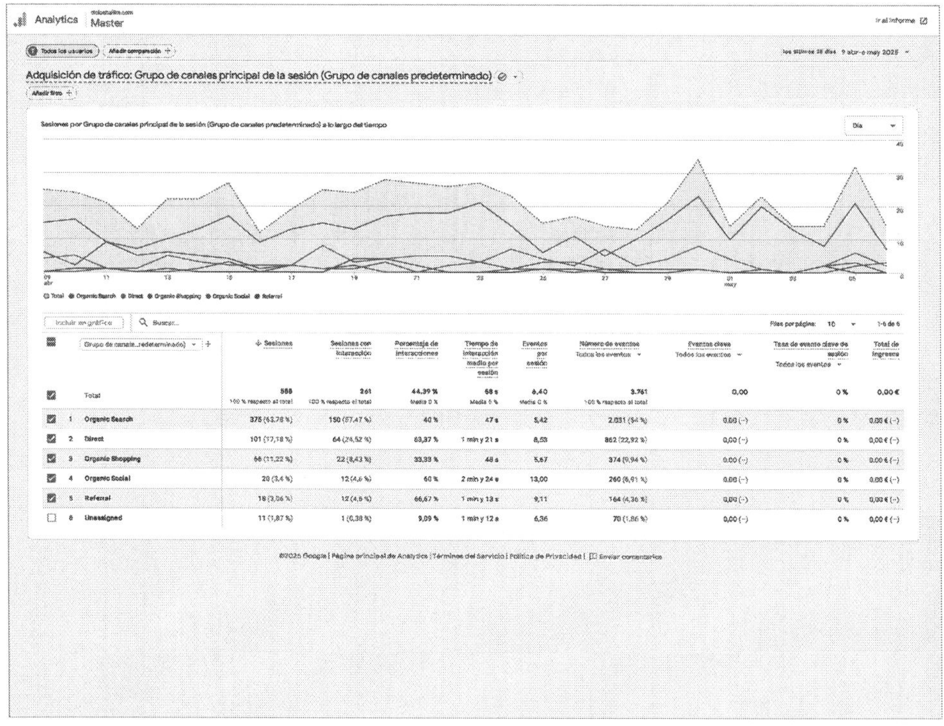

2. ¿Por qué debería implementarla en cuanto su sitio web esté en línea?

Como puede ver, la implementación de una solución de analítica le permitirá tomar decisiones fundamentadas desde el principio, en lugar de decisiones basadas en suposiciones. Esto es especialmente importante al comienzo de su actividad en línea, ya que le dará los medios para crecer rápidamente.

Al recopilar datos desde el principio, creará un punto de referencia para medir su crecimiento futuro. Esta información inicial le permitirá evaluar la eficacia de sus estrategias de marketing a lo largo del tiempo.

También podrá conocer rápidamente a su público: quiénes son sus primeros visitantes, de dónde vienen y cómo interactúan con su sitio. Gracias a estos datos recogidos en una fase temprana, podrá afinar su segmentación y su oferta. Si lanza campañas de marketing, podrá ajustar mejor sus inversiones para maximizar su eficacia.

Además, al analizar el comportamiento de los visitantes desde el principio, podrá detectar y corregir rápidamente cualquier problema de navegación o de diseño que pueda estar obstaculizando la conversión y mejorar la experiencia general del usuario en su sitio web, basándose en datos concretos, y no en suposiciones.

3. La solución líder del mercado: Google Analytics

a. Funcionamiento

En marzo de 2005 Google adquirió la empresa Urchin Software Corporation y su paquete de software de análisis del tráfico de sitios web, que entonces se ofrecía al público por 495 dólares estadounidenses al año. Es el principio oficial de Google Analytics, que evolucionó a partir de esta herramienta y que decidió ponerla a disposición de forma gratuita para los sitios con menos de diez millones de páginas vistas al mes.

Desde entonces, **Google Analytics** se ha convertido en la solución de analítica web más utilizada del mundo. Ofrece un conjunto completo de herramientas para supervisar y analizar el tráfico de su sitio web. La herramienta se actualiza con mucha frecuencia. La versión Google Analytics 4 ya está disponible. Sustituye a Universal Analytics desde 2023.

¿Cómo funciona?

El funcionamiento de Google Analytics se basa en insertar un código de seguimiento en JavaScript en cada página de su sitio web, el cual, mediante una **cookie** de medición de audiencia almacenada en el terminal del usuario, recopila datos sobre los visitantes y sus interacciones. Estos datos se envían a los servidores de Google para su procesamiento y posteriormente se presentan en forma de informes detallados a través de la interfaz de Google Analytics.

La herramienta captura una gran cantidad de datos, especialmente las fuentes de tráfico, el comportamiento de los usuarios, datos demográficos y conversiones. Google Analytics también ofrece funciones avanzadas, como el seguimiento personalizado de eventos, el análisis en tiempo real y la segmentación de los datos. Gracias a su integración con otros productos de Google como Google Ads, permite analizar en profundidad el rendimiento del marketing. Para los propietarios de tiendas online, Google Analytics proporciona elementos de análisis muy útiles sobre el recorrido de los clientes para ayudar a optimizar las tasas de conversión y mejorar la experiencia de usuario.

b. Ventajas e inconvenientes

En general, Google Analytics tiene grandes puntos fuertes, como su facilidad de uso y su potencia analítica. Pero sus detractores suelen destacar la preocupación por la confidencialidad y la dependencia de Google por parte de los sitios que lo utilizan.

Principales ventajas de Google Analytics:

- Gratuito para la mayoría de los usuarios, con acceso a todas las funciones.
- Interfaz intuitiva y fácil de usar, lo que facilita el aprendizaje, incluso para los principiantes.
- Integración muy fácil con otras herramientas de Google (Google Ads, Google Search Console, etc.).
- Informes detallados y personalizables para un análisis en profundidad.
- Actualizaciones periódicas con nuevas funciones.
- Amplia comunidad de usuarios y muchos recursos de aprendizaje.
- Capacidad para procesar grandes volúmenes de datos.

Principales inconvenientes de Google Analytics:

- Las cookies pueden ser bloqueadas por algunos bloqueadores de publicidad, con la consiguiente pérdida de datos.
- El tiempo de aprendizaje necesario para dominar todas las funciones puede ser bastante largo.
- A menudo se destaca la dependencia de una tercera empresa para analizar los datos críticos. Los datos recogidos por Google Analytics no le pertenecen a usted: pertenecen a Google.
- En el caso de sitios con mucho tráfico, algunos usuarios señalan la falta de precisión en los datos debido al uso de la técnica de muestreo de datos por parte de la herramienta.
- Por último, periódicamente se denuncian posibles problemas de confidencialidad de los datos.

Los problemas de confidencialidad de datos están relacionados con varios aspectos, como el hecho de que Google Analytics recopila y almacena una gran cantidad de datos de los visitantes de los sitios web, incluida información potencialmente sensible, como direcciones IP, comportamientos de navegación y datos demográficos. Además, estos datos suelen transferirse y almacenarse en servidores ubicados en Estados Unidos, lo que ha suscitado dudas sobre el cumplimiento del RGPD en Europa. Sin embargo, la Comisión Europea validó la conformidad de la solución de Google Analytics el 10 de julio de 2023 (véase más adelante: Las soluciones alternativas de analítica). Por último, existe la preocupación de que Google pueda utilizar estos datos para fines distintos al análisis web, como la segmentación publicitaria o la elaboración de perfiles de usuarios.

c. Google Search Console

Google Search Console es una herramienta complementaria a Google Analytics para propietarios de sitios web y responsables de marketing que deseen supervisar y mejorar el posicionamiento de su web en las páginas de resultados de búsqueda orgánica de Google.

Anteriormente conocida como Google Webmaster Tools, esta plataforma también es gratuita. Proporciona información sobre la visibilidad y el rendimiento de su sitio en los resultados de búsqueda de Google, como las consultas de búsqueda que conducen a su sitio, las páginas con mejor rendimiento, los errores de indexación y los posibles problemas técnicos.

Google Search Console también le ayuda a enviar archivos para optimizar el posicionamiento en buscadores –como los archivos de tipo sitemap.xml y robots.txt–, a gestionar los enlaces entrantes y salientes y a comprender cómo percibe Google su sitio web.

Al utilizarla junto con Google Analytics, obtendrá una visión completa de su tráfico orgánico y de sus oportunidades de mejora en términos de posicionamiento natural.

En el caso de una tienda en línea, esta sinergia entre ambas herramientas le permitirá no solo conocer las palabras clave que dan visibilidad a su tienda en Google, sino también el tráfico que cada palabra clave genera a su sitio, e incluso el número de pedidos y el volumen de negocio en euros generado por estas palabras clave.

4. Las soluciones alternativas de analítica

La polémica en torno a Google Analytics y la protección de datos personales ha crecido significativamente en los últimos años. La asociación en defensa de la privacidad NOYB (*None Of Your Business*) ha desempeñado un papel fundamental en este asunto, al presentar denuncias ante las autoridades de protección de datos en los 27 Estados miembros de la Unión Europea, así como en los otros tres Estados del Espacio Económico Europeo (EEE). Estas denuncias, 101 en total, se referían específicamente a la transferencia de datos personales a Estados Unidos por parte de los sitios web que utilizan Google Analytics.

Sin embargo, la situación cambió desde el 10 de julio de 2023, cuando la Comisión Europea declaró que Estados Unidos volvía a ser un país «adecuado» en virtud del RGPD, condición que había perdido en julio de 2020. Este cambio de rumbo es consecuencia de una orden ejecutiva de Joe Biden llamada «Refuerzo de las salvaguardias para las actividades de inteligencia de Estados Unidos», que introdujo una supervisión más rigurosa del acceso a los datos por parte de los servicios de inteligencia.

En concreto, esta decisión de adecuación autorizaba a las empresas europeas a transferir los datos de sus usuarios europeos a Estados Unidos.

a. Matomo

Matomo (antes Piwik) es una plataforma de análisis de estadísticas web utilizada actualmente por más de 1,4 millones de sitios web. Con Matomo, podrá conocer a sus visitantes y analizar con precisión el público de su sitio WordPress. Es una herramienta open source creada por un francés, Matthieu Aubry. Esto significa que todos los desarrolladores que lo deseen pueden contribuir a su evolución, al igual que ocurre con los temas de WordPress.

Matomo destaca por una serie de características que lo diferencian de Google Analytics; entre ellas:

- El respeto a la privacidad: Matomo está diseñado para cumplir con el RGPD y ofrece opciones avanzadas de protección de los datos de los usuarios.
- Ausencia de muestreo: a diferencia de Google Analytics, Matomo no muestra los datos, lo que garantiza que los informes sean completamente precisos.
- Matomo está disponible en dos versiones: una versión gratuita autoalojada y una versión de pago en la nube. Esta flexibilidad permite a las empresas elegir la solución que mejor se adapte a sus necesidades y a sus recursos.

Y, por supuesto, Matomo ofrece una serie de opciones que la convierten en una potente herramienta de análisis:

- Datos en tiempo real con análisis en directo del tráfico de su sitio web.
- Personalización avanzada de informes y cuadros de mando, así como la creación y envío automático de informes personalizados.
- Seguimiento de las conversiones, con funciones de seguimiento de los objetivos y de las conversiones para las tiendas online.
- Fácil integración con una amplia gama de plataformas web y CMS.

b. Abla Analytics

Abla Analytics es una solución de medición de audiencia respetuosa con el RGPD sobre el uso de cookies y otros rastreadores. Fue diseñada y desarrollada en Marsella por la startup Astra Porta, centrada en las auditorías de ciberseguridad, la función de DPO externo y la asistencia en el cumplimiento con la ley SAPIN 2 (ley francesa contra la evasión fiscal, la corrupción y los delitos financieros).

Abla Analytics es una herramienta de medición de la audiencia conforme a los requisitos reglamentarios. Todos los datos recogidos a través de Abla Analytics siguen siendo propiedad exclusiva de los usuarios de la solución y en ningún caso pueden ser utilizados para otros fines por el editor. El editor de la solución, la empresa Astra Porta, opera así como subcontratista en términos de la RGPD.

Abla Analytics ofrece su solución de medición de audiencia en tres versiones: Abla Analytics, Abla Analytics + y Abla Analytics x.

Para proteger la privacidad de los visitantes, todas estas versiones integran por defecto las medidas siguientes:

- No es posible la creación de cohortes de visitantes para mostrar contenidos diferenciados.
- La recogida de datos de geolocalización se limita al ámbito nacional.
- Las direcciones IP de los visitantes se anonimizan inmediatamente, lo que imposibilita su identificación individual.
- Se excluye el seguimiento de la navegación de un mismo visitante en varios sitios o dispositivos.
- Durante la instalación, la aplicación proporciona un código para un botón de oposición, que puede integrarse fácilmente mediante un copia-pega. Este código, totalmente personalizable, permite a los visitantes rechazar el uso de Abla Analytics, desactivando así todo rastreo.

c. BEYABLE

BEYABLE es también una empresa francesa, especializada en soluciones de análisis web, fundada en 2014. Su solución estrella, BEYABLE Analytics, se diseñó como una alternativa legal a Google Analytics y conforme al RGPD.

BEYABLE Analytics se distingue por su enfoque respetuoso con la privacidad de los usuarios. La solución no requiere el consentimiento de las cookies para funcionar, garantizando así una alta protección de los datos personales. Ofrece una recogida de datos completa, un alojamiento en la Unión Europea y garantiza que los clientes conserven la propiedad de sus datos.

Estas características hacen de BEYABLE Analytics una opción atractiva para las empresas que buscan cumplir la normativa europea de protección de datos sin renunciar a una sólida capacidad de análisis web.

F. Integración del contenido

En esta fase, lo único que le queda por hacer es integrar el contenido en su tienda para finalizarla. Los textos y elementos visuales ya están preparados. El proceso de integración consiste en conectarse al espacio de gestión de su tienda online (el «back-office») para añadir sus productos, el contenido de la información legal, etc.

Este es el orden que le recomiendo seguir para añadir el contenido.

1. Las páginas de escaparate (o presentación)

Empiece por las páginas de escaparate de su tienda: suelen ser bastante sencillas de completar con un conjunto de textos e imágenes. Así se familiarizará con su herramienta. Además, una vez terminadas, también puede empezar a ver cómo quedan en la parte pública de su tienda online, lo cual es bastante satisfactorio.

2. El catálogo de productos

El catálogo de productos es, sin duda, el núcleo de su tienda online. Si ha seguido la configuración de su tienda en Shopify o WooCommerce en una hora, ya debe haber incluido una ficha de producto. También en este caso, resulta motivador empezar introduciendo un producto porque, en cuanto tiene un producto en la tienda que puede añadirse a la cesta, ya se hace realidad la noción de tienda online. Sin embargo, para integrar todo el catálogo, le aconsejo que proceda en tres etapas.

a. Las categorías

Empiece por definir las categorías de productos. La estructura de árbol que ha preparado debería haberle facilitado este trabajo preparatorio.

En el área de gestión de su tienda online, identifique la función que le permite gestionar su lista de categorías. Después introduzca cada categoría.

b. Los filtros

Una vez introducidas las categorías, pregúntese si es necesario incluir alguna opción complementaria para ayudar a los visitantes de su tienda a filtrar su catálogo de productos. Los filtros son diferentes de las categorías: son características complementarias que ayudan a los visitantes a hacer su elección.

Por ejemplo, en una tienda online de ropa de mujer, las categorías podrían ser: vestidos, pantalones, jerséis, abrigos, etc., mientras que los filtros podrían ser: talla, color, tejido, etc.

En la tienda de decoración, los filtros podrían ser: disponibilidad del producto, material principal, color, estilo (vintage, bohemio-chic, escandinavo, clásico, etc.), precio, etc.

En la tienda de la diseñadora de bolsos, los filtros podrían ser el estilo y el precio.

En la tienda de bricolaje, hay muchos filtros imaginables y podrían personalizarse según la categoría. Los filtros habituales serían: precio, marca, potencia, facilidad de uso, etc.

Si los filtros son relevantes para su catálogo de productos, identifique dónde definirlos en su espacio de gestión. También deberá definir los títulos de cada tipo de filtro y rellenar las distintas opciones propuestas. Sin embargo, el funcionamiento puede variar mucho de una plataforma a otra, sobre todo si ha encargado el desarrollo a medida. Por ejemplo, puede que solo tenga que definir los títulos de los filtros y hacer que se correspondan con cierta información de la ficha del producto para que la elección de las opciones refleje automáticamente los datos existentes en su catálogo.

c. Las fichas de producto

Una vez configuradas las categorías y los filtros, finalmente puede integrar todo su catálogo de productos.

Esta integración puede hacerse de diferentes maneras, según el tamaño de su catálogo, según el soporte en el que tenga los datos de sus productos o según la plataforma escogida para construir su tienda.

Las tres versiones más comunes son:

Integración manual

Introduzca uno a uno todos sus productos en su espacio de gestión. Si ha preparado el contenido de sus fichas de productos con antelación, tendrá que hacer acciones de tipo «copia-pega» y cargar fotos desde su ordenador.

Es una solución sencilla que funciona muy bien para catálogos con pocos productos y cuando no se tienen conocimientos técnicos avanzados.

Integración automática mediante importación de datos

Para catálogos voluminosos, la solución ideal es poder importar el catálogo desde un archivo de tipo .csv o .txt (el equivalente de un listado de Excel, guardado en un formato más universal). Por supuesto, si su espacio de gestión lo permite.

Si tiene un gran número de productos, asegúrese de que esta opción esté disponible.

El funcionamiento posterior es bastante sencillo:

- Deberá tener su catálogo de productos en un archivo de Excel, preferiblemente con los nombres de los archivos de las fotos integrados en las columnas correspondientes.
- Guarde este catálogo en formato .csv o .txt según las especificaciones de su back-office;
- A continuación, vaya a su back-office e importe su catálogo en un solo clic.

Le aconsejo que pruebe primero la importación con unos diez productos y compruebe cada una de las fichas de productos para ver si todos los tipos de datos se han integrado correctamente. A veces, puede haber saltos de línea inesperados, acentos que se transforman en caracteres diferentes, fotos que no se reconocen, etc.

Una vez que sus pruebas hayan garantizado que la calidad de las importaciones es casi perfecta, puede importar todo el catálogo.

No obstante, le sugiero que realice una comprobación manual aleatoria en un conjunto de productos de las diferentes categorías.

Integración desde pasarelas XML

Un tercer método eficaz para integrar su catálogo de productos es utilizar pasarelas XML: resulta particularmente útil si usted es distribuidor y trabaja con proveedores que ofrecen catálogos en este formato.

El XML (*eXtensible Markup Language*) es un lenguaje de marcado extensible diseñado para facilitar el intercambio de datos estructurados entre diferentes sistemas informáticos. Permite una comunicación fluida y automatizada entre su tienda online y las bases de datos de sus proveedores.

Para aplicar este método, su back-office deber estar configurado para:

- Conectarse a las direcciones (URL) de los archivos XML de sus proveedores.
- Extraer los datos de los productos pertinentes de estos archivos.
- Integrarlos correctamente en su propia base de datos.

La ventaja principal de este método es que permite automatizar la actualización de su catálogo. Así puede mantener al día la información de sus productos (precio, stock, descripciones) sin intervención manual, sincronizando periódicamente sus datos con los de sus proveedores.

Sin embargo, es importante tener en cuenta que este método requiere ciertos conocimientos técnicos o el uso de un sistema de gestión de contenido (CMS) de e-commerce compatible con la integración XML. Además, tendrá que asegurarse de que los datos son coherentes con los distintos proveedores y con su propia estructura de catálogo.

3. El proceso de compra

El proceso de compra es un elemento clave de su tienda online. No puede dejar nada al azar. Normalmente, a estas alturas ya habrá definido todos los aspectos de este proceso y solo le queda realizar los ajustes correspondientes en su back-office e integrar los textos legales o la información complementaria. Si ha delegado la creación de su tienda online a un webmaster (freelance o agencia), debe transmitirle toda la información.

a. Incluir los datos relativos a la entrega

Estos datos incluyen la definición de las diferentes zonas de entrega, las opciones de entrega, los gastos asociados a cada zona y a cada tipo de envío, etc.

He aquí una lista de comprobación recapitulativa:

- Defina sus zonas de entrega (nacional, internacional, posibles restricciones).
- Configure las diferentes opciones de entrega (estándar, exprés, puntos de recogida, etc.).
- Configure los gastos de envío asociados a cada opción y zona.

- Incluya información sobre los plazos de entrega estimados.
- Si es posible, configure un sistema de seguimiento de paquetes.

b. Integrar los avisos legales

Estos datos incluyen todos los documentos legales necesarios para garantizar que su tienda online cumple la normativa y para informar a sus clientes sobre sus derechos y obligaciones.

He aquí una lista de comprobación recapitulativa:

- Incluya las condiciones generales de venta.
- Incluya su política de privacidad conforme al RGPD en una página reservada para ello.
- Incluya los avisos legales de su empresa en una página reservada para ello.
- Incluya los textos relativos a su política de devoluciones y reembolsos si la tiene.
- Asegúrese de que estos documentos estén fácilmente accesibles durante el proceso de compra.

c. Incluir los datos relativos al pago

Estos datos se refieren a todos los aspectos del proceso de pago, desde la selección del método de pago hasta la seguridad de las transacciones y la gestión de las confirmaciones.

He aquí una lista de comprobación resumida:

- Configure sus métodos de pago (tarjeta bancaria, PayPal, transferencia, etc.).
- Compruebe que el sistema o los sistemas de pago seguro elegidos están activos (SSL, 3D Secure).
- Configure las divisas aceptadas si vende a escala internacional.
- Configure los e-mails de confirmación de pedido y de pago.
- Compruebe que se ha aplicado el sistema de facturación automática.

G. Lista de comprobación de pruebas antes del lanzamiento

1. Tiempo de carga

La velocidad de carga de una página web se ha convertido en un criterio crucial en el algoritmo de los motores de búsqueda, con un impacto directo en el posicionamiento y en la experiencia de usuario.

Los principales motores de búsqueda como Google, Bing y Yahoo conceden cada vez más importancia a este factor, con el fin de optimizar la experiencia de los internautas. Un tiempo de carga demasiado largo puede frustrar a los visitantes e incitarles a dirigirse a sitios de la competencia, aumentando así lo que se conoce como «tasa de rebote» de su sitio, es decir, el porcentaje de visitantes que abandonan su sitio nada más llegar.

Para evaluar y mejorar la velocidad de carga de su sitio, se recomiendan especialmente dos herramientas gratuitas.

Google PageSpeed Insights (PSI)

Esta herramienta analiza el rendimiento de una página web en ordenadores y dispositivos móviles. Proporciona un informe detallado y recomendaciones concretas para optimizar la velocidad de carga. PSI está disponible gratuitamente a través de una interfaz web.

GTmetrix

GTmetrix ofrece un análisis en profundidad del rendimiento de carga de sitios web. Tiene en cuenta los criterios *Core Web Vitals* (un conjunto de métricas específicas que miden la velocidad, la capacidad de respuesta y la estabilidad visual de una página web, proporcionando una evaluación global de la experiencia de usuario), que se han convertido en esenciales para el algoritmo de Google. La herramienta ofrece una lista jerarquizada de los puntos que deben optimizarse. Para utilizar GTmetrix, basta con escribir la URL de su sitio web en https://gtmetrix.com. A continuación obtendrá un informe completo sobre el rendimiento de su sitio.

Gracias a estas herramientas, antes de lanzar su tienda online podrá estar seguro de que su tiempo de carga es correcto y que no supondrá un obstáculo para la navegación de sus futuros clientes.

2. Responsividad

Normalmente, la tienda online que ha creado ya debería ser responsiva. Pero, a veces, ciertas personalizaciones pueden generar algunos fallos de funcionamiento. Siempre es más seguro comprobar la responsividad antes de abrirla al público.

Una vez más, puede utilizar uno de los simuladores de esta lista:

- LT Browser: https://www.lambdatest.com/lt-browser
- Browser Stack: https://www.browserstack.com
- AppSimulator: http://www.appsimulator.net
- MobileTest: https://mobiletest.me/

Para probar la responsividad de su tienda online:

- Abra el simulador seleccionado.
- Introduzca la URL de su tienda.
- Seleccione sucesivamente varios tipos de pantallas (iPhone 15, Samsung Note 9, iPad Pro, Desktop 1280 x 800...).
- Compruebe que su tienda se muestra como se espera en todas las páginas principales: página de inicio, listado de productos, fichas de productos, cesta de compra, etc.

3. Navegación

Otra comprobación recomendada antes de abrir oficialmente su tienda es la navegación entre las diferentes páginas del sitio. Compruebe especialmente que todos los enlaces accesibles desde el menú principal, situado por lo general en la parte superior, son accesibles. Puede ocurrir que, mientras trabaja en las últimas actualizaciones técnicas o en el contenido del sitio, un enlace haya quedado obsoleto. Es absolutamente imprescindible evitar que un cliente visite su sitio, haga clic en este enlace y acabe en una página de error. Esta sería la mejor manera de disuadirlo de continuar su visita...

4. Facilidad de contacto

Los visitantes de una tienda online suelen tener preguntas adicionales antes de realizar una compra, sobre todo si la cesta media de sus productos es relativamente alta. Por lo tanto, más vale asegurarse de que este cliente potencial sepa inmediatamente cómo ponerse en contacto con usted. ¿El enlace a la página de «Contacto» está fácilmente visible en la parte superior o inferior de cada página? ¿Su número de teléfono también está visible en cada página? O bien ¿ha instalado un sistema de mensajería instantánea para responder inmediatamente en línea a las consultas de los clientes?

5. Añadir a la cesta

Acceda a varias fichas de productos de distintas categorías e intente añadirlos a la cesta. A continuación, vaya a la página «Su cesta» y compruebe que cada uno de los productos se ha añadido correctamente, con el precio y la cantidad correspondientes.

Esta comprobación no debería suponer ningún problema. Pero si pasan varios días sin ningún pedido y descubre que hay un fallo en el botón «Añadir a la cesta», se sentirá muy contrariado por no haber comprobado este punto antes. Más vale prevenir que curar, como dice el refrán.

6. Rellenar y validar la cesta

Una vez realizada esta comprobación básica, continúe este pedido de prueba y vaya a la página de pago para asegurarse de que el pedido se realiza sin problemas.

7. Pago online

Por supuesto, sería una lástima haber hecho todos estos esfuerzos y comprobaciones y que surgiera un problema con el propio pago online. Compruebe que puede pagar en línea, que el pedido validado le ha sido enviado por e-mail y aparece en el panel de sus pedidos en el back-office. Para comprobar el pago online en condiciones reales, realice un pago de verdad, aunque sea aplicando previamente un código promocional excepcional para reducir el importe de este pedido de prueba a 0,01 euros.

Por experiencia, los primeros días tras la apertura de la tienda online son siempre un poco estresantes si no llega una avalancha de pedidos inmediatamente. Si a esto le añade un atisbo de duda en su mente, con una vocecita susurrándole constantemente: «¿Pero los pagos funcionan bien?», el estrés puede volverse insoportable...

8. Comprobar las estadísticas de la solución de analítica que ha implantado

Para finalizar, la última comprobación que le sugiero que haga es la relativa a la solución de analítica que ha implantado.

- Conéctese a su sitio web.
- Al mismo tiempo, vaya a su herramienta de analítica dejando su tienda online abierta en otra pestaña.
- Consulte las estadísticas en tiempo real. Si permanecen en 0 después de unos minutos, es probable que haya un problema. Si funcionan con normalidad, navegue por las demás secciones de la herramienta de analítica y compruebe si hay datos relativos a sus visitas de los últimos días (probablemente ya habrá navegado antes por su sitio web).

Capítulo 3
Dar a conocer su tienda online

A. Cuestiones generales sobre la comunicación digital

1. ¿Qué es el webmarketing?

El **webmarketing**, también conocido como marketing digital o incluso e-marketing, hace referencia al conjunto de técnicas de marketing empleadas en Internet para promocionar un producto, un servicio o una marca. Es una disciplina fundamental para desarrollar la presencia en línea de su negocio de comercio electrónico.

El webmarketing engloba el posicionamiento orgánico, el e-mailing, la comunicación orgánica o patrocinada en las redes sociales, las colaboraciones, etc. En resumen, abarca todas las acciones de marketing que pueden llevarse a cabo online. Sus principales objetivos son:

- Aumentar la visibilidad en línea.
- Atraer tráfico de calidad a un sitio web.
- Convertir a los visitantes en clientes.
- Fidelizar a los clientes existentes.

Es importante que comprenda los fundamentos del webmarketing para poder gestionar eficazmente la promoción de su tienda online, aunque delegue las acciones en trabajadores internos o expertos externos.

2. Comprender el concepto de embudo de compra

Si analizamos los objetivos principales del webmarketing citados anteriormente, observamos que siguen una lógica coherente.

El primer objetivo, **aumentar la visibilidad en línea**, busca dar a conocer su marca y su tienda online a consumidores que aún no le conocen. El principal criterio de éxito de una campaña de marketing digital con este objetivo es el desarrollo de la notoriedad de su marca. En pocas palabras, que el mayor número posible de personas que corresponden a su público objetivo principal empiece a oír hablar de su tienda online y la asocien más o menos con el tipo de producto que vende.

El segundo objetivo, **atraer tráfico específico** a su tienda online, busca lograr que estos consumidores, que ya no son completos desconocidos porque han oído hablar de su tienda, visiten su sitio. El criterio principal podría ser el número de nuevas visitas a su sitio.

El tercer objetivo, **convertir a los visitantes en clientes**, consiste ahora en conseguir ventas. Estos consumidores no solo conocen su marca, sino que también han visitado su tienda online. El siguiente paso es conseguir que compren. Las acciones de webmarketing que pueden incitarlos a regresar para comprar, y no simplemente para explorar, pueden ser, por ejemplo, promociones. Y el criterio de éxito principal es, por supuesto, el número de ventas y el volumen de negocio.

Finalmente, el último objetivo, **fidelizar clientes**, busca garantizar que los clientes vuelvan a comprar en su tienda.

La progresión de estos objetivos de webmarketing permite comprender la noción de **embudo de ventas** o **túnel de ventas**. Un embudo de ventas describe el recorrido de un cliente potencial desde su primer contacto con su marca hasta la compra final y más allá.

Este concepto fundamental en webmarketing a veces también se denomina **embudo de conversión**. Puede dividirse en varias fases, que corresponden a las diferentes etapas del recorrido del consumidor y reflejan los principales objetivos del marketing digital:

- **Descubrimiento**: el cliente potencial descubre su marca o producto.
- **Interés**: se interesa por su oferta y busca más información.
- **Consideración**: compara su oferta con las de sus competidores.
- **Intención de compra**: contempla seriamente la compra.
- **Compra**: realiza la transacción.
- **Fidelización**: se convierte en un cliente regular y recomienda potencialmente su marca.

Es importante que domine estas diferentes fases para tener una visión clara sobre todas las acciones de comunicación online que va a lanzar. Pregúntese, en cada ocasión, a qué fase del embudo de ventas corresponden las acciones que lleva a cabo.

3. Las 3M o el principio de coherencia del marketing: mercado, mensaje, medios

El webmarketing o marketing digital es, ante todo, marketing. Los principios fundamentales del marketing online se aplican como en el mundo «físico».

Hay uno que es particularmente sencillo e importante de entender: la regla de las **3M**.

- **Mercado**: identifique con precisión su público objetivo y sus clientes ideales.
- **Mensaje**: defina claramente lo que quiere comunicar a esta audiencia.
- **Medios**: escoja los medios de comunicación o canales de comunicación más apropiados para difundir su mensaje a este mercado.

La precisión en la definición de cada «M» y su alineación son las claves de una estrategia de comunicación online eficaz y eficiente para su tienda online. Esto crea una coherencia entre estos tres elementos que es fundamental para el éxito de sus acciones de marketing online.

Para optimizar cada una de sus comunicaciones de webmarketing, compruebe periódicamente estos puntos:

- **Alineación**: asegúrese de que su mensaje se ajusta a las necesidades e intereses de su mercado objetivo.
- **Relevancia**: seleccione los medios con los que su público esté conectado y receptivo.
- **Adaptación**: ajuste su mensaje a las características de cada medio escogido.
- **Complementariedad**: asegúrese de que sus acciones en los diferentes medios se refuerzan mutuamente.

Y, por supuesto, evalúe periódicamente la eficacia de sus acciones para cada combinación mercado-mensaje-medio.

4. Medir para analizar y optimizar

La medición permite recoger datos precisos. Con estos datos podrá analizar la eficacia de sus diferentes acciones de marketing digital.

A partir del análisis de estos datos, podrá optimizar su plan de comunicación, especialmente haciendo menos de lo que funciona mal y más de lo que funciona bien.

La medición, el análisis y la optimización forman un ciclo continuo en el marketing digital.

Si adopta un enfoque basado en el análisis de datos, llamado *data-driven*, podrá mejorar constantemente el rendimiento de su tienda online, aumentar las ventas y fidelizar a sus clientes.

5. Probar, probar y volver a probar

La magia del marketing digital no es solo medir, analizar y optimizar constantemente las acciones, sino también poder probar nuevas configuraciones muy rápidamente y evaluar su impacto. Probar constantemente nuevas configuraciones, aplicando el principio iterativo de medir para analizar y optimizar es la clave de las tiendas con éxito.

Gracias a los test podrá tomar decisiones basadas en datos reales, y no en intuiciones o suposiciones.

Además, al probar periódicamente distintos elementos de su sitio, podrá crear una experiencia más agradable y eficaz para sus visitantes e identificar los elementos que animan a los visitantes a proceder a la compra (y los que los disuaden).

Prácticamente todos los aspectos de su tienda online pueden ponerse a prueba:

- El diseño de sitio.
- Textos y llamadas a la acción (CTA).
- Imágenes y vídeos.
- Proceso de pago.
- E-mails de marketing,
- Publicidad online.

Si quiere hacer pruebas precisas, existe una metodología en marketing digital muy común: los **test A/B**. También se les conoce como **A/B testing**.

Los test A/B consisten en comparar dos versiones de un elemento para determinar cuál funciona mejor.

Se crean dos versiones (A y B) de una página o de un elemento cambiando solo una variable cada vez. Por ejemplo, solo cambia el color del botón «Añadir a la cesta».

Dirija el tráfico por igual a las dos versiones y mida el rendimiento (tasa de conversión, tiempo de permanencia en la página, etc.).

Analice los resultados e implemente de forma permanente la versión ganadora.

Consejos para test eficaces:

- Pruebe una sola variable cada vez; así podrá identificar claramente lo que influye en los resultados.
- Asegúrese de contar con una muestra suficiente que le garantice bastante tráfico como para que sus resultados sean estadísticamente significativos.
- Deje tiempo suficiente para que las pruebas produzcan resultados fiables.
- Documente las pruebas llevando un registro de lo que ha probado y de los resultados obtenidos, para futuras consultas.
- Priorice las pruebas centrándose primero en los elementos que tendrán más impacto en sus objetivos principales.

A integrar una cultura de pruebas constantes en su estrategia de comercio digital, se asegurará siempre de ofrecer la mejor experiencia posible a sus clientes y optimizar continuamente su rendimiento.

6. ¿Cuántos canales de comunicación escoger?

En marketing digital, la multiplicidad de canales de comunicación puede parecer tanto una oportunidad como un reto. No existe un número «ideal» de canales de comunicación.

La elección depende de su situación específica.

Empiece con dos o tres canales, domínelos y luego amplíe progresivamente su presencia en función de sus resultados y de sus recursos. La clave es mantener la coherencia de su mensaje y su imagen de marca en todos los canales que utilice.

Es mejor gestionar bien unos pocos canales que tener una presencia superficial en todas partes. Concéntrese en los canales más relevantes para su actividad y su objetivo.

Utilice herramientas de análisis para controlar el rendimiento de cada canal. Así podrá identificar los canales más eficaces y los que necesitan mejoras. No dude en abandonar un canal si no produce resultados satisfactorios tras su optimización.

Un punto importante es garantizar la sinergia entre los diferentes canales, de forma que se complementen y se refuercen mutuamente. Por ejemplo, utilice las redes sociales para promocionar el contenido de su blog, que a su vez lleva a su página online.

Factores que debe tener en cuenta a la hora de elegir sus canales:

- Su público objetivo: ¿dónde está su público ideal? ¿Qué canales prefiere?
- Sus recursos: tiempo, presupuesto, competencias disponibles.
- La naturaleza de sus productos: algunos canales se adaptan mejor a determinados tipos de productos.
- Sus objetivos: notoriedad, ventas, fidelización, etc.
- Su sector de actividad: algunos canales son más adecuados en determinados sectores.

Si tiene en cuenta estos factores y adopta un enfoque estratégico y evolutivo, optimizará la eficacia de su presencia online al tiempo que maximiza sus recursos.

B. Los grandes canales de comunicación digital

1. Motores de búsqueda

a. SEO o posicionamiento natural

En el mundo del comercio electrónico, ya se trate de un nicho de mercado como el de las camas para perros o de un sector más amplio, como las piezas de recambio para automóviles, el **posicionamiento natural** (SEO) es un pilar esencial para alcanzar el éxito. Por lo general, las páginas de comercio electrónico de rápido crecimiento han realizado un trabajo minucioso y eficaz de SEO.

Pero ¿qué significa realmente un «buen» posicionamiento natural?

En términos sencillos, se trata de un posicionamiento que le traerá tráfico objetivo a su web, que se transformará en ventas y en volumen de negocio.

El objetivo no es centrarse en términos generales, como «accesorios para perros», sino identificar y apuntar a expresiones más específicas, como «cama barata para perro» tras comprobar su potencial de búsqueda en Google.

Además, el objetivo no es necesariamente la primera página de los resultados de búsqueda: podría conseguir que su tienda online apareciera en primera página de palabras clave como «cama roja para perros», pero esto no le reportaría ninguna venta, ya que nadie busca «cama roja para perros» en Google, mientras que la expresión clave «cama lavable para perros», para la cual su sitio no estaría visible hasta la segunda página, podría reportarle 1000 euros de ventas mensuales, ya que hay una fuerte demanda y las ofertas de la primera página no siempre son lo suficientemente satisfactorias para los internautas que realizan esta búsqueda.

Cuando hablamos de posicionamiento natural, hablamos ante todo de optimizar el mayor número posible de páginas de su sitio a fin de que aparezcan en los resultados de Google para palabras clave específicas y pertinentes, que correspondan a búsquedas reales de los internautas.

Cada día, Google procesa 5600 millones de solicitudes, es decir, casi 3,8 millones de búsquedas por minuto. Con millones de personas consultando Google cada día para encontrar un producto o un servicio, un buen posicionamiento puede garantizarle un volumen de ventas considerable, de forma gratuita y a largo plazo.

Sin embargo, la competencia es ardua, ya que todos sus rivales se disputan esos preciados primeros puestos, de los que hay un número limitado. Y con los años, Google se ha convertido en un motor de búsqueda extremadamente sofisticado. Quedaron atrás esos tiempos en que bastaba con llenar la página de palabras clave y multiplicar los anuncios. Hoy en día, Google favorece una popularidad más cualitativa, teniendo en cuenta la calidad de los enlaces asociados, la codificación del sitio y la redacción de los contenidos.

El SEO se basa en tres pilares fundamentales:

La elección de las palabras clave adecuadas

Como ya hemos dicho, no tiene sentido intentar posicionar su web por palabras clave demasiado generales, como tampoco tiene sentido hacerlo por palabras clave que casi nunca buscan los usuarios.

Una buena palabra clave debe cumplir tres criterios: debe ser precisa y pertinente para su actividad o, mejor aún, para un producto o una categoría de productos específicos; debe haber sido buscada por sus clientes potenciales (esto se mide por el volumen medio de búsquedas hechas por esta palabra clave en Google), y debe tener la menor competencia posible (esto se mide por el número de resultados en Google para esta palabra clave).

Una vez identificadas las palabras clave adecuadas, debe asociarlas a cada una de las páginas de su tienda online. Lo ideal es que cada página se centre en una buena palabra clave.

Optimización técnica y editorial de su sitio

Cuando haya definido las palabras clave adecuadas, tiene que comunicarlas a Google. A diferencia de un sitio de anuncios clasificados, donde usted escribe y publica un anuncio para un producto, por ejemplo, no existe una interfaz que le permita decirle a Google que desea posicionar una página determinada para una palabra clave concreta.

Para transmitir esta información, debe optimizar su tienda online en dos etapas. En pocas palabras, primero tiene que cumplir las normas técnicas de Google para que el robot del motor de búsqueda pueda acceder al código informático de su tienda y leer la información importante. Además, la información a la que accede debe contener las palabras clave adecuadas. Lo ideal, por ejemplo, es que la palabra clave adecuada seleccionada para una página se encuentre en la URL de la página, en las etiquetas ocultas conocidas como «meta tags» (que corresponden al pequeño anuncio que se muestra en los resultados de Google), en el título de su página y una vez en su texto.

Para ilustrar el uso de una palabra clave en las metaetiquetas, el título de la página y el texto, tomemos por ejemplo una tienda online de botas de montaña. Supongamos que la palabra clave es «botas de montaña impermeables».

Así es cómo podría utilizarse esta palabra clave:

- Meta title (visible en los resultados de búsqueda en Google, en azul): «Botas de montaña impermeables | NombreDeLaTienda».
- Meta description (visible en los resultados de búsqueda en Google, en negro): «Descubra nuestra selección de botas de montaña impermeables para sus aventuras al aire libre. Confort y protección garantizados en NombreDeLaTienda».
- Título de la página: «Botas de montaña impermeables: toda nuestra gama».
- En el texto de la página: «Nuestras botas de montaña impermeables están diseñadas para ofrecerle un confort óptimo y mantener sus pies secos, incluso en las condiciones más húmedas. [...]».

Al utilizar así la palabra clave, señala claramente a Google cuál es el tema principal de su página, a la vez que redacta un contenido para que sus visitantes comprendan lo que vende y obtengan la información que necesitan para tomar su decisión de compra.

La optimización técnica consiste en facilitar la indexación de su sitio por los motores de búsqueda, garantizar que el texto sea legible por los robots y optimizar la velocidad de carga de la página. La optimización editorial consiste en redactar las fichas de producto detalladas y relevantes empleando palabras claves adecuadas relacionadas con sus productos, con una longitud media de 500 caracteres por página, y publicar regularmente nuevos contenidos en la sección «Actualidad».

Desarrollar la popularidad del sitio

La popularidad de un sitio es un conjunto de señales captadas por Google para medir su credibilidad con respecto a otros sitios del mismo sector de actividad.

Dicho de otro modo, esta popularidad la calcula objetivamente el algoritmo de Google contando el número de sitios que enlazan hacia su tienda y ponderando este número en función de la calidad de cada uno de estos sitios. Por poner un ejemplo simple, un enlace desde un artículo de un importante periódico nacional en línea le reportará 50 puntos, mientras que un enlace desde el blog personal de su cuñada le reportará 1 punto. A menos que el blog de su cuñada hable de perros y usted venda camas para perros: en ese caso, la proximidad semántica de las dos páginas duplicará o triplicará el valor de su enlace en el cálculo de la popularidad de su sitio.

El desarrollo de la popularidad pasa por la obtención de enlaces de calidad, también llamados «**backlinks**», procedentes de medios de comunicación, blogs, directorios especializados de calidad, etc.

El SEO tiene muchas ventajas: es gratuito a largo plazo (aunque puede ser bastante caro si al principio contrata a alguien para que se ocupe de él, ya sea de forma interna o externa), aumenta su credibilidad ante los internautas, que confían más en los resultados naturales, lo que tiene efectos duraderos. Sin embargo, debe tener en cuenta que los resultados del SEO pueden tardar en manifestarse y que usted no tiene el control total sobre la información que muestra Google ni sobre su posición exacta en los resultados. Además, el algoritmo de Google evoluciona constantemente, a un ritmo de más de 500 cambios al año.

b. SEA: los enlaces patrocinados

El **SEA** (*Search Engine Advertising*), también llamado «**anuncios de pago**» o «**enlaces patrocinados**» es un complemento fundamental al posicionamiento natural para cualquier tienda online que se precie. Tanto si vende accesorios de moda como herramientas de bricolaje, el SEA ofrece una visibilidad inmediata y específica en los motores de búsqueda, especialmente en Google.

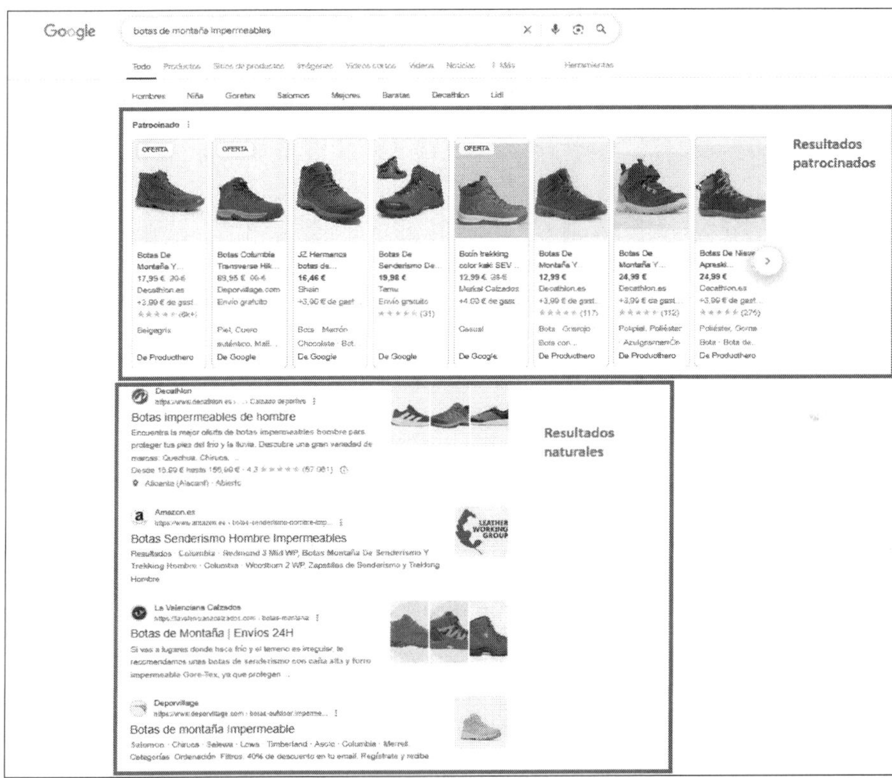

Una campaña eficaz de posicionamiento de pago es aquella que atraerá tráfico altamente cualificado a su tienda online, un tráfico que se convertirá rápidamente en ventas y en volumen de negocio. Cuando lanza una campaña de SEA, usted paga cada vez que un internauta ve su anuncio y hace clic en él. Si no hace clic, no paga nada. Pero si lo hace, usted paga por ese clic que dirige a su sitio web.

A diferencia del SEO, el objetivo del SEA no es aparecer en un máximo de palabras clave, sino dirigirse con precisión a las consultas con más posibilidades de generar conversiones. Por ejemplo, en lugar de emplear el término genérico «calzado deportivo», una tienda online podría concentrarse en expresiones más específicas, como «zapatillas para correr maratones» o «zapatillas impermeables para trail», tras comprobar su potencial de conversión. Además, a diferencia del SEO, su aplicación es más rápida. En 24 horas puede lanzar una campaña y hacer que su tienda online sea visible en los resultados de búsqueda de Google para las palabras clave que haya elegido. Es increíblemente potente, sobre todo en el lanzamiento de un sitio, y también puede ayudarle a medio plazo a determinar las palabras clave que tienen más potencial para el SEO.

El SEA se basa en tres pilares fundamentales:

La selección estratégica de las palabras clave

La selección de las palabras clave es igualmente crucial en el SEA. No solo se trata de encontrar los términos relevantes, sino también de evaluar su rentabilidad potencial. Una buena palabra clave en SEA debe tener un coste por clic (CPC) razonable con respecto a su margen sobre el producto, un volumen de búsqueda suficiente y una clara intención de compra.

Por ejemplo «comprar zapatillas de trail online» probablemente tendrá una mejor tasa de conversión que «opinión zapatillas de trail», aunque esta última pueda tener un mayor volumen de búsquedas.

La creación de anuncios de gran impacto

Una vez identificadas las palabras clave, hay que crear anuncios que animen a los internautas a hacer clic. A diferencia del SEO, en el que se optimizan las páginas existentes, en el SEA se escriben anuncios específicos para cada grupo de palabras clave.

Un buen anuncio debe contener la palabra clave específica, destacar una única ventaja (por ejemplo «Entrega gratuita en 24 horas» e incluir una llamada a la acción clara («Compre ahora»). Es fundamental probar distintas variantes de anuncios para cada grupo de palabras clave a fin de optimizar continuamente el rendimiento.

Patrocinado

deporvillage
https://www.deporvillage.com › botasdemontaña

Envíos en 24 horas

Botas De **Montaña** — Ofertas especiales en **Botas** de **montaña**. Entra en nuestra página web y descúbrelas

★★★★★ Valoración de deporvillage.com: 4,5 - 95.564 reseñas - Política de devoluciones: Más de 36...

Patrocinado

Doña Tomasa
https://www.donatomasa.com

Doña Tomasa Tienda Online - Productos Delicatessen Gourmet

Regala Gourmet para Día del Padre. Anchoas de Santoña Premium en Aceite. Envío gratis 90€. Doña Tomasa. Productos y Regalos Gourmet de calidad exquisita. Envío gratis a partir 90€. Pack de Regalos Gourmet. Envío gratis a partir 90€. Anchoas del Cantábrico.

La optimización continua de las campañas

El SEA no es una estrategia *set and forget*: requiere un seguimiento periódico y ajustes constantes. Esto implica:

- Analizar el rendimiento de cada palabra clave y anuncio.
- Ajustar las ofertas en función del rendimiento de la inversión.
- Añadir palabras clave negativas para evitar clics irrelevantes.
- Mejorar de forma continua las páginas de destino para aumentar la tasa de conversión.

Las ventajas del SEA son numerosas: visibilidad inmediata (sus anuncios pueden aparecer en la parte superior de la primera página de Google a las pocas horas de lanzar su campaña), orientación precisa (usted elige exactamente para qué búsquedas se mostrará su anuncio) y control de su presupuesto (usted define su presupuesto diario y puede ajustar o detener sus campañas en cualquier momento).

Sin embargo, el SEA también tiene sus límites: puede resultar caro, sobre todo en sectores muy competitivos, y, en cuanto deje de pagar, desaparecerá de los resultados de Google. Además, algunos internautas desconfían de los anuncios y prefieren hacer clic en los resultados del posicionamiento natural.

Las dos principales plataformas de SEA son Google Ads, de Google, y Bing Ads, de Microsoft (Bing), respectivamente.

Google Ads es el líder indiscutible del mercado. Permite una segmentación precisa en el motor de búsqueda más utilizado del mundo, para ofrecer una amplia gama de anuncios: de texto, de vídeo, shopping, display, etc.

Bing Ads es la red publicitaria de la plataforma de Microsoft que abarca Bing, Yahoo y AOL. Tiene menor notoriedad que la de Google, pero suele dar lugar a costes por clic más bajos y, por supuesto, hay menos competencia.

Una estrategia de posicionamiento eficaz para una tienda online suele combinar SEO y SEA. El SEO ofrece una visibilidad duradera y mayor credibilidad, mientras que el SEA proporciona una presencia inmediata y una segmentación precisa. Juntos, los dos enfoques pueden aumentar significativamente su tráfico cualificado y, en consecuencia, sus ventas online.

c. Google Shopping: mostrar productos en Google

Google Shopping se ha convertido en una herramienta esencial para los comerciantes electrónicos que desean aumentar su visibilidad y sus ventas en línea. Este servicio, reservado a sitios comerciales, ofrece un escaparate privilegiado para sus productos directamente en los resultados de búsqueda de Google, con su foto y su precio. Combina aspectos de posicionamiento natural (SEO) y anuncios de pago (SEA).

La evolución de Google Shopping

Desde 2015, Google no ha dejado de aumentar la importancia y la visibilidad de su comparador de compras, hasta convertirlo en un canal de venta imprescindible para las tiendas online. En cuanto lance su tienda online, le sugiero que incluya su catálogo en Google Shopping, al menos en la versión gratuita. Esto dará a sus productos una visibilidad adicional en el ecosistema de Google.

Publique gratis sus productos en Google Shopping

Desde 2020, Google ha reintroducido los listados gratuitos en Google Shopping. Esto significa que sus productos pueden aparecer en la pestaña **Shopping** de los resultados de búsqueda de forma gratuita. La visibilidad y los clics que generan estos productos indexados gratuitamente aún no son muy elevados, pero sí muy segmentados y duraderos, así que no se prive.

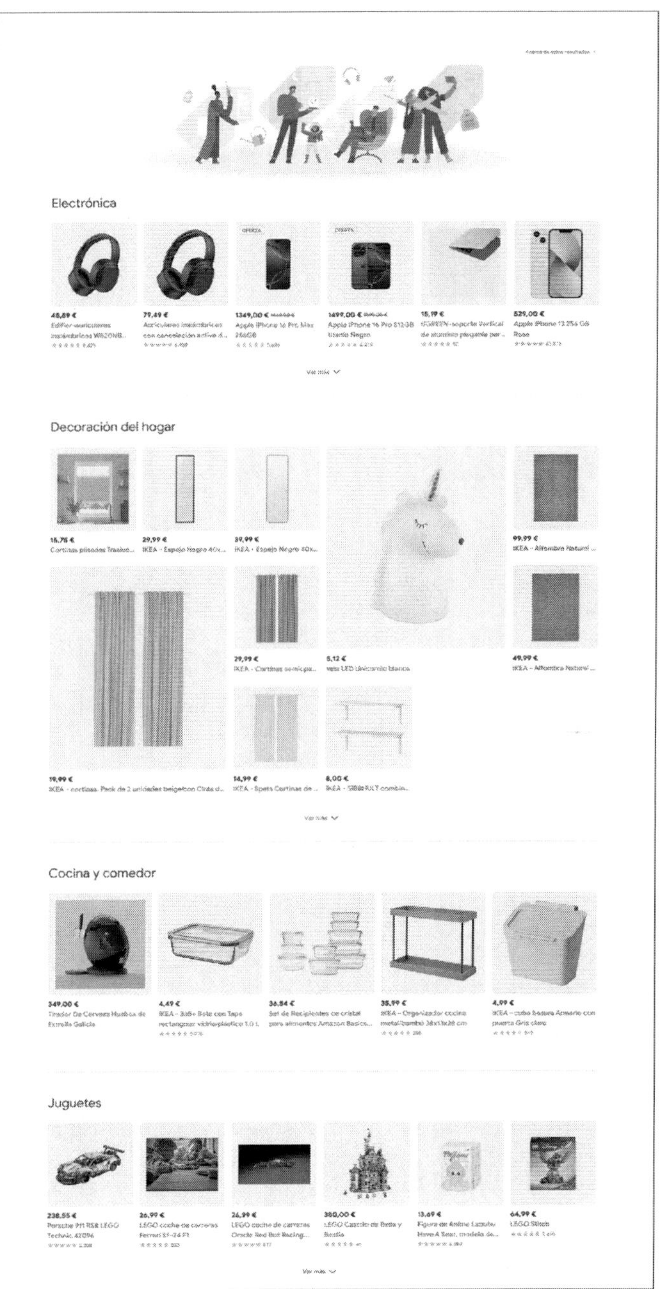
Electrónica
Decoración del hogar
Cocina y comedor
Juguetes

Para aparecer en los resultados orgánicos de la pestaña Shopping de Google, primero debe abrir una cuenta de Google Merchant Center, que es gratuita, e integrar su catálogo de productos.

Para abrir una cuenta gratuita, acceda a https://www.google.com/retail y haga clic en el botón **Empezar ahora**, en la parte superior derecha.

Puede integrar su catálogo de diferentes maneras.

Para empezar de forma sencilla y hacer algunas pruebas iniciales, puede integrar algunos de sus productos de forma manual, añadiéndolos uno a uno; o puede integrar su catálogo de productos en formato Excel (archivo .csv o a través de una hoja de cálculo de Google Sheets).

Estas dos soluciones no requieren conocimientos técnicos, pero tampoco permiten sincronizar su catálogo de productos, tal y como aparece en su tienda online, con Google Shopping. En términos prácticos, si cambia el precio de un producto en su web, tendrá que acordarse de cambiarlo también en Google Merchant Center.

Si quiere un sistema que permita esta sincronización y que le garantice una presencia siempre actualizada en Google Shopping, tendrá que integrar su catálogo de productos a través de un flujo de datos. La forma más habitual de hacerlo es generar un flujo en formato XML desde su tienda online, el cual se actualizará automáticamente cada vez que haga un cambio en su catálogo de productos, y después introducir la dirección de ese flujo en Google Merchant Center. De este modo, Google Shopping podrá consultar diariamente su flujo y hacer las actualizaciones por usted en la pestaña **Shopping**.

El primer paso consiste en generar ese archivo XML en su tienda online. La mayoría de las plataformas de comercio electrónico actuales prevén la creación de este archivo. Sin embargo, debe tener sus fichas de productos correctamente rellenadas y clasificadas según las categorías de Google para que el archivo se genere sin problemas. Si fuera necesario, no dude en ponerse en contacto con su webmaster o el responsable de marketing para que le ayude a ponerlo en marcha.

El siguiente paso es enviar la dirección de su archivo XML a Google, en su Google Merchant Center.

Google comprobará entonces que el flujo está correctamente estructurado y completo. Si es así, importará todo su catálogo de productos a su cuenta y comprobará automáticamente cualquier cambio en su catálogo cada 24 horas.

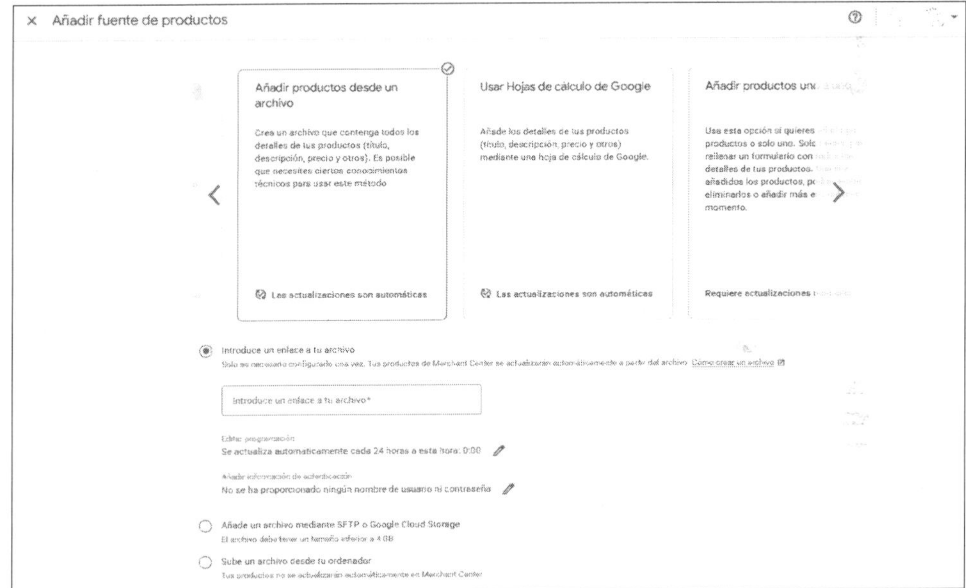

Aumente la visibilidad de sus productos en Google Shopping con Google Ads

Shopping Ads son anuncios gestionados desde la red publicitaria de Google Ads (mencionada anteriormente en la sección sobre el SEA) que combinan el impacto de su indexación en la pestaña **Shopping** con la potencia de Google Ads.

En pocas palabras, hacer publicidad en Google Shopping significa que algunas de sus fichas de productos serán visibles fuera de la pestaña **Shopping**, directamente en la parte superior de la página de resultados de Google. La ventaja para una tienda online, en comparación con la publicidad de Google Ads clásica, es que sus productos aparecen directamente con una foto, un precio e información específica. Un internauta que haya introducido una palabra clave correspondiente a uno de sus productos, que vea la foto y el precio de su producto y que, a continuación, haga clic en él para ser dirigido a la ficha del producto de su tienda online, es un cliente potencial muy específico y de alta calidad.

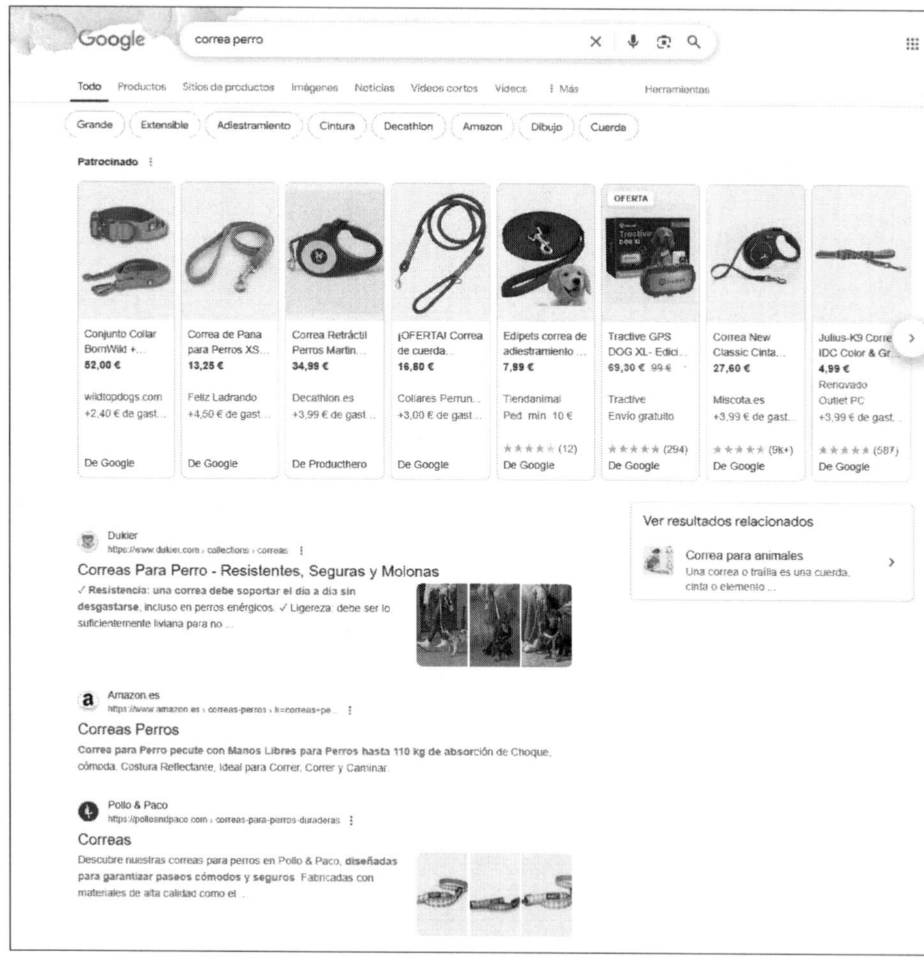

Los anuncios de Shopping Ads son muy específicos, reservados exclusivamente a los sitios de comercio electrónico (venta online). Al igual que con Google Ads, usted paga por cada clic en el anuncio de Google Shopping: cada vez que un visitante ve el anuncio de uno de sus productos y hace clic para ir a su tienda. Pero con una tasa de conversión mucho mayor porque, como habrá adivinado, los visitantes han visto la foto de su producto y su precio antes de hacer clic.

Dado que los anuncios de Google Shopping son uno de los tipos de publicidad gestionados por la red publicitaria de Google Ads, también se beneficiará de todas las demás ventajas de las campañas de Google Ads: segmentación precisa de su público (geográfica, demográfica, etc.), control total de su presupuesto y de sus ofertas, rapidez de ejecución, posibilidad de detener y reiniciar una campaña en cualquier momento, etc.

Google Shopping se ha convertido en una herramienta fundamental para toda tienda online que desee maximizar su visibilidad y sus ventas en línea. Aunque su configuración pueda parecer más compleja que la de una campaña de Google Ads clásica, los beneficios potenciales en términos de tráfico cualificado y de conversiones hacen que sea una inversión inteligente para su tienda online.

d. Display y YouTube: notoriedad

Una vez revisadas las posibilidades que ofrece Google Shopping para hacer campañas muy rentables en términos de ROI (*retorno de la inversión*), es importante que conozca también otros dos formatos publicitarios gestionados por la red de Google Ads: los anuncios Display y los anuncios en YouTube. Estos formatos ofrecen oportunidades interesantes para los comerciantes electrónicos que deseen ampliar su visibilidad más allá de los resultados de búsqueda tradicionales. A diferencia de la publicidad de Google Shopping, estos dos formatos publicitarios tienen un objetivo ante todo de notoriedad: dar a conocer su marca y la existencia de su tienda online al mayor número posible de clientes potenciales.

Es un tipo de publicidad interesante en determinados momentos de la vida de su tienda online; sobre todo, al inicio.

La publicidad Display

Los **anuncios Display**, que como habrá comprobado también se gestionan a través de la plataforma Google Ads, le permiten mostrar anuncios visuales atractivos en una amplia red de sitios web asociados a Google. A diferencia de los anuncios de texto que aparecen en los resultados de búsqueda de Google, los anuncios Display se presentan en forma de banners, imágenes o incluso vídeos, lo que ofrece una mayor libertad creativa para destacar sus productos. Y no se muestran en las plataformas de Google, sino en blogs, sitios de medios de comunicación, etc.

Una de las principales ventajas de los anuncios Display es su capacidad para llegar a un público muy amplio y diverso. Mientras que los anuncios en el motor de búsqueda se dirigen a usuarios que están buscando activamente productos específicos, los anuncios Display le permiten llegar a clientes potenciales incluso cuando no están buscando activamente. Por eso son especialmente efectivos para aumentar la notoriedad de su marca o para promocionar nuevos productos entre un público que quizá no conozca aún su tienda online.

Los anuncios Display también ofrecen opciones avanzadas de segmentación. Puede elegir mostrar sus anuncios en sitios web específicos en función de su sector de actividad o dirigirse a usuarios en función de sus centros de interés, su comportamiento de navegación o incluso su historial de compras. Gracias a esta precisión en la segmentación, optimizará sus gastos publicitarios asegurándose de que sus anuncios los vean sobre todo las personas que tienen más posibilidades de estar interesadas en sus productos.

En el ámbito del comercio electrónico, los anuncios Display pueden ser especialmente eficaces no solo para generar notoriedad en las primeras etapas, sino también en otros contextos. Por ejemplo, son ideales para el «remarketing», es decir, para dirigirse a visitantes que ya han consultado su sitio, pero que aún no han comprado. Al recordarles visualmente sus productos cuando navegan por otras páginas, aumentará las posibilidades de que vuelvan a su tienda para completar la compra. Los anuncios Display también son eficaces para promocionar ventas flash, rebajas de temporada o el lanzamiento de nuevas colecciones, creando un impacto visual fuerte e inmediato.

Los anuncios de YouTube

YouTube, propiedad de Google, es la segunda plataforma de búsqueda del mundo después del propio Google. Los anuncios de YouTube, también gestionados a través de Google Ads, le ofrecen una oportunidad única de alcanzar a su público a través de atractivos contenidos de vídeo.

Los formatos publicitarios en YouTube son variados: desde los anuncios *pre-roll* (que se muestran antes del contenido principal) hasta los anuncios *in-stream* (que se pueden saltar tras algunos segundos), pasando por los anuncios *bumper* (vídeos cortos de seis segundos que no se pueden saltar). Esta diversidad le permite elegir el formato que mejor se adapte a su mensaje y a su presupuesto.

Una de las principales ventajas de los anuncios de YouTube para su tienda online es la posibilidad de presentar sus productos de una forma más detallada y dinámica que con una simple imagen o un texto. Puede mostrar sus productos en acción, explicar sus características o incluso compartir testimonios de clientes satisfechos. Este enfoque puede ser particularmente eficaz para productos complejos o innovadores que requieren una demostración para ser apreciados en su totalidad.

Además, YouTube ofrece opciones de segmentación precisas para mostrar sus anuncios a los usuarios en función de sus centros de interés, de su historial de visionado o incluso por palabras clave específicas relacionadas con los vídeos que ven. Esta precisión en la segmentación puede ayudar a maximizar el retorno de la inversión de sus campañas publicitarias.

Los anuncios de YouTube pueden ser particularmente útiles para crear una conexión emocional con su audiencia. Por ejemplo, puede utilizar vídeos para contar la historia de su marca, presentar los entresijos de su empresa o mostrar cómo encajan sus productos en la vida cotidiana de sus clientes. Este enfoque puede ayudar a construir una relación más fuerte con su audiencia, aumentando la fidelidad a la marca y, potencialmente, las ventas a largo plazo.

La publicidad Display y de YouTube, ambas gestionadas por la plataforma Google Ads, ofrecen a los comerciantes electrónicos oportunidades únicas para ampliar su visibilidad más allá de los resultados de búsqueda tradicionales. Aunque pueden requerir una inversión inicial en términos de creación de contenido visual o de vídeo, estos formatos publicitarios pueden contribuir significativamente a aumentar la notoriedad de su marca, captar a su audiencia de forma más profunda y, en última instancia, a estimular sus ventas online. Como en cualquier estrategia de marketing, si decide lanzar campañas de Display o de YouTube, es importante que pruebe diferentes formatos y contenidos, que analice su rendimiento y que ajuste sus campañas en consecuencia para maximizar su retorno de inversión.

2. Redes sociales

Las redes sociales se han convertido en una parte esencial en la estrategia de comunicación de una tienda online. Ofrecen multitud de oportunidades para interactuar con sus clientes potenciales, construir su marca y generar ventas.

a. Crear una comunidad

Crear una comunidad en las redes sociales es esencial para establecer una relación duradera con sus clientes.

Empiece por elegir las plataformas más adecuadas para su actividad. Instagram y Pinterest son particularmente eficaces para productos visuales, mientras que LinkedIn se adapta mejor a los productos B2B. No intente estar presente en todas las plataformas desde el principio, a menos que disponga de un presupuesto de comunicación considerable y de los recursos humanos necesarios.

Concentre sus esfuerzos en una o dos plataformas, encuentre un ritmo de comunicación y un tono que le permita desarrollar una comunidad y forjar vínculos cada vez más sólidos con esta.

Su comunidad es su principal activo en las redes sociales. Una vez desarrollada y consolidada, puede ofrecerle periódicamente nuevos productos, hacer que quieran hablar de usted, obtener su feedback, etc.

No olvide que las redes sociales son, ante todo, lugares de diálogo y, como su nombre indica, de «socialización». Anime a sus suscriptores a interactuar con su contenido formulando preguntas, organizando encuestas o invitándoles a compartir sus experiencias. Responda rápidamente a los comentarios y a los mensajes privados para mostrar que escucha a su comunidad. Esta interacción regular contribuirá a fidelizar a sus clientes y atraer nuevos gracias al boca a boca digital.

Publique periódicamente contenidos de calidad que reflejen la identidad de su marca y aporten valor a su audiencia. Comparta también fotos de sus productos, consejos de utilización o testimonios de clientes satisfechos. Para publicar contenido que le ayude a desarrollar su notoriedad, a la vez que intenta convertir a sus suscriptores en clientes, es aconsejable definir varios pilares de comunicación, es decir, varios temas. Cada uno de estos pilares debe corresponder a un objetivo de marketing específico: informar, educar, inspirar, entretener, generar reacciones, etc. Sobre todo, evite publicar únicamente fotos de sus productos. Una red social no es un listado de productos; es un lugar, no solo de socialización, sino también de entretenimiento. Al crear una página en una red social, asume el papel de un director de medios de comunicación: debe definir una línea editorial, diferentes «crónicas» y «secciones» para variar los tipos de contenidos y mantener a su comunidad siempre comprometida e interesada.

b. Concursos: desarrollar e implicar a su comunidad

Una vez que haya comenzado a construir su comunidad en las redes sociales, los concursos son una forma excelente de impulsarla y aumentar su visibilidad. No solo pueden involucrar a sus suscriptores actuales, sino también atraer a nuevos seguidores a su página (los *followers*) potencialmente interesados por sus productos.

Los concursos estimulan el compromiso a través del juego y aprovechan el efecto viral de las redes sociales. Ofrezca concursos sencillos y atractivos, asegurándose de que se ajusten a la identidad de su marca y a los intereses de su comunidad.

Por ejemplo, no tiene sentido regalar un iPad si lo que busca es atraer a dueños de perros; es mejor ofrecer un lote de comida para perros durante un año. Así se asegurará de que solo los clientes potenciales participan en el juego y descubren su página.

Los concursos pueden tener varios objetivos de marketing. Defina claramente el que le conviene antes de lanzar una acción de este tipo:

- Aumentar su número de seguidores: la participación en su concurso deberá requerir ser seguidor de su cuenta.
- Enriquecer su base de clientes potenciales: la participación en el concurso tendrá lugar en su página web y los participantes tendrán que registrarse o enviar su solicitud rellenando un formulario con su nombre, dirección de correo electrónico y otros datos de interés.
- Aumentar la notoriedad de su marca: el concurso se organizará junto con una o varias marcas o influencers, lo que le dará acceso a un público nuevo y aumentará su alcance.
- Aumentar la fidelidad a su marca: si ofrece premios y oportunidades interesantes y atractivos para su actividad, sus suscriptores permanecerán atentos para enterarse de las novedades y no perderse ninguna oportunidad de volver a participar.
- Generar implicación: el concurso puede estar diseñado para fomentar la interacción, los comentarios, que los usuarios compartan y den a «me gusta», lo que aumenta la implicación global de su comunidad. La participación requerirá, por ejemplo, dar a «Me gusta» o añadir un comentario.

- Recopilar contenido de los usuarios: el concurso puede pedir a los participantes que envíen fotos, vídeos o reseñas de sus productos, lo que le permitirá recopilar contenido generado por los usuarios y comentarios valiosos sobre su oferta.

Una vez definido claramente el objetivo del concurso, prepárelo y láncelo siguiendo estos pasos:

- Escoja un premio atractivo y relacionado con sus productos.
- Establezca unas normas de participación claras y sencillas. Cuanto más fácil sea, más participantes habrá. Y fije una fecha de inicio y de finalización.
- Cree un visual llamativo para anunciar su concurso.
- Utilice un hashtag único para el concurso a fin de rastrear fácilmente las participaciones;
- Promocione el concurso en todos sus canales de comunicación (no solo en las redes sociales).
- Interactúe con los participantes a lo largo del concurso para mantener el entusiasmo.
- Anuncie públicamente al ganador y dé las gracias a todos los participantes.
- Analice los resultados para mejorar los futuros concursos.

No se olvide de comprobar las reglas específicas de cada plataforma para la organización de concursos. Por ejemplo, Facebook tiene normas estrictas sobre cómo organizar concursos en su plataforma.

Algunos ejemplos de concursos eficaces en las redes sociales:

- Concurso de fotografía

Pida a sus seguidores que publiquen una foto relacionada con su marca o sus productos, con un hashtag específico. Por ejemplo, si vende accesorios para mascotas, podría organizar un concurso para «El mejor selfie con su mascota».

- Cuestionario o adivinanza

Haga una pregunta relacionada con su ámbito de actividad e invite a sus suscriptores a responder en los comentarios. De esta forma, no solo involucra a su comunidad, sino que también les informa sobre su sector.

- Concurso caja misteriosa y «unboxing»

Ofrezca ganar una caja llena de productos sorpresa. Pida al ganador que grabe un vídeo del desembalaje («unboxing») para aumentar la interacción.

- Concurso de celebración

Organice un concurso para dar las gracias a sus seguidores cuando alcance un hito importante (número de seguidores, número de meses de existencia, número de posts publicados, etc.). Por ejemplo, un concurso para celebrar los 1000 primeros seguidores en Instagram en el que ofrezca un premio especial a los participantes.

- **Concurso «Etiqueta a un amigo»**

Pida a sus seguidores que «etiqueten» a un amigo en los comentarios para invitarlo a participar en el concurso. Esto aumenta la visibilidad y llega a nuevos públicos. A continuación, puede sortear un ganador al azar u ofrecer a cada participante la oportunidad de ganar un vale.

- **Un donativo a una causa**

Vincule su concurso a una causa social haciendo un donativo por cada participación. Esto demuestra el compromiso de su marca con causas importantes. Por ejemplo, un concurso en el que, por cada participación, usted hace una donación a una organización benéfica de su elección y el ganador recibe una cesta de sus productos.

Un concurso bien diseñado no solo puede aumentar su número de seguidores, sino también generar tráfico cualificado hacia su tienda online. Además, podrá recopilar datos valiosos sobre sus clientes potenciales y crear contenidos generados por los usuarios que podrá volver a utilizar en futuras comunicaciones.

Incorporar periódicamente concursos en su estrategia de comunicación en redes sociales puede ayudarle a mantener el interés de su comunidad, a la vez que atrae a nuevos clientes potenciales.

c. Social Selling: crear un catálogo en las redes sociales

El *Social Selling* consiste en utilizar las redes sociales como verdaderos canales de venta. En determinadas plataformas, como Facebook e Instagram, ya es posible integrar directamente su catálogo de productos. Estos catálogos se presentan como auténticas tiendas online integradas que permiten ver sus productos sin salir de la red social, con una ficha de producto completa, fotos, el precio del producto, la descripción y, por último, un enlace para comprar que dirige al internauta a la página de compra correspondiente de su tienda online. Otras plataformas, como TikTok y Snapchat, también han empezado a ofrecer la integración de tiendas.

¿Cuáles son las ventajas del Social Selling?

Al transformar sus redes en tiendas, aumentará considerablemente la probabilidad de convertir a sus seguidores en clientes.

Sus productos se muestran donde sus clientes potenciales ya pasan mucho tiempo, lo que le proporciona una mayor visibilidad y eficacia. Los usuarios de la plataforma tienen una experiencia de compra fluida, ya que pueden descubrir y comprar sus artículos (casi) sin salir de la aplicación.

El punto fuerte de las herramientas de Social Selling es que seguirá animando su página de Facebook o de Instagram con contenidos inspiradores, entretenidos y educativos que atraerán a nuevos seguidores y fidelizarán a los ya existentes. Recuerde que estas plataformas son un lugar de intercambio y entretenimiento y que no se trata solo de publicar las fichas de sus productos. La magia surge cuando, al publicar sus posts habituales, puede «etiquetar» los productos que se ven en la publicación. Es una experiencia mucho más rica y gratificante para sus productos que las simples fotos centradas en el producto y sus características. Está vendiendo un sueño, un estilo de vida. Y lo único que tienen que hacer sus followers es un clic para comprar ese sueño directamente en su tienda online.

Un ejemplo concreto: supongamos que tiene una tienda online de ropa. En lugar de hacer fotos de frente y de perfil de una modelo con una de sus prendas, puede publicar una foto con varias amigas divirtiéndose en un parque. Cada una lleva un vestido diferente. La foto transmite valores de amistad, alegría y libertad. Y se puede hacer clic en cada uno de los vestidos para ver la foto del producto, su precio y un botón de «comprar».

Esta función es especialmente importante y popular en Instagram, donde no tiene la opción de hacer un enlace desde una publicación que no sea esta. En Facebook, en cambio, puede poner uno o varios enlaces en el texto que acompaña sus imágenes, pero la experiencia mejora cuando se puede hacer clic directamente en la imagen del producto directamente.

Crear una tienda en Facebook o Instagram es un proceso bastante similar al de crear un catálogo en Google Shopping. Puede añadir productos manualmente, importar un catálogo en formato .csv o incluso, y esta es la mejor opción, sincronizar un flujo XML. Además, puede utilizar el mismo flujo XML que para Google Shopping, al menos hasta ahora.

Aunque solo quiera estar activo en Instagram, necesita una página de empresa en Facebook para tener acceso a las opciones de creación de tiendas. Ambas plataformas son propiedad de Meta y comparten algunas funciones.

Algunos consejos para optimizar su catálogo social:

- Utilice fotos y vídeos de alta calidad.
- Asegúrese de que su catálogo corresponda siempre con su stock actual.
- Cree colecciones temáticas para facilitar la navegación de los usuarios.

El Social Selling, a través de la creación de un catálogo en las redes sociales, se ha convertido en una herramienta fundamental para toda tienda online. No solo puede ampliar su alcance, sino también crear una experiencia de compra más inmersiva y atractiva para sus clientes potenciales.

d. Social Ads: vender más gracias a las redes sociales

Los **Social Ads**, o anuncios en las redes sociales, son anuncios de pago que se muestran en las plataformas de las redes sociales como Facebook, Instagram, X (antiguo Twitter), LinkedIn o TikTok. Estos anuncios se integran de forma nativa en los feeds de noticias de los usuarios y aparecen junto al contenido orgánico que suelen consultar.

Los Social Ads ofrecen a los comerciantes electrónicos una oportunidad única para dirigirse a un público determinado. Gracias a la gran cantidad de datos demográficos y de comportamiento que recogen las redes sociales, puede afinar la segmentación en función de criterios como la edad, la ubicación, los centros de interés o incluso los comportamientos de compra anteriores de los usuarios.

Los Social Ads se presentan en distintas formas adaptadas a las características específicas de cada plataforma. Pueden ser posts patrocinados, vídeos publicitarios, carruseles de imágenes o incluso stories patrocinadas. Esta variedad de formatos le permite escoger el tipo de anuncio que mejor se adapte a sus objetivos de marketing, a su público objetivo y a la naturaleza de sus productos.

Una de las principales ventajas de los Social Ads es su flexibilidad presupuestaria. Tanto si es una pequeña tienda online que acaba de empezar como una gran marca consolidada, puede ajustar su presupuesto publicitario en función de sus recursos y sus objetivos. Las plataformas de Social Ads suelen funcionar con un modelo de subastas, en el que solo paga cuando un usuario interactúa con su anuncio (por ejemplo, haciendo clic en él o viendo un vídeo).

En e-commerce, los Social Ads representan una poderosa palanca para aumentar la visibilidad de su marca, atraer tráfico cualificado a su tienda online y, en última instancia, aumentar sus ventas online. Además, le ofrecen la ventaja de poder medir con precisión el rendimiento de sus campañas. Y como todo lo que se mide, se puede analizar y optimizar... Por lo que podrá optimizar continuamente sus estrategias publicitarias para maximizar el retorno de la inversión.

Las principales redes sociales ofrecen soluciones publicitarias interesantes para el comercio electrónico: Facebook, Instagram, X (antiguo Twitter), LinkedIn y TikTok. Cada una de estas redes tiene sus propias especificaciones en cuanto al formato publicitario y al público objetivo.

Entre ellas, Facebook e Instagram ocupan un lugar especial, ya que están gestionadas por una única red publicitaria: Meta Ads. Esta plataforma unificada permite a los anunciantes crear y gestionar campañas publicitarias para ambas redes simultáneamente o solo para una de ellas. Es importante tener en cuenta que, aunque solo quiera anunciarse en Instagram, es necesario crear una página profesional en Facebook. Esta exigencia se debe a que Meta utiliza los datos de su página de Facebook, empezando por la conexión entre esta y su página de Instagram, para gestionar sus campañas publicitarias. Sin embargo, la plataforma ofrece la flexibilidad de elegir si quiere publicar sus anuncios en Facebook, en Instagram o en ambas redes al mismo tiempo, lo que le permite adaptar su estrategia publicitaria en función de su público objetivo y sus objetivos de marketing. También dispone de toda una serie de potentes opciones de segmentación: desde los intereses de su público objetivo hasta su ubicación geográfica, pasando por la ubicación del anuncio en la plataforma seleccionada, etc.

Los principales tipos de campañas publicitarias en las redes sociales son:

- Publicidad para la notoriedad de la marca

Estas campañas están diseñadas para aumentar la visibilidad y el reconocimiento de su marca entre un amplio público. Son especialmente útiles para las nuevas tiendas online o para el lanzamiento de nuevos productos. El objetivo es causar una impresión duradera en los consumidores para que piensen en su marca cuando vayan a hacer una compra.

- Publicidad para atraer tráfico hacia su web

El objetivo de estas campañas es atraer visitantes cualificados a su tienda online. Son especialmente eficaces para dar a conocer su sitio a nuevos clientes potenciales o para promocionar páginas específicas, como las dedicadas a ofertas promocionales o novedades. El objetivo es, ante todo, aumentar el número de visitantes a su página, con la esperanza de que estas visitas se conviertan en ventas.

- Publicidad para captar clientes potenciales

Estas campañas están diseñadas para recopilar información de contacto (principalmente las direcciones de correo electrónico) o para entablar conversaciones con clientes potenciales. Pueden adoptar la forma de formularios de suscripción a newsletters, ofertas para descargar contenidos exclusivos o chatbots para entablar una conversación directa. El objetivo es crear una base de datos de clientes potenciales cualificados a los que después podrá hacer llegar contenido relevante para convertirlos en clientes reales.

- Publicidad para generar ventas directas

Estas campañas promocionan directamente su catálogo de productos, presentando un producto determinado o una categoría de productos en función de la configuración que defina y el perfil de los usuarios a los que se presentan los anuncios. Son especialmente eficaces en plataformas como Facebook e Instagram, que permiten a los usuarios comprar productos sin salir de la aplicación. El objetivo es generar ventas inmediatas presentando sus productos de forma atractiva a un público altamente segmentado.

- Anuncios de retargeting

Estas campañas se dirigen a usuarios que ya han interactuado con su sitio web o sus anuncios anteriores. Por ejemplo, puede dirigirse a las personas que han visitado la página de un producto específico en su tienda online sin realizar una compra, o a las que han abandonado su cesta de la compra. El objetivo es recordar su marca y sus productos a estos usuarios que ya han mostrado su interés, para aumentar las oportunidades de conversión.

Cada uno de estos tipos de campaña tiene sus propias ventajas y puede utilizarse en diferentes etapas del recorrido del cliente. Si combina adecuadamente estos diferentes enfoques, podrá crear una estrategia publicitaria completa en las redes sociales que cubra todos los aspectos del túnel de compra, desde la sensibilización hasta la conversión y la fidelización.

e. Influencers: aumentar la notoriedad y las ventas

El marketing de influencers se ha convertido en una herramienta fundamental para una tienda online que busque aumentar la visibilidad e impulsar sus ventas. Esta estrategia consiste en colaborar con personalidades influyentes («influencers») en las redes sociales para promocionar sus productos entre su comunidad.

Identifique a los buenos influencers

El primer paso crucial es encontrar influencers cuya audiencia corresponda a su objetivo y cuyos valores estén en consonancia con los de su marca. No se fíe solo del número de seguidores: un microinfluencer con una comunidad comprometida en su nicho de mercado puede resultar mucho más eficaz que una celebridad con millones de followers...

Las colaboraciones con influencers pueden adoptar diversas formas:

- Pruebas y reseñas de productos auténticas.
- Códigos promocionales exclusivos para distribuir entre su audiencia.
- Participaciones en eventos de la marca.
- Creación de contenido específico (tutoriales, «unboxing», etc.).
- Creación conjunta de productos con su marca.

Mida el impacto de sus colaboraciones

Para sacar el máximo partido de sus colaboraciones, es fundamental que mida su impacto. Utilice códigos promocionales únicos o enlaces de seguimiento con un identificador único para cuantificar las ventas generadas por cada colaboración. Analice también el interés generado por las publicaciones de los influencers relativas a su tienda (likes, comentarios, compartidos, etc.) para evaluar la resonancia de su marca entre su público.

Construya relaciones duraderas

En lugar de multiplicar las colaboraciones puntuales, intente establecer colaboraciones a largo plazo con algunos influencers clave. Estos embajadores de su marca podrán relatar de forma más auténtica su experiencia con sus productos a lo largo del tiempo, lo que a su vez reforzará la confianza de su comunidad en su tienda online.

Respete la transparencia

Asegúrese de que sus colaboraciones sean claramente identificadas por cada influencer como contenido patrocinado, conforme a la normativa en vigor. Esta transparencia es esencial para mantener la confianza de los consumidores y evitar cualquier problema legal.

Si elige cuidadosamente a sus socios y cultiva una relación duradera, podrá transformar a los influencers en verdaderos embajadores de su marca, lo que será muy positivo a largo plazo para su notoriedad y sus ventas. Sin embargo, antes de embarcarse en una campaña de marketing digital de influencers, tómese su tiempo para desarrollar las bases de su propia comunidad, afinar su posicionamiento de marketing, garantizar una cierta regularidad en sus ventas para conocer bien su mercado y asegurarse de que el posicionamiento de los influencers escogidos está en línea con su marca.

3. Otros canales de comunicación digital

Además de los motores de búsqueda como Google y las redes sociales, existen otros canales de comunicación digital que pueden resultar muy eficaces para promocionar su tienda online y aumentar sus ventas. Entre ellos, y ocupando un lugar destacado, se encuentran las guías de compra y los marketplaces.

a. Las guías de compra

Las **guías de compra** son plataformas digitales para dar a conocer sus productos y atraer tráfico muy segmentado a su tienda online. Funcionan de una forma similar a Google Shopping, pero a menudo se dirigen a un público más especializado. Estas guías de compra eran muy populares antes de la llegada de Google Shopping, que fue reduciendo progresivamente su visibilidad y su impacto. En Europa, Kelkoo fue una guía de compras pionera desde 1995. En sus inicios, Kelkoo permitía a los usuarios comparar los precios de diferentes productos y encontrar las mejores ofertas en línea. En aquellos momentos se denominaban «comparadores de precios», y no guías de compra. Después se convirtió en uno de los principales motores de búsqueda de compras online en Europa, ofreciendo no solo comparaciones de precios, sino también críticas de productos y recomendaciones de compras. En 2001 fue adquirida por Yahoo!

¿Cómo funcionan las guías de compra?

Los compradores en línea consultan estos sitios introduciendo las palabras clave específicas como en Google o utilizando filtros (por ejemplo: «Vestido de noche negro» o marcando criterios como talla, color, largo).

Se muestran productos de varios vendedores que coinciden con la búsqueda, junto con su foto y su precio.

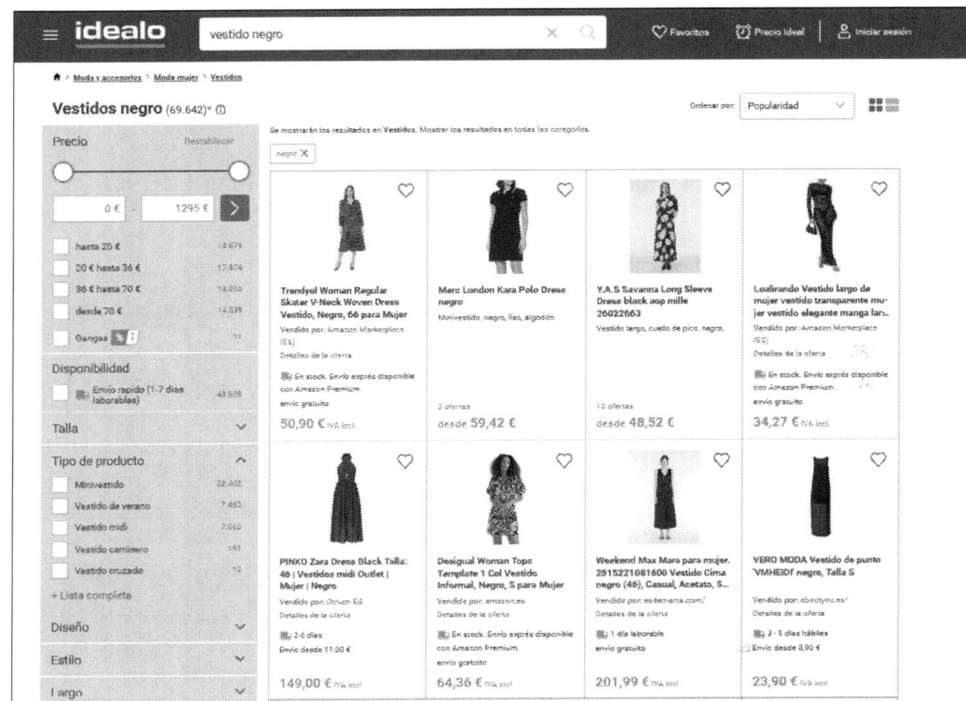

Al hacer clic en un producto que le interese, el comprador accede directamente a la página del producto en cuestión de la tienda online del vendedor.

Estas guías de compra tienen una gran ventaja: le dan visibilidad ante un público de consumidores muy segmentados y deseosos de comprar en línea, y generan un tráfico muy específico, ya que los visitantes que llegan a su sitio a través de estas guías de compra están muy interesados en el producto, en su precio, y se encuentran en la fase activa del proceso de compra.

Además, el coste por clic suele ser fijo, a diferencia del sistema de subastas de Google Shopping, y relativamente económico.

En contraposición, las condiciones de inclusión en las grandes guías de compra son cada vez más selectivas. Con frecuencia se exige un compromiso de gasto mínimo mensual o se aplican tarifas adicionales, lo que no ocurre con Google Shopping.

Sin embargo, si busca sitios de nicho o nuevas guías de compra que estén empezando, aún puede encontrar buenas oportunidades para ganar clientes adicionales cada mes.

Algunas de las guías de compra en el mercado español en 2025:

Kelkoo: https://www.kelkoo.es/

Idealo: https://www.idealo.es/

ShopMania: https://www.shopmania.es/

Twenga: https://www.twenga.es/

Comparar.net: https://www.comparar.net/

Ciao: https://www.ciao.es/

b. Los marketplaces

Los **marketplaces** son plataformas de venta online que agrupan a varios vendedores. Amazon, eBay o AliExpress son ejemplos muy conocidos, pero también existen marketplaces más especializados según el sector de actividad.

La gran diferencia entre un marketplace y una guía de compra es que, en el caso de un marketplace, la compra online se hace en la propia plataforma y es el marketplace quien cobra la venta y a quien «pertenecen» los clientes, mientras que las guías de compra simplemente dirigen los clientes a las diferentes tiendas de los vendedores que figuran en ellas. La venta se realiza en el propio sitio de la tienda del vendedor, es él quien cobra sus propias ventas directas y, por supuesto, los clientes se convierten en sus propios clientes.

Esto se traduce en el modelo económico: mientras que las guías de compra suelen cobrar simplemente una cantidad por clic, haya o no venta en su sitio, los marketplaces se llevan una comisión por cada venta, pero no cobran por la simple visibilidad de sus productos.

¿Por qué utilizar los marketplaces?

- Suelen tener un público muy amplio que, generalmente, atrae millones de visitantes cada día.
- Los consumidores suelen confiar más en estas plataformas consolidadas que en una pequeña tienda online que no conocen. Saben que, si hay algún problema con el producto recibido (o en caso de no recibirlo), podrán recurrir al marketplace para obtener una respuesta comercial.
- Algunos marketplaces ofrecen servicios de almacenamiento y de envío, lo que simplifica la logística para algunos vendedores.
- Los marketplaces dan una visibilidad inmediata a sus productos, por lo que no hay necesidad de esperar a que su SEO actúe ni invertir presupuesto en campañas publicitarias para empezar a vender.

Los marketplaces tienen muchas ventajas, pero su uso no es tan sencillo. Compruebe las condiciones de acceso al marketplace: no solo el porcentaje de comisión sobre las ventas, que a veces puede ser elevado, sino también cualquier otro cargo; por ejemplo, una suscripción mensual fija aunque no tenga ventas, para poder tener en cuenta este coste en su estrategia de precios.

Además, debe controlar los plazos de entrega y la capacidad de respuesta de su servicio de atención al cliente. Es mejor anunciar un plazo de entrega un poco más largo de lo previsto que ser optimista y que algún cliente inicie un procedimiento de reclamación al marketplace si se retrasa un día con respecto al plazo anunciado. Además, asegúrese de que responde a todas las preguntas que le hagan los clientes a través del marketplace y a los procesos de seguimiento de la propia plataforma. Si se retrasa, cosa que puede ocurrir rápidamente en el caso de una pequeña empresa, podría acabar con una mala valoración e incluso ser excluido del marketplace.

Por último, aunque todo vaya perfectamente, no confíe únicamente en los marketplaces. Desarrolle de forma paralela la audiencia en su propia tienda online para diversificar sus canales de venta.

Algunos consejos para optimizar su presencia en los marketplaces:

- Seleccione los marketplaces que mejor se adapten a su objetivo y a sus productos.
- Optimice sus fichas de producto con títulos claros, descripciones detalladas y fotos de calidad.
- Gestione su reputación, ya que las opiniones de los clientes son de vital importancia en estas plataformas. Potencie las reseñas positivas y gestione con eficacia los comentarios negativos.
- Vigile sus precios, ya que la competencia suele ser feroz y estar al acecho en los marketplaces. Asegúrese de seguir siendo competitivo al tiempo que preserva sus márgenes.

c. Las redes de publicidad display

La **publicidad display**, también conocida como **publicidad gráfica** o **banners publicitarios**, es una forma de publicidad online que suele utilizar elementos visuales, como imágenes, animaciones o vídeos, para promocionar un producto o una marca. Los anuncios de display se muestran en redes sociales de sitios web asociados, aplicaciones móviles o redes sociales.

El modelo económico

El modelo económico de la publicidad display se basa generalmente en dos tipos de tarifas:

- CPM (Coste Por Mil): se paga una cantidad fija por cada mil visualizaciones de su publicidad.
- CPC (Coste Por clic): solo se paga cuando un internauta hace clic en su anuncio, como con Google Ads, por ejemplo.

Algunas plataformas también ofrecen modelos basados en las conversiones (CPA - Coste Por Acción) o en las visualizaciones (CPV - Coste Por Visualización) para los anuncios en vídeo.

Las principales plataformas de publicidad display

Además del gigante Google, que, como hemos visto, ofrece Google Display desde su plataforma Google Ads para la publicidad display en sitios asociados, existen otras plataformas, como Taboola y Outbrain, que han desarrollado una amplia red de sitios de noticias. Criteo, un sitio de retargeting muy eficaz para el e-commerce, es una alternativa interesante para su tienda online.

Los objetivos de una campaña de publicidad display en e-commerce

- Aumentar la notoriedad de su marca o lanzar nuevos productos con banners que destaquen su logo, sus productos estrella o sus promociones actuales.
- Promocionar productos específicos activando anuncios dinámicos que muestren automáticamente los productos más relevantes para cada internauta, en función de su historial de navegación o sus centros de interés.
- Convertir clientes potenciales en clientes reales con campañas de retargeting dirigidas a visitantes que ya han consultado su sitio, pero aún no han realizado ninguna compra.
- Hacer promociones de temporada durante períodos clave (rebajas, vacaciones, etc.).

Una campaña de publicidad display le brinda la oportunidad de presentar sus productos a un amplio público específico. Combinando creatividad visual, segmentación precisa y estrategia de retargeting, puede contribuir significativamente a aumentar la visibilidad de su tienda online, en primer lugar, y, más adelante, a desarrollar sus ventas.

d. E-mailing

El e-mailing es uno de los canales de comunicación más eficaces y rentables para desarrollar sus ventas en línea. Bien utilizado, le permite estar en contacto con sus clientes, generar ventas periódicas y convertir nuevos clientes potenciales en clientes reales.

De hecho, el e-mailing es una herramienta de comunicación digital que tiene muchas ventajas. Sobre todo, ofrece un excelente retorno de la inversión en comparación con otros canales de marketing. Además, puede adaptar sus mensajes en función de las preferencias y el comportamiento de compra de sus clientes. Y como los resultados de sus campañas son fáciles de analizar (tasas de apertura, de clics, de conversión), puede optimizar fácilmente su comunicación por este canal de un envío a otro.

En el comercio electrónico, el e-mailing puede utilizarse para enviar diferentes tipos de boletines.

- Una newsletter periódica: envíe un boletín a sus suscriptores a intervalos regulares para informarles de las novedades, promociones y noticias de su tienda.
- E-mails promocionales: envíe a sus contactos ofertas especiales, rebajas o ventas flash. Puede seleccionar solo los clientes que han comprado en los últimos seis meses o, por el contrario, solo los clientes potenciales que nunca han comprado en su tienda. Hoy en día, con las herramientas de newsletter, puede afinar la segmentación de sus envíos para tener un impacto eficaz.
- E-mails de seguimiento: en su tienda online, configure el envío automático de e-mails de seguimiento para recordar a los clientes sus cestas abandonadas o los productos consultados, para ofrecerles ventas cruzadas tras una compra o incluso para reactivar a los clientes inactivos.
- E-mails de bienvenida: puede crear un correo electrónico, o mejor aún, una serie de e-mails que se enviarán automáticamente a cada nuevo cliente para agradecerle su compra, presentarle la historia de su marca, recordarle información práctica y el contacto del servicio de atención al cliente.
- E-mails de fidelización: dé las gracias a sus mejores clientes con un boletín especial, en el que puede incluir, por ejemplo, ventajas exclusivas.
- Correos electrónicos educativos: además de su newsletter periódica, puede enviar puntualmente consejos de utilización de sus productos o tendencias en el sector.

¿Cómo empezar con el e-mailing?

Si la plataforma que ha escogido para la creación de su tienda online no le proporciona una herramienta de e-mailing, puede elegir entre las muchas que existen en el mercado. Con Mailchimp, Brevo o Aweber, por ejemplo, puede lanzar su boletín fácilmente y vincularlo a su tienda online.

Cuando ya disponga de una herramienta, asegúrese de recopilar las direcciones de correo electrónico de sus clientes actuales y potenciales de forma legal y ética. En lugar de ofrecerles simplemente que se suscriban a su boletín, algo que hoy en día no resulta demasiado atractivo, ofrézcales una razón para suscribirse. Muchas tiendas online ofrecen un código promocional con un descuento del 10-30 % en el primer pedido por suscribirse a su boletín. Pero puede ser más creativo y, por ejemplo, ofrecer una guía gratuita de tendencias en su sector de actividad o una serie de vídeos exclusivos en los que enseñe a sus clientes a dominar una habilidad relacionada con su actividad.

Por ejemplo, si vende accesorios para perros, podría ofrecer una serie de vídeos cortos para asear a su perro fácilmente. Si vende herramientas de bricolaje, podría ofrecer una serie de vídeos o una breve guía en PDF para enseñar a sus suscriptores a instalar una estantería de forma fácil y segura (con un taladro que venda en su tienda).

Su lista irá creciendo poco a poco. A continuación, es importante segmentarla para distinguir las distintas listas de contactos (nuevos clientes, clientes fieles, clientes potenciales, etc.) a fin de enviar mensajes más adecuados y personalizados.

Buenas prácticas para el e-mailing

Cuando envíe correos electrónicos, es importante que se asegure de hacerlo de forma que cumpla el RGPD y que incluya siempre un enlace para darse de baja. Además, asegúrese de que los e-mails se visualizan correctamente tanto en ordenadores como en smartphones y tabletas, y personalícelos incluyendo el nombre del destinatario siempre que su herramienta de e-mailing lo permita (ahora casi siempre es así), ya que esto anima a sus contactos a abrir el correo.

Es importante fijar una frecuencia regular para su newsletter, que no sea ni demasiado baja ni demasiado alta, para crear un hábito entre sus suscriptores. Es mejor planificar un boletín mensual y mantenerlo a lo largo del tiempo, que intentar hacer una publicación a la semana y dejarlo al cabo de unas semanas porque está desbordado...

Por último, no dude en experimentar periódicamente, sobre todo al principio, y analizar sus estadísticas para poner en marcha una estrategia de envíos eficaz que contribuya significativamente al crecimiento de su actividad.

e. La afiliación

La **afiliación** es una forma de hacer publicidad en diferentes sitios web. Se trata de una estrategia de marketing digital para promocionar sus productos a través de una red de socios, conocidos como afiliados. Es una forma de publicidad basada en el rendimiento en la que solo paga por los resultados obtenidos.

A primera vista, puede parecer un poco similar al sistema de publicidad display, en el sentido de que ambas estrategias de marketing digital le permiten promocionar su tienda en una red de sitios asociados.

Pero hay varias diferencias clave entre la afiliación y la publicidad display.

A diferencia de los anuncios display, que consisten en hacer campañas publicitarias cuyo contenido y elementos visuales están totalmente controlados por el anunciante y tienen una duración determinada, la afiliación es una forma de asociación a largo plazo con sitios independientes que conservan el control de lo que comunican sobre su marca. La segmentación también se hace de forma diferente: con la afiliación, puede dirigirse a un público que le interese principalmente eligiendo a sus afiliados, mientras que la publicidad display ofrece opciones avanzadas y precisas de segmentación publicitaria.

Si conoce los métodos comerciales tradicionales, podríamos comparar la afiliación con la creación de una fuerza de ventas, pero en Internet.

Usted «contratará» a los «afiliados», que serán como «representantes comerciales» virtuales y a los que pagará según la tarifa que haya fijado. Incluso puede decidir no pagar los clics, sino pagar solo una comisión por las ventas. Es lo que suele hacerse en e-commerce.

Por lo tanto, la principal ventaja de la afiliación es que el modo de pago puede adaptarse al perfil de cada sitio asociado y a su estrategia de ventas. Además, puede decidir tener un solo afiliado o crear una red de cientos o miles de afiliados. La mayoría de las veces, les ofrecerá un sistema de remuneración que no le costará nada, mientras no generen ventas.

Los afiliados pueden ser empresas o particulares. Incluso es posible convertirse en afiliado sin tener un sitio web. Es el caso, por ejemplo, de muchos youtubers e influencers en las redes sociales que dirigen a la tienda online de marcas a las que están afiliados como complemento de un contenido sobre el tema.

Los programas de afiliación suelen ofrecer tres métodos principales de remuneración, cada uno adaptado a diferentes objetivos y tipos de productos

El primero es el **CPC** o *Coste Por Clic*. En este caso, usted paga al afiliado una cantidad fija por cada clic que genere en su sitio, independientemente de la acción que el visitante realice a continuación. Este modelo puede resultar útil para aumentar rápidamente el tráfico a su sitio, pero requiere un seguimiento exhaustivo para garantizar la calidad de las visitas.

El segundo modo es el **CPA** o *Coste Por Acción*. En este modelo, solo paga una comisión a su afiliado cuando el visitante que ha enviado a su sitio realiza una acción específica. Esta acción puede ser una venta, pero también una suscripción a la newsletter, una solicitud de presupuesto o cualquier otro objetivo que usted defina. Esta forma de remuneración le interesa particularmente porque le garantiza el retorno de su inversión.

Por último, la remuneración por rendimiento en forma de ***Revenue Share*** o reparto de ingresos, que consiste en pagar al afiliado un porcentaje del importe de cada venta que genere. Este modelo de remuneración suele utilizarse para los productos con márgenes elevados, ya que alinea los intereses del afiliado con los suyos: cuantas más ventas, mayor será la comisión.

¿Cómo se calculan los importes que se debe a los afiliados?

El cálculo lo realiza una herramienta externa que también actúa como interfaz entre el anunciante y sus afiliados. Es lo que se conoce como software o plataforma de afiliación.

He aquí algunos ejemplos:

https://www.tradedoubler.com/

https://www.awin.com/

https://affilae.com/en

https://www.pop-affiliation.com/ (en francés)

https://impact.com/

En pocas palabras, estas plataformas de afiliación generan técnicamente un «contador» que se encapsula en el banner publicitario que cada afiliado recupera y coloca en su sitio. Es lo que se conoce como «código de seguimiento». Este código contiene el identificador único del afiliado y el del anunciante.

Cuando el afiliado quiere promocionar a un anunciante, se conecta a la plataforma de afiliación, escoge entre los diferentes formatos publicitarios que ofrece el anunciante (desde un simple enlace hasta el banner animado, pasando por otras muchas opciones). A continuación, copia y pega esta publicidad en su sitio. Cuando un visitante de su sitio haga clic en el anuncio, será redirigido automáticamente al sitio del anunciante. Además, el código de «seguimiento» registrará el clic y el recorrido del visitante por el sitio del anunciante hasta que se complete la venta.

Estos datos se muestran casi en tiempo real en la plataforma de afiliación. Se pueden consultar tanto por el anunciante como por su afiliado.

Crear su propia red de afiliación a menudo puede resultar una herramienta de comunicación muy potente. Eso sí, al principio tendrá que invertir cierto tiempo. Pero esta inversión merecerá la pena a largo plazo, ya que ofrece una de las mejores relaciones calidad/precio en términos de captación de nuevos clientes.

C. Desarrollar una estrategia de comunicación

1. Criterios de éxito de una estrategia de marketing web para una tienda online

El éxito de una estrategia de marketing web para una tienda online reside en una serie de factores clave que deben considerarse y equilibrarse cuidadosamente. Estos criterios son independientes y la forma de gestionarlos puede marcar la diferencia entre una campaña eficaz y una inversión poco rentable.

a. El presupuesto de comunicación

El presupuesto de comunicación determina la envergadura y la diversidad de las acciones que puede emprender para promocionar su tienda online. Un presupuesto importante le permitirá desplegar una estrategia multicanal desde el principio, combinando, por ejemplo, campañas publicitarias de pago (SEA y Social Selling), marketing de contenidos y un programa de colaboración con influencers y afiliados.

Sin embargo, es importante tener en cuenta que un presupuesto elevado no siempre es sinónimo de éxito. La eficacia de su estrategia dependerá más de cómo distribuya sus recursos y de la relevancia de sus acciones con respecto a su público objetivo. Por lo tanto, es fundamental planificar cuidadosamente la distribución del presupuesto entre los diferentes canales y herramientas de comunicación, dando prioridad a los que ofrezcan el mejor retorno de la inversión para su actividad específica.

Para ello, antes de llevar a cabo su estrategia digital, debe asegurarse de que permitirá avanzar a los consumidores en su embudo de conversión, con acciones específicas para la notoriedad, la conversión y la fidelización de clientes. También es importante que disponga de las herramientas de análisis correctamente configuradas, con un seguimiento y un análisis periódico de los diferentes resultados para reajustar constantemente las prioridades de comunicación y reasignar su presupuesto a los medios más eficaces cuando sea necesario.

b. Las competencias del equipo

Las competencias de su equipo de marketing desempeñarán un papel decisivo en el éxito de su estrategia de marketing digital. Un equipo polivalente, que domine los diferentes aspectos del marketing digital (SEO, redes sociales, e-mailing, analytics, etc.), estará mejor equipado para diseñar y llevar a cabo una estrategia eficaz.

Si no dispone de todas las competencias necesarias dentro de su empresa, no dude en recurrir a expertos externos o a agencias especializadas para cubrir sus necesidades.

La clave está en encontrar el equilibrio perfecto entre los recursos internos y externos para maximizar la eficacia de la estrategia y controlar los gastos.

Pero, sea cual sea su presupuesto o su disponibilidad para contratar colaboradores expertos o proveedores de servicios externos, hay un punto crucial: su capacidad para gestionar el desarrollo de la comunicación de su tienda. No hace falta que sea un experto, pero sí debe conocer los principios fundamentales, los indicadores de rendimiento pertinentes para su negocio. Y debe hacer un balance periódico de la evolución de los resultados, aunque haya delegado el trabajo en personas de su total confianza. En última instancia, es usted quien debe tomar las decisiones, quien tendrá que poner fin a un canal que no rinda lo suficiente o quien decida duplicar la inversión en otro que funcione mejor.

c. El importe de la cesta media

El importe de la cesta media de su tienda online influye directamente en el retorno de la inversión (ROI) de sus acciones de marketing y determina el presupuesto que puede destinar a la captación de nuevos clientes en el futuro.

Por lo general, una cesta media elevada le permite invertir más en canales de adquisición más caros, como los anuncios de pago o el marketing de influencers, ya que el retorno de la inversión potencial es mayor.

Por otro lado, si su cesta media es baja, tendrá que centrarse en estrategias de adquisición menos costosas, sobre todo al principio, como el SEO o el marketing de contenidos, y dar prioridad a la fidelización de los clientes para aumentar el valor del ciclo de vida del cliente.

El valor de su cesta media depende, en primer lugar, de su actividad: será bajo si vende accesorios para el pelo para adolescentes, mientras que será automáticamente alto si vende sofás.

Pero también es posible que tenga a la vez productos de reclamo y productos premium. En ese caso, es especialmente importante que analice de forma periódica su cesta media y ajuste su estrategia de marketing digital en consecuencia, para maximizar su rentabilidad.

d. El perfil de su público objetivo

Conocer en profundidad a su público objetivo es un elemento fundamental para el éxito de su estrategia de marketing web. Podrá personalizar sus mensajes, elegir los canales de comunicación más adecuados y optimizar sus campañas para maximizar su impacto. Recuerde las «3M» y el principio de alineación entre ellas (Mercado - Mensaje - Medios).

Un conocimiento detallado de su público objetivo incluye no solo datos demográficos básicos, sino también información sobre sus hábitos de consumo, sus centros de interés, sus comportamientos en línea y sus motivaciones de compra. Estos datos le ayudarán a crear contenido que resuene con su público, a seleccionar las palabras clave en SEO y SEA más eficaces, a elegir a los influencers más idóneos para su marca y a afinar su segmentación publicitaria.

No dude en utilizar herramientas de análisis de datos para mejorar el conocimiento de su mercado, incluso en realizar encuestas periódicas a sus clientes para perfeccionar constantemente el conocimiento de su público objetivo y adaptar su estrategia en consecuencia.

2. Elección de los canales y criterios para su estrategia

El éxito de su estrategia de marketing digital reside en gran parte en la elección de los canales de comunicación y en su capacidad de utilizarlos con eficacia.

a. Selección de los canales en función del mercado y del público objetivo

La elección de sus canales de comunicación debe regirse por un conocimiento profundo de su mercado y de su público objetivo. Cada canal tiene sus propias características y atrae a un tipo de público más o menos específico. Por ejemplo, si su objetivo son profesionales, LinkedIn podría ser más apropiado que TikTok. Por el contrario, si se dirige a una audiencia joven y creativa, Instagram y TikTok serán probablemente más eficaces.

Tómese su tiempo para estudiar los hábitos de consumo de medios de su público objetivo. ¿Dónde pasan más tiempo en línea? ¿Qué tipo de contenidos prefieren? ¿Qué formatos de información prefieren consultar: vídeos, artículos largos, videotutoriales, etc.?

Cuanto más precisos sean estos datos, mejor podrá priorizar sus esfuerzos en los canales más prometedores. No dude en dedicar tiempo a ponerse en la piel de sus clientes ideales, conectándose a diferentes plataformas y simulando las búsquedas que podrían hacer, estudiando la información que se les presenta, el tono y el formato de esta información, etc. También puede recabar información valiosa interactuando con otros consumidores. Es, además, una oportunidad para presentarse como creador de proyectos y empezar a hablar de su futura tienda online: no solo recibirá comentarios de clientes potenciales, sino que creará una red de prospectos que ya le conocen y con los que puede volver a contactar cuando lance su tienda online.

b. La armonización del mensaje en los distintos medios de comunicación

Una vez seleccionados los primeros canales, es fundamental mantener una coherencia en su mensaje de marketing en las diferentes plataformas. Cada canal tiene sus propias especificaciones en cuanto a formato y tono, pero su mensaje de marca fundamental debe permanecer constante.

Desarrolle una estrategia de contenido que adapte su mensaje principal a las particularidades de cada plataforma. Por ejemplo, un mismo mensaje promocional podría estructurarse en un vídeo corto para TikTok, un carrusel de imágenes para Instagram y un artículo de blog más detallado para su sitio web. El objetivo es crear una experiencia de marca uniforme, sea cual sea el punto de contacto con su audiencia.

Debe respetar varios aspectos:

- Los colores y el estilo gráfico, conforme a su identidad visual.
- El público objetivo.
- Los valores que transmite su marca.
- El mensaje comercial fundamental.
- La misma «llamada a la acción». Una **llamada a la acción** o **CTA** (del inglés *Call to Action*) es la siguiente acción que espera que realice el visitante cuando vea y lea su mensaje. Puede ser un botón de tipo «Aproveche nuestra oferta de lanzamiento» o «Reenvía este mensaje a tus amigos».

c. La revaluación continua de la estrategia en función de los resultados

El panorama digital evoluciona rápidamente y lo que hoy funciona puede quedar obsoleto en el futuro. Por lo tanto, es fundamental poner en marcha el sistema de medición, seguimiento y evaluación periódica de su rendimiento en cada canal.

Utilice las herramientas analíticas que haya puesto en marcha para medir la eficacia de sus acciones: tasa de compromiso, tasa de conversión, retorno de la inversión, etc.

Fíjese objetivos claros para cada canal y evalúe regularmente si se están cumpliendo. No dude en ajustar su estrategia en consecuencia, reasignando sus recursos a los canales más rentables o experimentando con nuevos enfoques en los canales menos eficaces, o incluso eliminándolos completamente para poder probar otros canales.

d. La optimización de los canales más eficaces

Una vez identificados sus canales más rentables, concéntrese en su optimización antes de añadir nuevos canales. Esto puede implicar aumentar el presupuesto publicitario en estas plataformas, crear contenido más específico o explorar las funciones avanzadas que ofrecen estos canales.

Por ejemplo, si comprueba que sus campañas de e-mail marketing generan un excelente retorno de la inversión, puede plantearse segmentar más su lista de difusión para enviar mensajes aún más personalizados, o invertir en herramientas de automatización para mejorar la relevancia y la frecuencia de sus comunicaciones.

De este modo, mejorará progresivamente su estrategia de comunicación mes a mes.

e. La importancia de la agilidad en un entorno digital en constante cambio

El marketing digital es un mundo en constante evolución. Surgen nuevas plataformas, los algoritmos cambian y evoluciona el comportamiento de los consumidores. En este contexto, la agilidad es una cualidad esencial para el éxito.

Tenga en cuenta varios principios:

- Manténgase al día de las nuevas tendencias e innovaciones de su sector; por ejemplo, asistiendo a webinarios (seminarios en línea), realizando cursos de formación, consultando revistas especializadas en línea e interactuando con otros profesionales del comercio electrónico para estar a la vanguardia de las mejores prácticas de marketing web.
- Prepárese para experimentar con nuevos canales o nuevos enfoques de marketing, siempre que implemente un proceso de medición, análisis y optimización de sus resultados desde el principio.
- Abandone toda estrategia que ya no funcione, aunque haya sido eficaz en el pasado.
- Fomente una cultura de aprendizaje continuo en su equipo cuando proceda.

3. Los indicadores de rendimiento (KPI) para una tienda online

a. La importancia de analizar los datos

A estas alturas, sin duda se habrá dado cuenta de que el análisis de los datos es crucial para el éxito de su tienda online: le permitirá comprender el comportamiento de sus visitantes, identificar los puntos fuertes y débiles de su sitio y tomar decisiones acertadas para optimizar sus resultados.

El análisis de datos le permite ir más allá de la intuición y las suposiciones y centrarse en hechos concretos. Es la mejor manera de identificar las tendencias, anticiparse ante las necesidades de sus clientes y ajustar su estrategia en consecuencia.

Como primer paso, empiece por identificar los indicadores clave para su tienda online. Puede inspirarse en los indicadores que le presento a continuación. No obstante, en función de las especificaciones de su negocio, su experiencia y sus objetivos estratégicos, no dude en personalizar o afinar esta lista de indicadores. El objetivo es que el seguimiento periódico de los datos que haga sea lo más eficaz para usted y que le ayude a tomar decisiones estratégicas.

Una vez que haya determinado los indicadores clave para usted, asegúrese de controlar la herramienta de analítica que ha configurado para saber exactamente dónde encontrar cada uno de ellos. Le aconsejo que construya una tabla de informes en Excel en la que refleje semanal o mensualmente estos datos para tener un seguimiento regular y global. También puede definir informes personalizados en línea en su herramienta de analítica con envío automático.

EVOLUCIÓN DEL VOLUMEN DE NEGOCIOS

	2024	2023	2022
ENE	7 210	3 135	**3 309**
FEB	5 794	2 318	**2 271**
MAR	21 673	8 027	**1 363**
ABR	6 256	3 128	**927**
MAY	8 914	3 184	**2 973**
JUN	6 594	2 638	**1 564**
JUL	7 077	2 889	**1 137**
AGO	6 827	2 354	**1 055**
SEPT	8 527	3 045	**1 179**
OCT	24 642	9 478	**812**
NOV	9 595	3 690	**1 088**
DIC	9 851	4 283	**3 645**
TOTAL	**122 959**	**48 167**	**21 323**

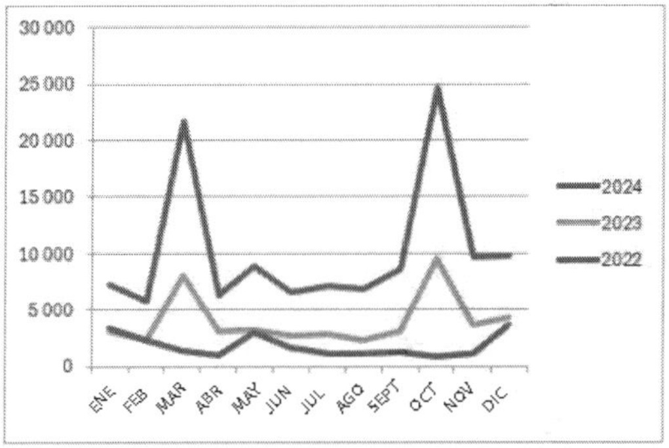

Por último, es importante que dedique algo de tiempo, cada semana o al menos cada mes, a estudiar estos informes y reflexionar sobre ellos y sobre los posibles ajustes que debería hacer para optimizar sus ventas.

b. Los KPI de tráfico

Los **KPI** de tráfico son indicadores clave de rendimiento (del inglés *Key Performance Indicator*) para comprender cómo llegan los visitantes a su sitio e interactúan con él.

Estos son los principales indicadores que debe controlar en el comercio electrónico:

Número de visitantes únicos

Esta cifra representa el número de personas diferentes que han visitado su sitio en un período determinado. Le da una idea de la visibilidad de su tienda.

Número de sesiones

Una sesión representa una visita en su sitio. Un mismo visitante puede haberse conectado varias veces a su sitio y haber iniciado varias sesiones. Es una información interesante porque permite deducir si el público vuelve a su sitio con regularidad. Si tiene 100 visitantes únicos cada día pero 200 sesiones, esto significa que, por término medio, cada visitante ha entrado a su sitio dos veces al día.

Tasa de rebote

Es el porcentaje de visitantes que abandonan su sitio inmediatamente después de haber sido dirigidos a él. Una tasa de rebote alta puede indicar que su contenido no corresponde a las expectativas de los visitantes o que su sitio no es lo suficientemente atractivo. También puede tratarse de un problema técnico.

Duración media de las sesiones

Este indicador le muestra el tiempo medio que los visitantes pasan en su sitio en cada visita. Una duración más larga suele sugerir un mayor grado de interés.

Número medio de páginas vistas por sesión

Este indicador le informa del número de páginas que un visitante consulta de media durante una visita. Cuanto más alta sea esta cifra, más a fondo explorarán su sitio sus visitantes.

Fuentes de tráfico

Este panel de datos es importante para saber de dónde vienen sus visitantes (búsqueda orgánica, redes sociales, anuncios de pago, etc.). La información de las fuentes de tráfico le ayuda a comprender qué canales son los más eficaces para atraer tráfico específico a su tienda online.

Tasa de nuevos visitantes vs. visitantes recurrentes

Este porcentaje indica la proporción de nuevos visitantes entre los visitantes que llegan a su sitio. En general, es conveniente un buen equilibrio entre ambos grupos.

Gracias al seguimiento de estos KPI de tráfico, podrá identificar los puntos fuertes y débiles de su estrategia de adquisición de tráfico. Por ejemplo, si observa una tasa de rebote elevada, podría trabajar en la mejora de sus páginas o en la coherencia entre sus campañas de comunicación y el contenido real de su sitio. Si sus fuentes de tráfico están demasiado concentradas en un único canal, podría tratar de diversificar dichas fuentes para reducir su dependencia.

Pero, por supuesto, estos indicadores relativos al tráfico de su tienda online deben analizarse junto con otros indicadores, sobre todo los relativos a las conversiones y al retorno de la inversión, para tener una visión global del rendimiento de su tienda online.

c. Los KPI de seguimiento de las conversiones

Los KPI de seguimiento de las conversiones le permiten medir la eficacia de su tienda online para transformar sus visitantes en clientes. Estos indicadores le ayudan a comprender cómo interactúan los usuarios con su sitio, lo que resulta muy valioso para identificar los posibles puntos de mejora.

Entre estos indicadores de conversión, estos son los principales que hay que estudiar:

Tasa de conversión global

Se trata simplemente del porcentaje de visitantes que realizan una compra en su sitio. Se calcula dividiendo el número de transacciones por el número total de visitantes. La tasa de conversión media del e-commerce se sitúa generalmente entre el 1 % y el 3 %, pero puede variar según su sector de actividad.

Tasa de abandono de la cesta

Este indicador mide el porcentaje de usuarios que añaden productos a su cesta, pero que no completan su pedido. Una tasa elevada de abandono de la cesta puede indicar problemas en su proceso de pago o costes inesperados que disuaden a los visitantes de comprar.

Valor medio de los pedidos

Este indicador muestra el importe medio gastado por transacción. Uno de los objetivos estratégicos podría ser aumentar este importe, sin necesidad de aumentar el tráfico de su sitio, para aumentar automáticamente su volumen de negocio. Esto puede lograrse mediante una serie de optimizaciones en la tienda: añadir sugerencias de productos complementarios, gastos de envío gratis a partir de una determinada cantidad, cálculo del importe que queda por gastar para beneficiarse de los gastos de envío gratis, etc.

Tasa de conversión por canal de adquisición

Este indicador le permite comparar la eficacia de sus diferentes canales de marketing (SEO, anuncios de pago, redes sociales, etc.) en términos de conversiones.

Esto es importante para que pueda reasignar su presupuesto a los canales más eficaces para su tienda online.

Tasa de conversión de nuevos visitantes vs. visitantes recurrentes

Esta comparación le ayuda a evaluar la fidelidad de sus clientes y la eficacia de sus estrategias de retención, así como a identificar los puntos de fricción que pueden ralentizar el paso a la acción de los nuevos visitantes.

Microconversiones

Las microconversiones son pequeños pasos o acciones secundarias que realiza un visitante en su tienda online y que indican que es probable que se convierta tarde o temprano en un cliente. Aunque se consideran parte de la tasa de conversión global de un sitio web, las microconversiones son un sólido indicador de la eficacia de su embudo de conversión.

Se trata de acciones que no implican compras, como suscribirse a una newsletter, crear una cuenta o añadir un producto a favoritos. Pueden indicar el interés de los visitantes y su progreso en el embudo de conversión.

Los indicadores de conversión pueden mejorarse poniendo en marcha determinados tipos de acción, como:

- Optimizar su embudo de conversión simplificando el proceso de compra.
- Aplicar estrategias de seguimiento para las cestas abandonadas.
- Mejorar las descripciones y los elementos visuales de los productos.
- Hacer ofertas de «cross-selling» y «up-selling» para aumentar el valor medio de los pedidos. El **cross-selling** (venta cruzada) consiste en proponer productos complementarios al que el cliente está comprando, mientras que el **up-selling** (venta adicional) pretende animar al cliente a comprar un producto más caro o una versión mejorada del que inicialmente pensaba comprar.
- Personalizar la experiencia del usuario en función del comportamiento de los visitantes.

d. Los KPI de retorno de la inversión (ROI)

Los indicadores del retorno de la inversión (ROI) son esenciales para evaluar la rentabilidad de sus acciones de marketing y de su tienda online de forma global. Gracias a estos indicadores, puede determinar si sus inversiones de tiempo y dinero generan resultados positivos para su empresa.

Estos son los principales indicadores de ROI que debe controlar:

ROI global

El ROI global de su tienda online podría calcularse simplemente dividiendo el volumen de negocio por el importe total invertido en comunicación. Esto le dará un porcentaje que puede expresarse de la siguiente manera: 1 euro invertido en comunicación produce x euros de volumen de negocio.

Es importante sopesar este ROI global teniendo en cuenta el margen de sus productos. Si solo tiene un margen del 30 % y su ROI es de 1 euro que produce 2 euros, está perdiendo dinero, ya que su margen es solo del 30 % de los 2 euros, es decir, 60 céntimos.

Tasa de rentabilidad de las campañas publicitarias

Para cada campaña publicitaria, compare también los ingresos generados con los gastos realizados. Esto le ayudará a optimizar sus futuras campañas y a interrumpir las que le están haciendo perder dinero.

ROI por canal de marketing

Calcule el ROI para cada uno de sus canales de marketing (SEO, anuncios de pago, marketing por correo electrónico, etc.) para identificar los más rentables y ajustar su estrategia en consecuencia.

Coste de adquisición de cliente (CAC)

Este KPI mide cuánto gasta de media para captar un nuevo cliente. Se calcula dividiendo los gastos de marketing totales por el número de nuevos clientes captados en un período determinado.

Valor del ciclo de vida del cliente (LTV -*LifeTime Value*)

Es una estimación del valor total que un cliente generará para su empresa a lo largo de su relación con usted. Comparar el valor del ciclo de vida del cliente con su coste de captación le permite asegurarse de que está invirtiendo de manera rentable en la captación de clientes.

Por supuesto, cuando lanza su tienda online es difícil evaluar la LTV de sus futuros clientes. Pero al cabo de unos años, dispondrá de información cada vez más precisa sobre lo que gasta de media un cliente en los tres o cinco años siguientes a su primera compra.

Margen de beneficio por producto

Analice la rentabilidad de cada producto teniendo en cuenta no solo el precio de venta y el coste de compra, sino también los gastos de almacenamiento, de envío y de marketing asociados.

Tasa de fidelización del cliente y su impacto en el ROI

Mida el porcentaje de clientes que hacen compras repetidas y calcule su impacto en su ROI global. Los clientes fieles suelen tener un mejor ROI, ya que su coste de adquisición ya se ha amortizado.

Analizando periódicamente estos indicadores, podrá decidir si aplica determinadas acciones de optimización. Por ejemplo:

- Optimización de sus costes de adquisición orientando mejor sus campañas de marketing.
- Aumento del valor del ciclo de vida del cliente aplicando estrategias de fidelización eficaces.
- Mejora de su margen negociando con sus proveedores y optimizando sus procesos.
- Concentración de sus esfuerzos en canales de marketing y productos más rentables.

- Puesta en marcha de programas de patrocinio para reducir el coste de adquisición de nuevos clientes.

e. La adaptabilidad de la estrategia en función de los resultados

El mundo digital evoluciona rápidamente y lo que hoy funciona podría no ser eficaz en el futuro. Por eso es tan importante ser ágil y adaptar la estrategia en función de los resultados.

Para ser ágil, adopte algunos hábitos sencillos, pero saludables.

Controle periódicamente sus indicadores de rendimiento (KPI) mediante un cuadro de mando que agrupe todos sus KPI importantes (tráfico, conversiones, ROI). Examínelo con regularidad, preferiblemente una vez a la semana o al mes, para identificar con rapidez las tendencias y las anomalías.

Analice su rendimiento tratando de comprender las razones de las variaciones de sus KPI. ¿Podría deberse un descenso de la tasa de conversión a un cambio reciente en su sitio? ¿Un aumento del tráfico sin mejora de las ventas podría indicar un problema de segmentación?

Utilice test A/B para experimentar con diferentes enfoques. Ya sea para sus páginas de productos, sus e-mails de marketing o sus anuncios, pruebe periódicamente los parámetros para optimizar su rendimiento.

Manténgase al día sobre las nuevas tendencias en su sector mediante el seguimiento de la competencia, la tecnología y la normativa. Así podrá anticiparse a los cambios y adaptar su estrategia en consecuencia, ya se trate de la aparición de una nueva red social, una nueva normativa o un cambio en el algoritmo de Instagram.

Prepárese para reasignar su presupuesto de marketing de forma diferente en función de los resultados de cada canal. Si un canal está obteniendo muy buenos resultados, no dude en invertir más en él, mientras reduce las inversiones en canales menos rentables. El objetivo es hacer más de lo que funciona y menos de lo que no.

Por último, escuche a sus clientes y sus comentarios para mejorar continuamente la experiencia de usuario en su tienda online. Las opiniones espontáneas de sus clientes, por e-mail o por teléfono, son la primera fuente de información. Pero también puede organizar de forma puntual encuestas de satisfacción.

4. Estrategias de comunicación para cada caso práctico

Para el comerciante del sector de la decoración, la estrategia de comunicación debería centrarse en campañas de Google Shopping y un uso intensivo de las redes sociales, tanto de forma orgánica como de pago. Con las campañas de Google Shopping, podrá atraer rápidamente a un público objetivo de consumidores y generar sus primeras ventas. Sin embargo, debe tener cuidado de no promocionar todos sus productos, sino solo los que tengan más demanda en ese momento y que, al mismo tiempo, proporcionen un margen suficiente como para amortizar la inversión publicitaria. En cuanto a las redes sociales, debe centrarse en las más visuales, es decir, Instagram y Pinterest, que serán los canales preferidos para compartir fotos de decoración inspiradoras, consejos de diseño y tendencias.

La estrategia de comunicación de la diseñadora de bolsos debe centrarse en los canales orgánicos que ella misma pueda controlar, en particular el desarrollo de su comunidad en redes sociales como Instagram, Pinterest y TikTok. Si comparte numerosos microvídeos de su taller, de sus bolsos puestos o combinados con diferentes atuendos en diferentes momentos, y si además comparte fotos de sus primeras clientas, podrá desarrollar la visibilidad de su marca y crear un fuerte vínculo con sus clientas. También podría crear un programa de fidelización y animar a las seguidoras más fieles de su comunidad a convertirse en «embajadoras» de su marca, a cambio de un porcentaje de las ventas que generen. Además, también puede vender sus bolsos en marketplaces como Etsy.

Por último, el empresario del bricolaje dispone de medios para desarrollar una comunicación multicanal desde sus inicios. En primer lugar, debería concentrar sus esfuerzos en campañas de notoriedad dirigidas a profesionales a través de plataformas de Google Ads, Meta Ads y LinkedIn Ads. Al mismo tiempo, evidentemente le convendría trabajar desde el lanzamiento en un posicionamiento natural (SEO) óptimo. En una segunda fase, podrá sustituir sus campañas de notoriedad por campañas orientadas a los resultados, posicionar sus productos en marketplaces y desarrollar un programa de afiliación y colaboraciones.

Capítulo 4

Gestionar y desarrollador su tienda online

A. Introducción

Su tienda online está en marcha y su plan de comunicación empieza a dar frutos y a atraer clientes. A partir de ahora, entrará en una fase operativa en la que deberá gestionar sus existencias, los envíos y la relación con el cliente.

B. Gestionar la logística

1. Gestionar los stocks

La gestión de stocks es un factor importante para el éxito a largo plazo de su tienda online. Debe disponer de existencias suficientes para entregar a los clientes sus pedidos a tiempo y, a la vez, evitar inmovilizar demasiada mercancía innecesariamente, ya que esto supondría una carga para su liquidez. Es un equilibrio delicado, sobre todo al principio. Y resulta aún más complicado cuando los productos que vende son perecederos.

Mi primer consejo es que empiece por asegurarse de que su tienda online disponga de una gestión automática del nivel de existencias. Esto le permitirá indicar en cada ficha de producto, y para cada variante del producto, la cantidad que tiene en stock. Luego, cuando un cliente haga un pedido de este producto o de esa variante del producto, la cantidad que queda en stock se disminuirá automáticamente. También debe asegurarse de que, si se cancela un pedido, el sistema vuelva a añadir la cantidad de esos productos o de que el sistema no descuente las cantidades hasta que el producto se haya enviado realmente al cliente.

Una vez que haya implantado este sistema de actualización automática en los niveles de stock, es importante completarlo con un sistema de alerta que le informe en cuanto se alcance un determinado umbral de stock. Así, podrá hacer pedidos de reposición a tiempo y evitar que se agoten las existencias. Lo ideal es recibir un aviso por e-mail o a través de una aplicación en cuanto se alcance ese umbral crítico.

Además, debe tener acceso a un panel de control para supervisar en cualquier momento todas las existencias e identificar rápidamente los productos que tiene que reponer.

Una vez que disponga de este sistema automatizado de gestión de stocks, deberá hacer inventarios físicos periódicos. Efectivamente, pueden producirse discrepancias; gracias a estos controles periódicos, podrá rectificar todo descuadre entre sus stocks reales y sus datos digitales y garantizar la fiabilidad de su sistema.

Más allá de estos aspectos técnicos, hay una serie de factores organizativos y estratégicos que juegan un papel crucial en la optimización de su gestión de stocks.

La organización de su almacén también es importante para una gestión eficaz de las existencias. Distribuya los productos de forma lógica, colocando los artículos más vendidos en zonas de fácil acceso. Esta organización optimizada reducirá el tiempo de preparación de pedidos y minimizará los errores.

Además, asegúrese de establecer relaciones sólidas con sus proveedores y negocie condiciones favorables en términos de plazos de entrega y de cantidades mínimas de pedido. Una buena comunicación con ellos hará que responda mejor a las fluctuaciones de la demanda.

Si gestiona a la vez una tienda online y una o varias tiendas físicas, es fundamental que adopte un sistema de gestión de stocks multicanal. Este tipo de sistema sincroniza las ventas en línea y en tienda y le ofrece una visión precisa del conjunto de sus stocks en todo momento. Así evitará situaciones en que un producto se venda en línea, pero ya no esté disponible en tienda, o viceversa.

Por último, si su negocio se expande hasta el punto de necesitar varios almacenes, su sistema de gestión de stocks deberá ser capaz de administrar esta complejidad adicional. Deberá poder controlar los niveles de stock en cada almacén, optimizar las reposiciones en función de la demanda local y gestionar las transferencias entre almacenes en caso necesario.

Si aplica diferentes estrategias y utiliza las herramientas adecuadas, será capaz de gestionar sus stocks con eficacia.

2. Gestionar los flujos de producción y de entrega

La gestión de los flujos de producción y de entrega es el proceso que consiste en planificar, coordinar y optimizar todas las actividades, desde la fabricación de los productos o su abastecimiento hasta la entrega al cliente final.

El objetivo principal de esta gestión es garantizar una entrega rápida y fiable a los clientes, minimizando los costes y maximizando la satisfacción de aquellos. Para lograrlo, es indispensable una estrecha coordinación entre los distintos eslabones de la cadena logística, desde los proveedores hasta los clientes, pasando por la producción y la distribución.

Para empezar, optimice su sistema de gestión de pedidos para que sea lo más eficiente posible. Debe ser capaz de procesar los pedidos en cuanto se reciban, transmitirlos rápidamente al servicio de preparación y hacer el seguimiento de su progreso hasta la entrega final. Si prevé un gran número de pedidos, este sistema deberá estar integrado a su plataforma de e-commerce para una actualización en tiempo real del estado de los pedidos en su web.

Cuando recibe un pedido, entra en juego la fase de preparación del paquete. Para ser más eficaz, organice su espacio de trabajo de forma lógica, colocando los productos más solicitados al alcance de la mano y agrupando los artículos que se suelen comprar juntos. Esta organización reducirá el tiempo de preparación de paquetes y minimizará los errores.

Por supuesto, el embalaje de los productos merece una atención especial. Debe ser lo suficientemente resistente para evitar daños durante el transporte, pero también estéticamente atractivo para ofrecer una experiencia positiva desde la recepción del paquete. Por ejemplo, puede utilizar etiquetas adhesivas con su logo, una cinta adhesiva con sus colores, papel de seda para proteger sus productos de forma refinada durante el transporte, etc. Estas opciones deber ir en consonancia con su imagen de marca. Recuerde también optimizar el tamaño de sus embalajes para reducir los gastos de envío.

En cuanto al envío de los paquetes, aunque haya hecho una elección inicial, no dude en comparar periódicamente las ofertas de los distintos transportistas en términos de costes, plazos de entrega y fiabilidad. También es posible que tenga que trabajar con varios transportistas para optimizar sus costes según el destino o el tipo de producto. Es una decisión muy frecuente en e-commerce, ya que algunos transportistas son más económicos para los envíos de muchos paquetes pequeños, mientras que otros son comparativamente más baratos para transportar paquetes voluminosos o un determinado número de paquetes al mes. Y, por supuesto, asegúrese de que estos transportistas ofrecen un servicio de seguimiento de los paquetes en tiempo real y que lo puede integrar en su propio sistema para que sus clientes puedan seguir el proceso de entrega directamente.

3. Gestión de la logística para cada caso práctico

El minorista de decoración, que probablemente ya tiene relaciones comerciales bastante consolidadas con sus proveedores, pero que difícilmente puede prever el volumen de negocio mensual y cuyos paquetes varían enormemente en peso y volumen de un pedido a otro (según se trate de una lámpara, una alfombra o un simple candelabro), tendrá que trabajar con varios transportistas especializados. También tendrá que reorganizar su almacén, que hasta el momento solo servía como reserva de su tienda física, para poder preparar los pedios lo más rápidamente posible. Por último, en cuanto su tienda online empiece a generar ventas regulares, tendrá que prestar mucha atención a la gestión de stocks y a la sinergia entre los productos vendidos en tienda física y los vendidos en línea.

La diseñadora de bolsos, que fabrica piezas únicas y pequeñas series, podrá utilizar su plataforma de e-commerce como sistema de gestión de stocks, ya que cada una de sus creaciones estará registrada en el catálogo de su tienda online.

Por otra parte, como ella se ocupa de la fabricación de los productos que vende en su tienda online, sería más eficiente si dispusiera de una herramienta que le avisara rápidamente cuando sus existencias de materias primas (cuero, cierres, forros) alcanzase un umbral crítico, para evitar roturas de stock que podrían retrasar la producción. También debería organizar su taller para optimizar su proceso de fabricación, agrupando las etapas similares y los materiales necesarios para lograr una mayor eficiencia. En cuanto al transporte, deberá escoger un embalaje que sea a la vez protector y estético, que refleje el carácter artesanal y de alta gama de sus creaciones. Puesto que el volumen y el peso de sus bolsos es bastante homogéneo, podrá optar por un transportista generalista al principio e incluir en el precio de sus bolsos los gastos de envíos nacionales.

Por último, si decidiera ofrecer opciones de personalización, esto requeriría una gestión aún más precisa de los pedidos y de los plazos de producción.

El empresario del bricolaje, por su parte, tendrá que enfrentarse a una serie de desafíos específicos de su sector. En primer lugar, tendrá que implementar un sistema de gestión de stocks especialmente potente y preciso, capaz de gestionar un amplio catálogo de productos con muchas referencias técnicas. Este sistema tendrá que ser capaz de seguir en tiempo real los niveles de stocks de cada herramienta y pieza de recambio y alertar automáticamente a los distintos miembros del equipo cuando haya que reponerlas.

En cuanto a la logística, deberá organizar su almacén de forma muy eficaz, teniendo en cuenta la diversidad de los productos en términos de tamaño y peso. Para optimizar el espacio y agilizar la preparación de los pedidos, podría plantearse un sistema de almacenamiento automatizado. La instalación de un sistema de código de barras también podría mejorar la precisión del inventario y la rapidez de la preparación de los pedidos.

Para los envíos, lo mejor sería que trabajase con varias empresas de transporte especializadas, capaces de gestionar tanto pequeños paquetes con herramientas ligeras como palés de equipos pesados. Tendrá que negociar unas tarifas competitivas para ser atractivo frente a la competencia, a la vez que garantizar una entrega rápida y fiable, un factor determinante para los profesionales que puedan necesitar herramientas con urgencia.

C. Gestionar los clientes

1. Gestionar la preventa

La preventa es una etapa clave de la relación con el cliente: se trata de convencer a los posibles compradores de que se conviertan en clientes. Por supuesto, es fundamental ofrecer información clara y detallada sobre sus productos en su sitio web. Cada ficha de producto debe ser completa e incluir descripciones precisas, fotos de alta calidad y opiniones de los clientes. Cuando los clientes tengan que elegir una talla o un tamaño, también debe facilitarles la elección añadiendo por ejemplo una «guía de tallas» a la que se pueda acceder directamente desde el botón «Añadir a la cesta». En algunos casos, también puede incluir guías de compra y comparaciones para ayudar a los clientes a hacer su elección.

El servicio de atención al cliente debe ser receptivo en esta fase. Cuantos más canales de comunicación ofrezca, como un sistema de mensajería instantánea en la web (un «chat»), un número de teléfono donde sea fácilmente localizable, o incluso un sistema automático de devolución de llamada, y, por supuesto, un e-mail, más fácil le resultará a un posible cliente contactar con su servicio de atención al cliente para resolver sus dudas; podrá responder a sus preguntas y mejorará la tasa de conversión de visitantes en clientes.

Para ir un paso más allá, puede plantearse implementar herramientas de automatización del marketing para personalizar la experiencia de compra. Por ejemplo, puede incluir recomendaciones de productos basados en el comportamiento de navegación, ofertas especiales y campañas de correo electrónico personalizadas en función de los comportamientos del internauta, como, por ejemplo, un recordatorio por e-mail 24 horas después de que el visitante haya añadido productos a su cesta sin finalizar el pedido. Todo este arsenal de acciones de marketing automatizadas puede aumentar sus tasas de conversión.

2. Gestionar los pedidos

El proceso de compra en su tienda online es la clave del éxito de su proyecto. Si los usuarios encuentran dificultades en el momento de hacer un pedido, sea cual sea la etapa del proceso en la que se encuentren el problema, su tasa de conversión de visitantes en clientes se verá afectada. Por eso es tan importante asegurarse regularmente de que todo esté optimizado y analizar el recorrido del cliente desde el momento en que un usuario añade el producto a su cesta hasta el momento en que finaliza su pago.

Tenga en cuenta que existen muchas razones por las que los clientes abandonan su cesta durante el proceso de compra:

- Gastos de envío demasiado altos.
- Obligación de crear una cuenta de cliente.
- Proceso demasiado largo o complicado.

- Falta de transparencia en la seguridad de los pagos.
- Error en una página del proceso de pedido.
- Condiciones de devolución poco claras.
- Falta de opciones de pago ofrecidas.

Hay varios puntos en particular que conviene comprobar:

Simplifique el proceso de compra

Asegúrese de que el proceso de compra es rápido y simple. Reduzca al máximo el número de campos de formulario. Algunas investigaciones han demostrado que la mayoría de las tiendas online solo necesitan ocho campos en su formulario de pedido, mientras que la media es de doce. Cada campo adicional puede frenar a los usuarios y provocar abandonos innecesarios.

Ofrezca diferentes opciones de pago y de entrega

Ofrezca una amplia gama de métodos de pago seguros para satisfacer al máximo las preferencias de los clientes. Esto puede incluir:

- Tarjetas de débito o de crédito.
- Aplicaciones de pago, como Shop Pay y PayPal.
- Monederos digitales (Samsung Pay, Apple Pay, Google Pay).
- Opciones como «Compre ahora, pague más tarde».

No olvide que el 7 % de los clientes que abandonan su cesta de la compra lo hacen porque su método de pago preferido no está disponible.

Optimice el túnel de compra para móviles

Con el crecimiento continuo del m-commerce (venta online desde un smartphone), es importante que su proceso de compra esté optimizado para dispositivos móviles. Esto implica un diseño responsivo, botones cómodos de utilizar con los dedos y tiempos de carga rápidos en cada etapa.

Utilice el autocompletado de direcciones.

Esta función, que rellena automáticamente los distintos campos con el nombre, los apellidos, etc., ayuda a reducir los errores de escritura y acelera el proceso en un 20 %. Puede integrar el módulo Google Autocomplete para rellenar automáticamente las direcciones de entrega.

Ofrezca un proceso de compra simplificado («pago en un clic»)

Ofrezca una opción de pago en un clic para los productos que suelen comprarse solos. Esto reduce considerablemente la fricción en la compra y, por tanto, puede aumentar significativamente las conversiones.

Muestre sellos de seguridad

Tranquilice a sus clientes mostrando claramente sellos de seguridad durante todo el proceso de compra. Puede incluir certificados SSL, logos de métodos de pago seguros y garantías de reembolso.

Informe periódicamente a sus clientes

Durante el proceso de compra, indique claramente a los clientes su progreso y los pasos restantes. Una vez realizado el pedido, manténgalos informados en cada etapa, desde la confirmación hasta el envío.

Ofrezca asistencia en directo

Integre un chat en directo (sistema de mensajería instantánea) en las páginas de pedidos para responder rápidamente a las preguntas de los clientes y eliminar los últimos obstáculos a la compra.

Gestione los abandonos de la cesta de la compra

Implemente una estrategia de seguimiento por correo electrónico para las cestas abandonadas. Incluya la imagen del producto abandonado, un enlace a una página de pago personalizada y, si fuera necesario, un código de descuento para animar a los clientes a finalizar la compra.

3. Gestionar la posventa

La relación con el cliente debe ser lo más transparente posible desde el momento en que finaliza el pedido hasta que recibe el paquete.

Mantenga a sus clientes informados en todo momento. Envíe confirmaciones de pedido, notificaciones de envío y actualizaciones del seguimiento en tiempo real. Esta comunicación tranquiliza al cliente y reduce las consultas.

En caso de que surja algún problema que pueda anticipar, infórmele también con rapidez y de forma transparente, ofreciéndole, si fuera necesario, una compensación o incluso un reembolso en determinados casos. A veces es mejor perder una venta a corto plazo, pero ganar un cliente y un embajador fiel a largo plazo siendo conciliador, que mantener la venta a toda costa, pero acabar con un cliente insatisfecho o incluso, enfadado. Sobre todo, hoy en día, cuando es tan fácil expresar la opinión en las redes sociales...

Pero, por supuesto, la relación con el cliente no termina con la entrega del producto. Una gestión posventa eficaz es esencial para fidelizar a sus clientes y fomentar nuevas compras.

Tenga en cuenta estos elementos clave:

Seguimiento posventa

Haga un seguimiento después de cada compra. Envíe e-mails para comprobar la satisfacción del cliente y pedirle su opinión sobre los productos recibidos. Estos comentarios son muy valiosos para mejorar su oferta y dar confianza a futuros compradores.

Gestión de devoluciones y reclamaciones

Aplique una política de devoluciones clara y fácil de entender. Ofrezca varias opciones de devolución y asegúrese de que se efectúa el reembolso rápidamente a los clientes insatisfechos. Un servicio posventa ágil y comprensivo puede convertir una experiencia negativa en una oportunidad de fidelización.

Programa de fidelización

Ofrezca programas de fidelización y ofertas exclusivas para fomentar las compras recurrentes. Utilice los datos del cliente para personalizar las comunicaciones y enviar recomendaciones de productos relevantes a través de correos electrónicos personalizados automatizados (los llamados correos «transaccionales»).

4. Gestión de clientes para cada caso práctico

El comerciante de decoración podrá aprovechar un servicio de chat en línea para responder inmediatamente a los visitantes de su tienda online en directo, durante el día. Entre sus modos de pago, le interesa ofrecer una solución de pago fraccionado para facilitar la compra de los productos más caros. Además, si ya dispone de un programa de fidelización en su tienda física, podrá ampliarlo a la tienda online para crear una sinergia entre las dos tiendas. Le interesará animar a los clientes a abrir una cuenta personal en línea para fidelizarlos.

La diseñadora de bolsos se concentrará en activar el pago en un clic desde la ficha de producto de cada uno de sus bolsos. Como sus bolsos son únicos y de alta gama, es probable que sus clientas compren por impulso un único artículo. Por eso es interesante la compra en un clic sin pasar por un proceso de pedido largo con una cesta y varios pasos. En cuanto al servicio posventa, dado que no tiene una persona dedicada a ello, le interesa enviar periódicamente newsletters con un tono muy personal para reforzar el vínculo humano con sus clientas actuales y futuras y animarlas a contactar en directo por WhatsApp.

El empresario del bricolaje, por su parte, creará un verdadero servicio de atención al cliente con uno o varios empleados encargados de atender las llamadas, contestar los correos y los mensajes del chat. Activará tantos métodos de pago como sea posible y pondrá en marcha tanto un programa de fidelización para sus clientes B2B, como correos transaccionales muy segmentados para tener una comunicación periódica y personalizada con sus clientes.

D. Aumentar la conversión de visitantes en clientes

1. La importancia de mejorar la tasa de conversión

La tasa de conversión es un indicador clave de rendimiento (KPI) esencial para su tienda online. Se define como el porcentaje de visitantes de su página que llevan a cabo una acción deseada, normalmente una compra. En otras palabras, es la relación entre el número de conversiones (compras) y el número total de visitantes durante un período determinado.

Se calcula de la siguiente manera:

Tasa de conversión = (número de conversiones / número total de visitantes) x 100

Por ejemplo, si su tienda online recibe 1000 visitantes al mes y 20 de ellos realizan una compra, su tasa de conversión es del 2 %.

Puede que se convierta en una obsesión intentar mejorar constantemente su tasa de conversión cuando ponga en marcha su tienda online... ¡Y con razón! Mejorar la tasa de conversión implica mejorar su rentabilidad. Efectivamente, una mejor tasa de conversión significa que genera más ventas con el mismo tráfico y, por tanto, optimiza sus gastos de marketing. Además, una tasa de conversión elevada indica que su web satisface eficazmente las necesidades y expectativas de sus visitantes y que ofrece una experiencia de usuario óptima.

En un mercado en línea cada vez más competitivo, una tasa de conversión importante puede darle una ventaja significativa sobre sus competidores. Al convertir a sus visitantes actuales de forma más eficaz, reduce la necesidad de invertir más en la captación de nuevos clientes, lo que puede resultar costoso para sus competidores. Usted optimiza sus costes de adquisición y eso le da una ventaja sobre ellos.

Por último, una buena tasa de conversión también contribuye en la fidelización de los clientes. Un proceso de compra fluido anima a los clientes a volver y a recomendarle a sus allegados, lo que favorece la fidelización.

Trabajar para mejorar la tasa de conversión crea, por tanto, un círculo virtuoso de crecimiento.

2. Estrategias y herramientas para optimizar la tasa de conversión

Como ya hemos visto, optimizar las distintas fases clave de la cesta y del proceso de compra es un buen punto de partida para optimizar la tasa de conversión. Pero hay muchos otros puntos clave en su tienda online que pueden optimizarse para mejorar su tasa de conversión. Veamos los principales:

Optimizar la experiencia de usuario (UX)

La UX o *User Experience* (experiencia de usuario en español) es un concepto clave en el ámbito del diseño digital y del desarrollo web. Al mejorar la navegación en su tienda, reducir los tiempos de carga de las páginas y garantizar un diseño responsivo para todos los dispositivos, está trabajando para conseguir que la experiencia del usuario de su sitio web sea lo más fluida y satisfactoria posible.

Mejorar las páginas de producto

Las páginas de producto son páginas que deben facilitar la comprensión del valor añadido de sus productos y que los usuarios tengan ganas de añadirlos a su cesta de la compra. Por tanto, son páginas cruciales para su tasa de conversión. Asegúrese de utilizar fotos y vídeos de demostración de alta calidad, redacte descripciones detalladas y convincentes, destaque las opiniones de los clientes e indique claramente la disponibilidad de los productos.

Utilizar llamadas a la acción (*Call-to-Action* o CTA) eficaces

Las llamadas a la acción son, en pocas palabras, botones de acción visibles y atractivos. Por ejemplo, «Añadir a la cesta» es una CTA en su ficha del producto. Estos botones tienen un impacto en la tasa de conversión mayor de lo que parece. El color del botón, su forma, el texto escrito en él... Cada uno de estos elementos puede mejorar o, por el contrario, reducir su tasa de conversión. No dude en hacer pruebas con el color, el tamaño y la posición de estos botones.

Por ejemplo, muchos estudios de marketing han demostrado que las CTA son más eficaces cuando se escriben en primera persona del singular.

Por ejemplo: «Yo pido» sería más eficaz que «Pedir», «Me suscribo» sería más eficaz que «Suscríbase».

Pero su tienda es única, así que no dude en hacer muchas pruebas, cambiando un solo elemento cada vez para hacer las comparaciones pertinentes.

Ofrezca recomendaciones de productos basados en el historial de navegación

Cuanto más personalizada sea la experiencia que ofrezca a sus visitantes, más receptivos estarán a sus ofertas. Ventanas emergentes estratégicamente situadas, recomendaciones de compras, promociones especiales para los nuevos visitantes, recordatorios de cestas abandonadas... las posibilidades son infinitas.

Crear una sensación de urgencia

Obviamente, no es obligatorio, pero si se siente cómodo con este tipo de marketing, resulta muy eficaz.

Puede crear una sensación de urgencia entre los visitantes de varias maneras. Puede colocar contadores de existencias limitadas para determinados productos, lanzar ofertas por tiempo limitado, redactar las descripciones de forma que favorezcan la urgencia...

Facilitar la búsqueda en el sitio

Debe incorporar un motor de búsqueda por palabras clave para facilitar la búsqueda por estos términos. Si es posible, incluya un sistema eficaz de autocompletado que muestre automáticamente sugerencias de palabras clave a medida que el usuario teclea las primeras letras.

Si segmenta con precisión su catálogo de productos y añade filtros de búsqueda, ayudará a los usuarios a encontrar fácilmente lo que buscan.

3. Recoger y dar valor a las opiniones de los clientes

Nos guste o no, las opiniones de los clientes desempeñan un papel cada vez más importante en el proceso de decisión de compra online. Aumentan la confianza de los compradores potenciales y pueden mejorar significativamente su tasa de conversión.

Implementar una estrategia eficaz para recoger y rentabilizar las opiniones de los clientes es un paso cada vez más ineludible.

Empiece por solicitar sistemáticamente opiniones después de cada compra enviando un e-mail automático de seguimiento unos días después de la recepción del producto. Asegúrese de que el proceso de creación de opiniones sea rápido y sencillo para maximizar la tasa de participación.

Una vez recopiladas las opiniones, muéstrelas de forma destacada en las páginas de los productos. Incluya tanto la nota media como el número total de opiniones de cada producto. No dude en destacar las reseñas más detalladas y relevantes.

Para gestionar eficazmente las opiniones de los clientes, puede utilizar plataformas especializadas. Entre los proveedores más reconocidos, destacan:

- Trustpilot (https://es.trustpilot.com/): es una plataforma mundial de recogida y visualización de opiniones de clientes, a la vez que ofrece herramientas de análisis y de gestión de la reputación.
- Opiniones verificadas (https://es.opiniones-verificadas.com/): se trata de un servicio francés que recoge, modera y publica opiniones de los clientes, con una certificación que garantiza la autenticidad de estas reseñas.
- eKomi (https://www.ekomi.es): es uno de los líderes de la recogida de opiniones. Ofrece una integración fácil en múltiples plataformas de e-commerce.

4. Optimización de la conversión para cada caso práctico

El comerciante de decoración deberá concentrarse en la optimización de la experiencia de usuario (UX) y en las páginas de productos. Destacará las fotos de alta calidad y las descripciones detalladas de cada artículo. El uso de recomendaciones de productos basadas en el historial de navegación puede ser especialmente eficaz en su campo para sugerir artículos complementarios. Establecer un sistema fiable de opiniones de los clientes, como Opiniones verificadas, puede aumentar la confianza de los compradores potenciales en los productos de decoración.

La diseñadora de bolsos deberá centrarse en crear una sensación de urgencia en torno a sus productos únicos, utilizando, por ejemplo, contadores de stock limitado, o incluso adelantando los próximos bolsos que aún se están fabricando antes de que salgan a la venta. Una buena baza sería mejorar las páginas de productos con fotos de alta calidad y vídeos de presentación para destacar la artesanía de sus bolsos. Puede destacar los testimonios de clientas satisfechas, a ser posible clientas que envíen una foto o un vídeo de sí mismas con su bolso, para fomentar la proximidad y la credibilidad de su marca.

El empresario del bricolaje debe dar prioridad a la optimización del motor de búsqueda del sitio con un sistema eficaz de autocompletado y filtros precisos para facilitar la navegación en su amplio catálogo. El uso de CTA eficaces y personalizados (por ejemplo «Pido mi herramienta») podrá mejorar la tasa de conversión. Y la creación de un sistema robusto de recogida de reseñas, como Trustpilot o eKomi, será fundamental para generar confianza entre los profesionales sobre la calidad de las herramientas ofrecidas. Las recomendaciones de productos basada en el historial de compra también podrían aumentar el valor medio de su cesta.

E. Fidelizar a los clientes

1. Aumentar la cesta media de los clientes en la primera compra

Una vez que haya conseguido convertir a un visitante en cliente, el objetivo es tanto aumentar su «valor de ciclo de vida del cliente» (o «*Customer Lifetime Value*») es decir, la suma de los beneficios esperados «a lo largo de la vida» de ese cliente, como retenerlo.

Pero incluso antes de aumentar el *Customer Lifetime Value* de su cliente, puede mejorar la experiencia del cliente en el momento de su compra inicial para aumentar el valor de su «cesta media». O dicho de otro modo, puede utilizar técnicas de marketing que lo animen a consumir más productos o a elegir una versión superior, y por tanto más cara, del producto que había escogido inicialmente. Las dos estrategias de marketing más comunes para conseguirlo son el upselling y el cross-selling.

a. Estrategia de upselling

El upselling consiste en animar al cliente a comprar una versión de gama más alta o más cara del producto que estaba considerando comprar inicialmente. Esta técnica puede aumentar de forma considerable el valor de cada transacción.

Hay varias formas de hacer upselling. A continuación se muestran algunas para que se haga una idea de lo que podría hacer en su tienda:

Ofrecer una versión premium, ya sea una versión mejorada o más completa del producto.

Por ejemplo, Apple suele ofrecer opciones de upgrade para sus MacBook. A un cliente interesado en un MacBook con 256 GB de almacenamiento se le podría ofrecer una versión con 512 GB por un precio adicional razonable.

Mostrar una comparación visual de las distintas opciones

Spotify, por ejemplo, ofrece una comparación clara entre su versión gratuita y su versión premium, destacando las ventajas adicionales, como la escucha sin conexión y la ausencia de publicidad.

También podemos citar plataformas como Disney+, que muestra las diferentes opciones de suscripción según el plan que se elija.

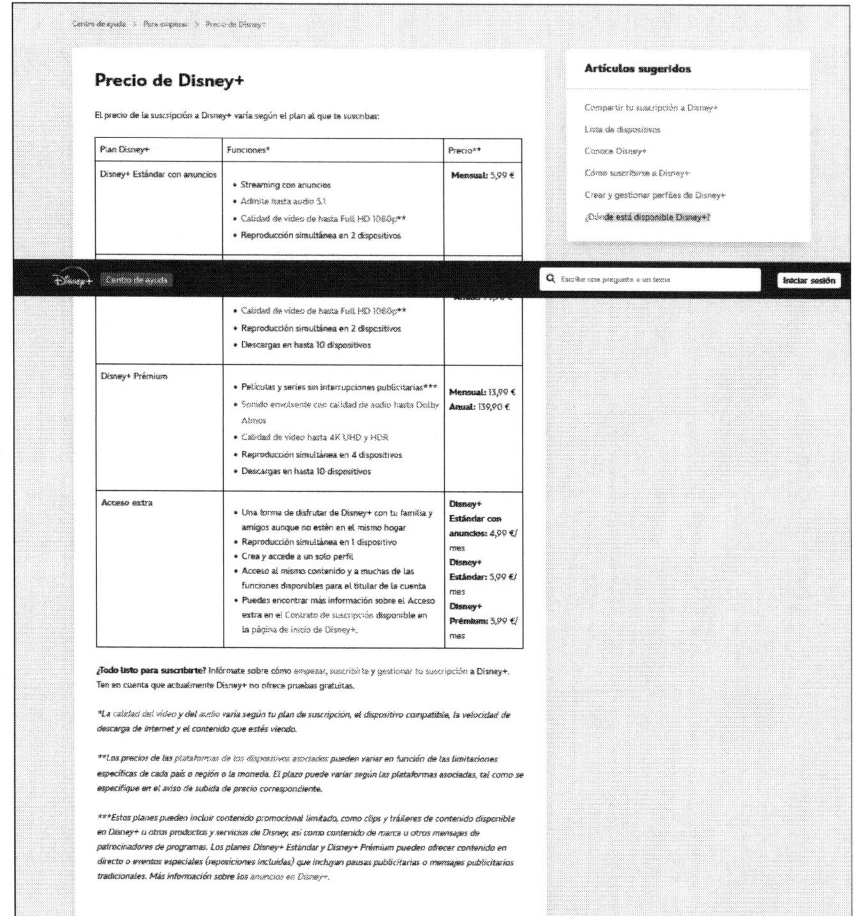

Centro de ayuda > Para empezar > Precio de Disney+

Disney+ Centro de ayuda | Escribe una pregunta o un tema | Iniciar sesión

Precio de Disney+

El precio de la suscripción a Disney+ varía según el plan al que te suscribas:

Plan Disney+	Funciones*	Precio**
Disney+ Estándar con anuncios	• Streaming con anuncios • Admite hasta audio 5.1 • Calidad de vídeo de hasta Full HD 1080p** • Reproducción simultánea en 2 dispositivos	**Mensual:** 5,99 €
	• Calidad de vídeo de hasta Full HD 1080p** • Reproducción simultánea en 2 dispositivos • Descargas en hasta 10 dispositivos	
Disney+ Prémium	• Películas y series sin interrupciones publicitarias*** • Sonido envolvente con calidad de audio hasta Dolby Atmos • Calidad de vídeo hasta 4K UHD y HDR • Reproducción simultánea en 4 dispositivos • Descargas en hasta 10 dispositivos	**Mensual:** 13,99 € **Anual:** 139,90 €
Acceso extra	• Una forma de disfrutar de Disney+ con tu familia y amigos aunque no estén en el mismo hogar • Reproducción simultánea en 1 dispositivo • Crea y accede a un solo perfil • Acceso al mismo contenido y a muchas de las funciones disponibles para el titular de la cuenta • Puedes encontrar más información sobre el Acceso extra en el Contrato de suscripción disponible en la página de inicio de Disney+.	**Disney+ Estándar con anuncios:** 4,99 €/mes **Disney+ Estándar:** 5,99 €/mes **Disney+ Prémium:** 5,99 €/mes

¿Todo listo para suscribirte? Infórmate sobre cómo empezar, suscribirte y gestionar tu suscripción a Disney+. Ten en cuenta que actualmente Disney+ no ofrece pruebas gratuitas.

**La calidad del vídeo y del audio varía según tu plan de suscripción, el dispositivo compatible, la velocidad de descarga de internet y el contenido que estés viendo.*

***Los precios de las plataformas de los dispositivos asociados pueden variar en función de las limitaciones específicas de cada país o región o la moneda. El plazo puede variar según las plataformas asociadas, tal como se especifique en el aviso de subida de precio correspondiente.*

****Estos planes pueden incluir contenido promocional limitado, como clips y tráileres de contenido disponible en Disney+ u otros productos y servicios de Disney, así como contenido de marca u otros mensajes de patrocinadores de programas. Los planes Disney+ Estándar y Disney+ Prémium pueden ofrecer contenido en directo o eventos especiales (reposiciones incluidas) que incluyan pausas publicitarias o mensajes publicitarios tradicionales. Más información sobre los anuncios en Disney+.*

Artículos sugeridos

Compartir tu suscripción a Disney+

Lista de dispositivos

Conoce Disney+

Cómo suscribirse a Disney+

Crear y gestionar perfiles de Disney+

¿Dónde está disponible Disney+?

Mostrar las upgrades (propuestas de versiones mejoradas) de manera visible

Si vende muebles de jardín, por ejemplo, puede presentar en sus fichas de productos, a la derecha del producto principal, artículos bastante similares, pero ligeramente más grandes o lujosos.

Ofrecer las alternativas mejor valoradas

Amazon destaca en esta estrategia. Si un cliente consulta un producto con una nota media, Amazon mostrará a menudo alternativas similares con mejores notas, incitando así a la compra de un producto potencialmente más caro, pero mejor valorado.

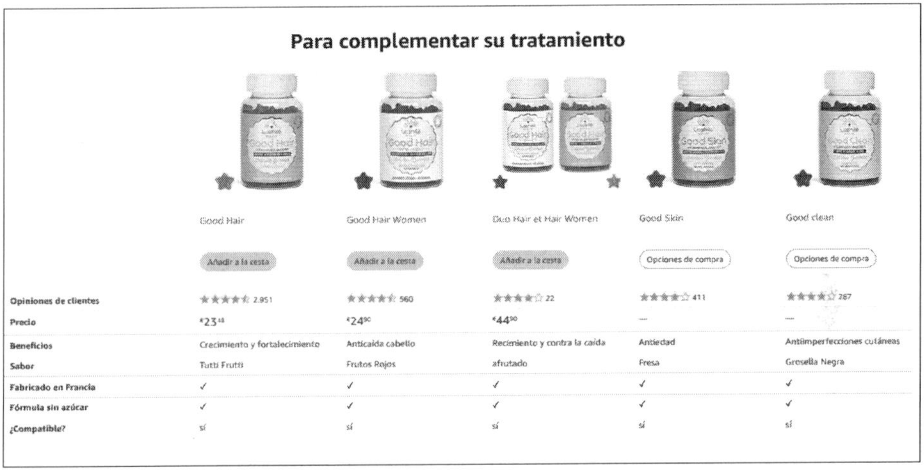

Para complementar su tratamiento

	Good Hair	Good Hair Women	Duo Hair et Hair Women	Good Skin	Good clean
	Añadir a la cesta	Añadir a la cesta	Añadir a la cesta	Opciones de compra	Opciones de compra
Opiniones de clientes	2.951	560	22	411	287
Precio	€23,48	€24,90	€44,90	—	—
Beneficios	Crecimiento y fortalecimiento	Anticaída cabello	Recimiento y contra la caída	Antiedad	Antiimperfecciones cutáneas
Sabor	Tutti Frutti	Frutos Rojos	afrutado	Fresa	Grosella Negra
Fabricado en Francia	✓	✓	✓	✓	✓
Fórmula sin azúcar	✓	✓	✓	✓	✓
¿Compatible?	sí	sí	sí	sí	sí

Destacar la opción más popular

Los editores de software en modo SaaS (software en línea) suelen aplicar esta estrategia de upsell, que consiste en presentar sus diferentes suscripciones mensuales destacando la opción más popular, que suele ser una de las opciones más interesantes económicamente para el editor.

b. Estrategia de cross-selling

El cross-selling o venta cruzada consiste en ofrecer productos complementarios o asociados al que el cliente está a punto de comprar. Esta técnica permite no solo aumentar la cesta media, sino también mejorar la experiencia del cliente al sugerirle productos potencialmente útiles.

Mientras que el upselling permite aumentar el importe gastado por el cliente sugiriéndole una versión más cara, el cross-selling aumenta el importe gastado por el cliente animándole a pedir más productos complementarios.

Hay varias formas de hacer cross-selling. Aquí tiene algunas ideas para que se inspire:

Recomendar productos complementarios

Por ejemplo, si un cliente compra un ordenador portátil, sugiérale una funda protectora, un soporte o un software antivirus. O si un cliente ha puesto en su cesta una cama para perro, puede ofrecerle comida para perros como complemento.

Crear lotes promocionales (bundles) a precio reducido

Por ejemplo, un sitio de venta de cosméticos podría ofrecer un lote que incluya una base de maquillaje, un corrector y unos polvos a un precio más bajo con respecto a la compra individual de cada producto. Este enfoque anima a los clientes a comprar más artículos a la vez.

Ofrecer descuentos en productos asociados

Por ejemplo, si un cliente compra una cámara de fotos, ofrézcale un descuento en un objetivo o un trípode de la misma gama. Esto crea una sensación de urgencia y anima a la compra inmediata.

Sugiera servicios adicionales, como la instalación o la entrega

Por ejemplo, algunos clientes pueden sentirse desanimados ante la perspectiva de montar ellos mismos el producto. Si un cliente compra un mueble en kit, puede ofrecerle un servicio de montaje. Las principales plataformas de e-commerce utilizan este enfoque para artículos como los soportes de televisión, para los que ofrecen un servicio de instalación adicional a la compra.

Ofrecer garantías o servicios de reparación

Si un cliente compra un dispositivo electrónico, puede mostrarse receptivo a contratar una garantía ampliada o un servicio de reparación. Esto satisface una necesidad potencial y garantiza al cliente la durabilidad de su compra. Por ejemplo, un sitio de venta de electrodomésticos podría ofrecer una ampliación de la garantía de los aparatos adquiridos, lo que promueve la compra. Al mismo tiempo, aumenta la cesta media de la tienda online.

2. Hacer que los antiguos clientes vuelvan más a menudo

La experiencia del cliente no acaba en la compra. Como ya hemos comentado anteriormente, una vez captado un cliente, es importante saber cómo retenerlo para que tenga el mayor valor de ciclo de vida del cliente posible.

La fidelización de sus primeros clientes es un factor clave para el éxito de su tienda online. Efectivamente, tenga en cuenta que la probabilidad de vender a un cliente confirmado es del 60 al 70 %, frente a solo del 5 al 20 % para un nuevo cliente. Centrarse en la fidelización es, por tanto, una estrategia inteligente para reforzar la lealtad de los clientes y maximizar las ventas. Además, el 40 % de todos los ingresos del comercio electrónico procede de los clientes recurrentes.

Para aprovechar esta oportunidad, hay dos canales especialmente eficaces: las newsletters y el retargeting.

a. Fidelizar los clientes con una newsletter

Una newsletter o boletín sigue siendo a día de hoy una potente herramienta para mantener el contacto con sus clientes y animarlos a volver a su tienda online.

Para que sea eficaz y genere ventas cada vez que se envíe, hay que aplicar algunos principios.

En primer lugar, defina una periodicidad clara para su boletín y asegúrese de comunicarla y de poder cumplirla. De nada sirve anunciar un boletín todas las semanas si lo abandona después de enviarlo unas cuantas veces por falta de tiempo. Es mejor planificar una newsletter menos frecuente pero que envíe siempre a tiempo. Así, acostumbrará a sus clientes a recibir información suya en un momento determinado. Y este hábito puede convertirse en una expectativa por parte de ellos, una cita a la que no quieren faltar. Si consigue crear esta expectativa, este deseo de recibir su newsletter, le será mucho más fácil venderles las novedades y fidelizarlos.

Por otra parte, puede ser interesante probar de antemano diferentes días y horas de envío para encontrar el mejor momento para su público.

El contenido de su newsletter debe planificarse debidamente. No tiene sentido enviar promociones y ofertas sin ton ni son. Sus mensajes acabarán por no abrirse. Poco a poco su comunidad perderá el interés y, además, su índice de entregabilidad disminuirá.

La **entregabilidad** se refiere a la capacidad de sus e-mails para llegar a las bandejas de entrada de sus suscriptores. Una caída de la entregabilidad significa que sus newsletter tienen menos probabilidades de ser entregados con éxito a sus clientes, lo que puede suponer una disminución del número de aperturas e interacciones. Esto supone un problema, ya que una baja tasa de entregabilidad puede dañar su reputación como remitente, lo que puede dar lugar a filtros antispam más agresivos por parte de los proveedores de servicios de correo electrónico. Como resultado, incluso los correos electrónicos relevantes y bien diseñados podrían no llegar nunca a sus clientes interesados, lo que limita su capacidad para generar ventas y mantener el interés de su público. Es un círculo vicioso.

Para evitarlo, es fundamental mantener una lista de suscriptores limpia, controlar periódicamente las tasas de apertura y de clics y, sobre todo, trabajar su contenido desde el principio para que siga siendo relevante y atractivo para su público.

b. Volver a captar clientes gracias a la técnica del retargeting

¿Qué es el retargeting?

El **retargeting** (o recaptación) es una técnica de marketing digital que consiste en dirigirse a usuarios que ya habían interactuado con su sitio web o con uno de sus contenidos, pero que no han realizado una compra. Este método permite mostrarles anuncios personalizados cuando navegan por otros sitios web, redes sociales o motores de búsqueda. Ya sabe, esos clásicos anuncios que parecen seguirle, o incluso «pegarse» a usted durante algunos días después de haber visitado un sitio...

Las principales soluciones de retargeting

La mayoría de las grandes plataformas publicitarias en línea ya ofrecen el retargeting. También existen actores independientes que se han lanzado directamente a este nicho y que tienen ya una parte del mercado. Estos son los principales operadores de retargeting:

Google Ads ofrece su propia solución de retargeting para difundir anuncios en la red de display de Google y de YouTube. Debe saber que Google es la única plataforma que no habla de «retargeting», sino de «remarketing».

El píxel de **Facebook Ads** ofrece posibilidades de retargeting en Facebook e Instagram a través de la plataforma Meta Ads.

AdRoll es una plataforma especializada en el retargeting multicanal.

Criteo es una solución de retargeting ideal para el e-commerce.

LinkedIn Ads ofrece una solución de retargeting B2B.

¿Cómo implementarlo?

Para implementar una solución de retargeting, a menudo necesitará haber alcanzado ya un número bastante elevado de tráfico en su sitio web.

Las campañas de comunicación de retargeting se sitúan en una segunda fase, después de las campañas más centradas en la difusión de su marca y el ROI (retorno de la inversión).

Por lo general, ya habrá configurado lo que se conoce por código o píxel de seguimiento (tracking o pixel code). Se trata de un pequeño script informático instalado en su web que proporcionará a la plataforma publicitaria información precisa sobre el número de visitantes dirigidos a su sitio y las acciones que se han realizado en él. Cuando se conecte a una plataforma publicitaria, verá crecer el tamaño de su audiencia a medida que avanza. A continuación, puede segmentar su audiencia para crear diferentes grupos, algunos de los cuales serán interesantes para el «retargeting».

Por ejemplo, podría tratarse de visitantes que han añadido un producto a la cesta, pero que han abandonado la página sin comprar; visitantes que han consultado ciertas categorías de productos, incluso determinados productos en particular; los que han estado al menos diez minutos en la página, etc.

La creación de una campaña de retargeting, una vez que ha alcanzado el volumen de tráfico o de audiencia requerido por la plataforma, consiste simplemente en crear una nueva campaña publicitaria con un mensaje y ofertas altamente orientadas a la conversión del segmento de audiencia al que quiere llegar y difundir esta campaña, no a una audiencia desconocida, sino a este segmento de visitantes.

Estas campañas de retargeting suelen ser muy eficaces, ya que se dirigen a visitantes que no solo le conocen, sino que también han mostrado un interés por su oferta o su marca.

El retargeting puede ser muy eficaz para atraer de nuevo a su web a estos visitantes específicos, pero procure no ser demasiado intrusivo. Limite la frecuencia con la que se muestran sus anuncios.

3. Programa de fidelización: ventajas e implementación

Un programa de fidelización es una herramienta de marketing que recompensa a los clientes por sus compras repetidas y fomenta su compromiso con su marca. Las ventajas de este tipo de programas son numerosas:

- **Aumento de las ventas**: los clientes fieles son más propensos a gastar más y volver más a menudo. Al ofrecer recompensas, anima a sus clientes a elegir su tienda frente a las de la competencia.
- **Mejor retención de clientes**: un programa de fidelización bien diseñado puede convertir a los clientes ocasionales en clientes regulares, aumentando el valor del ciclo de vida de cada cliente.

- **Recogida de datos**: los programas de fidelización pueden recopilar información valiosa sobre los comportamientos de compra de los clientes, incluso su edad y su ubicación, lo que puede ayudar a personalizar las ofertas y mejorar la experiencia del cliente.
- **Boca a boca positivo**: los clientes satisfechos son más proclives a recomendar su tienda online a sus allegados, lo que puede generar nuevos clientes sin costes adicionales de comunicación.

Para implementar un programa de fidelización eficaz, empiece definiendo claramente sus objetivos, ya sean aumentar las ventas o mejorar la fidelización. A continuación, elija el tipo de programa que mejor se adapte a su empresa y a sus clientes. Puede ser un sistema de puntos, descuentos, ofertas exclusivas o incluso recompensas basadas en el estatus.

Es fundamental, además, comunicar claramente el funcionamiento del programa a sus clientes para que entiendan cómo beneficiarse y las ventajas que les esperan. En una tienda online, para que el programa de fidelización sea eficaz, debe estar integrado en la experiencia del usuario y el cliente debe poder ver en su área personal el cómputo de puntos, sus ventajas, etc.

Por último, asegúrese de promover activamente su programa de fidelización en todos sus canales de comunicación para maximizar el compromiso de sus clientes.

4. Controlar la e-reputación de su tienda online

La e-reputación es la imagen de su tienda online en la esfera digital. Esta e-reputación está determinada por las opiniones, los comentarios y las interacciones de los clientes. Controlar y gestionar esta reputación en línea se ha convertido en algo primordial para mantener la confianza de los consumidores y garantizar el éxito de su negocio de comercio electrónico.

Existen herramientas de e-reputación para supervisar y alertarle en cuanto surja una opinión o una conversación sobre su empresa en cualquier lugar de Internet Entre las principales herramientas de este tipo encontramos **Google Alerts**, **Mention** o **Hootsuite**.

Sin embargo, mientras su tienda online no haya alcanzado una gran notoriedad y su volumen de clientes siga siendo modesto, no vale la pena invertir de entrada en una herramienta de este tipo, a menos que su actividad o uno de sus productos sea susceptible de generar polémica, por ejemplo.

Por otro lado, sigue siendo importante controlar periódicamente lo que se dice de su tienda online. Puede hacerlo de forma manual, consultando las opiniones de los clientes en Google, Facebook y, si fuera el caso, en la plataforma de opiniones de los clientes que haya seleccionado. Pero también puede introducir el nombre de su marca en Google y analizar las primeras páginas de resultados para asegurarse de que no hay ningún hilo de discusión en un foro criticándole, por ejemplo.

5. Fidelización de los clientes para cada caso práctico

Para el comerciante de decoración, la fidelización de los clientes es fundamental, ya que las ventas en este sector suelen ser puntuales. Puede sacar partido del cross-selling ofreciendo accesorios y pequeños artículos de decoración para aumentar la cesta media de sus clientes. Al mismo tiempo, el uso de una newsletter bien diseñada le permitirá mantener el contacto con sus clientes y enviarles consejos de decoración y ofertas exclusivas. Por último, para asegurarse la mejor e-reputación, debe seguir y responder periódicamente las opiniones y comentarios de los clientes, así como desarrollar una reputación positiva animando a sus clientes a compartir en las redes sociales fotos de sus hogares decorados.

En el caso de la diseñadora de bolsos, el upsellling y la fidelización son dos estrategias potentes y rentables para aumentar rápidamente su volumen de negocio. Puede ofrecer personalizaciones en upsell, por ejemplo, con el nombre bordado en el bolso; o en cross-selling, con accesorios a juego, como coleteros con el mismo tejido del bolso. El programa de fidelización puede resultarle un poco más laborioso para ella al principio, pero puede utilizar la newsletter y las redes sociales como herramientas de fidelización de su comunidad, compartiendo periódicamente su forma de trabajar o incluso la historia que hay detrás de cada creación y ofertas anticipadas.

Para el empresario del sector del bricolaje, la fidelización de los clientes es fundamental, ya que los profesionales buscan proveedores fiables y constantes. Puede aumentar la cesta media ofreciendo herramientas complementarias o versiones profesionales de sus productos. Puede reforzar el compromiso del cliente con el envío de una newsletter informativa que incluya consejos técnicos, casos prácticos e información sobre nuevas normativas. Gracias al volumen tan importante de sus campañas de comunicación, podrá poner en marcha campañas de retargeting para ofrecer promociones sobre los artículos asociados a los visitantes que ya han consultado determinados productos. Y, por supuesto, le interesa vigilar su e-reputación para reaccionar rápidamente a los comentarios. Dado que seguramente alcanzará pronto un gran volumen de pedidos, las opiniones de los clientes pueden convertirse con rapidez en su mejor baza o, por el contrario, en una auténtica piedra en el camino si no las vigila y soluciona. Es fundamental que mantenga su legitimidad en un mercado tan competitivo.

A lo largo de los capítulos, hemos desglosado las etapas clave para el éxito de su futura tienda online. Desde la definición de sus objetivos antes de cualquier desarrollo técnico hasta la selección de los recursos humanos y tecnológicos adecuados para su proyecto, pasando por la elaboración del plan de marketing digital apropiado, ha recorrido el camino que le llevará de la idea al éxito.

Espero que los tres casos prácticos que hemos seguido –el comerciante del sector de la decoración, la diseñadora de bolsos y el emprendedor del bricolaje– le hayan permitido comprender mejor las diferentes facetas de una aventura e-commerce y los retos propios de cada proyecto. Y que haya podido verse reflejado en alguno de estos casos prácticos para concretar su proyecto y sus limitaciones específicas.

A lo largo de la lectura, sin duda habrá comprendido que la creación de una tienda online no solo consiste en poner sus productos en Internet: se trata de un verdadero proyecto empresarial, aunque empiece de una forma modesta con algunos productos fabricados por usted.

Al abrir su tienda online, construirá los cimientos de una plataforma que le permitirá compartir su visión, establecer una relación con sus clientes y desarrollar una comunidad fiel.

Al lanzarse a la creación de una tienda online, se embarca en una nueva aventura que le abrirá un sinfín de posibilidades de innovación y crecimiento, tanto profesionales como personales.

¿Está listo para convertir su ambición en éxito? Utilice este libro como hoja de ruta, vuelva siempre que quiera a las anotaciones que hizo durante la lectura, vaya reajustando sus planes si es necesario y lance su tienda online con confianza.

¡Le deseo mucho éxito en su proyecto de e-commerce!

A

D

E

F

G

H

I

K

L

M

P

R

S

T

U

W